FEMMES À L'ŒUVRE, FEMMES À L'ÉPREUVE

—

UNRETOUCHED WOMEN

—

EVE ARNOLD ABIGAIL HEYMAN SUSAN MEISELAS

Ce catalogue accompagne l'exposition
"Unretouched Women. Eve Arnold, Abigail Heyman, Susan Meiselas",
Rencontres de la Photographie d'Arles, 1er juillet-22 septembre 2019.

—

This catalogue accompanies the exhibition
"Unretouched Women. Eve Arnold, Abigail Heyman, Susan Meiselas",
Rencontres de la Photographie d'Arles, July 1- September 22, 2019.

CLARA BOUVERESSE

FEMMES À L'ŒUVRE, FEMMES À L'ÉPREUVE

UNRETOUCHED WOMEN

EVE ARNOLD ABIGAIL HEYMAN SUSAN MEISELAS

ACTES SUD

Sommaire
Summary

FEMMES À L'ŒUVRE

WOMEN BEHIND THE LENS

Abigail Heyman
Growing Up Female
1974

Abigail Heyman publie en 1974 son premier livre, *Growing Up Female: A Personal Photo-Journal [Devenir femme : un photo-journal personnel]*, un essai en noir et blanc associant de façon radicale images et commentaires écrits à la main. Dans ce journal intime et féministe, elle jette un regard lucide sur sa propre vie et interroge l'enfermement des femmes dans certains rôles stéréotypés. L'écriture manuscrite affirme sa prise de parole à la première personne, mettant en acte le célèbre principe féministe selon lequel "le personnel est politique".

In 1974 Abigail Heyman published her first book, *Growing Up Female: A Personal Photo-Journal*, a black-and-white essay radically combining images and handwritten comments. In this feminist diary, she took a stark look at her life and challenged women's confinement in gender roles. Writing in the first person, she put the famous feminist credo "the personal is political" into practice.

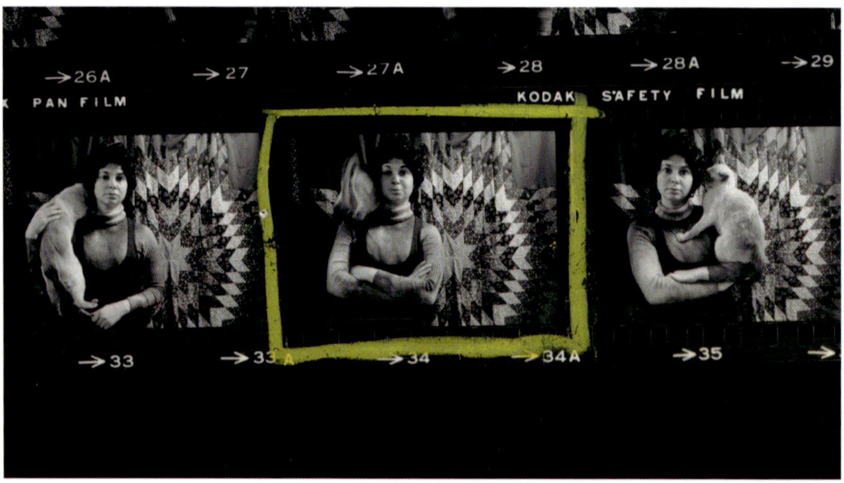

←
Abigail Heyman, 1974.
—

→
Growing Up Female: A Personal Photo-Journal
[Devenir femme. Un photo-journal personnel],
New York, Holt, Rinehart & Winston, 1974.
—

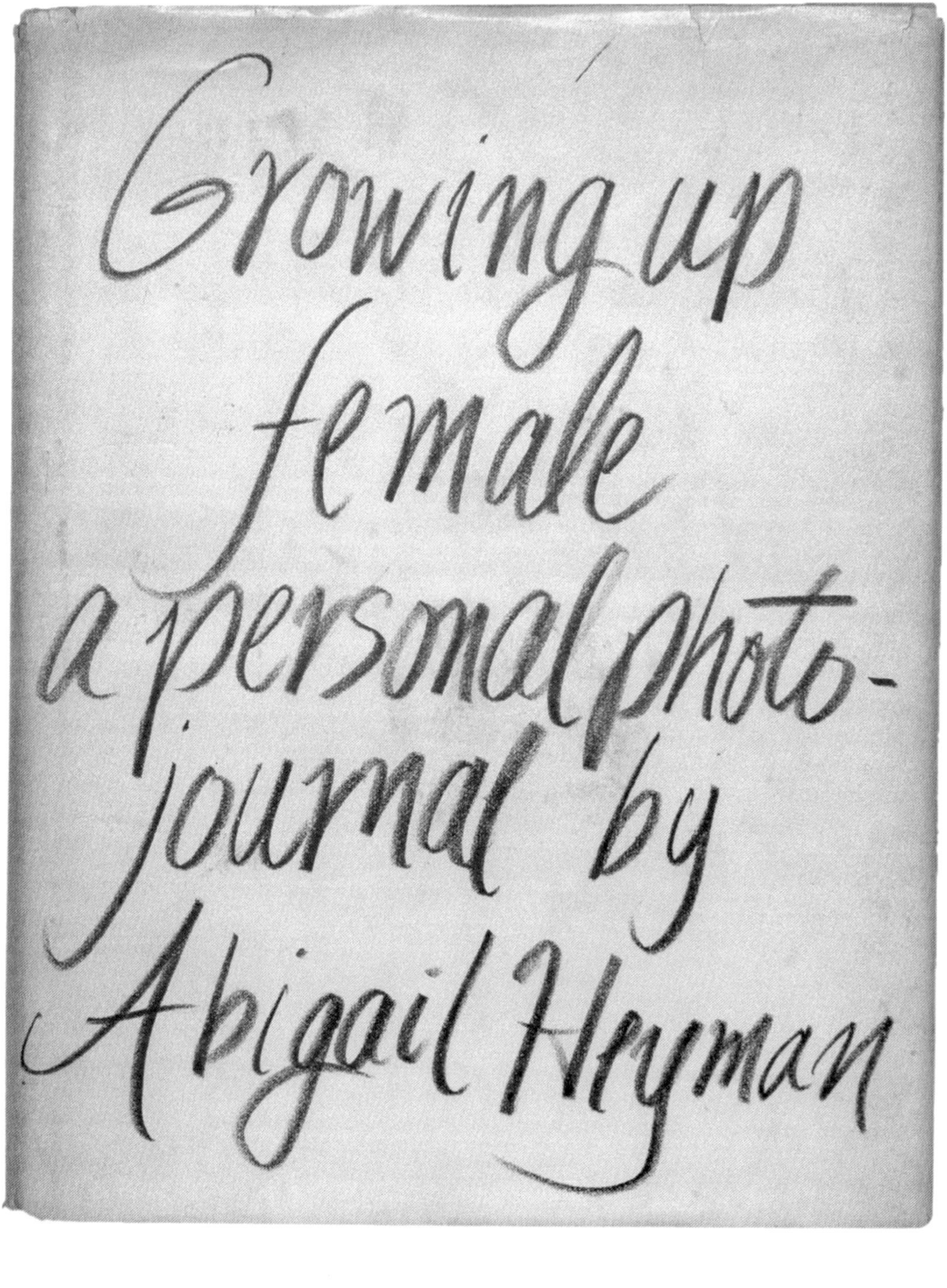
Growing up
female
a personal photo-
journal by
Abigail Heyman

—

Growing Up Female, p. 2-3, 16-17, 22-23, 36-37.

—

["Je suis tellement conditionnée à ne pas me battre."]

—

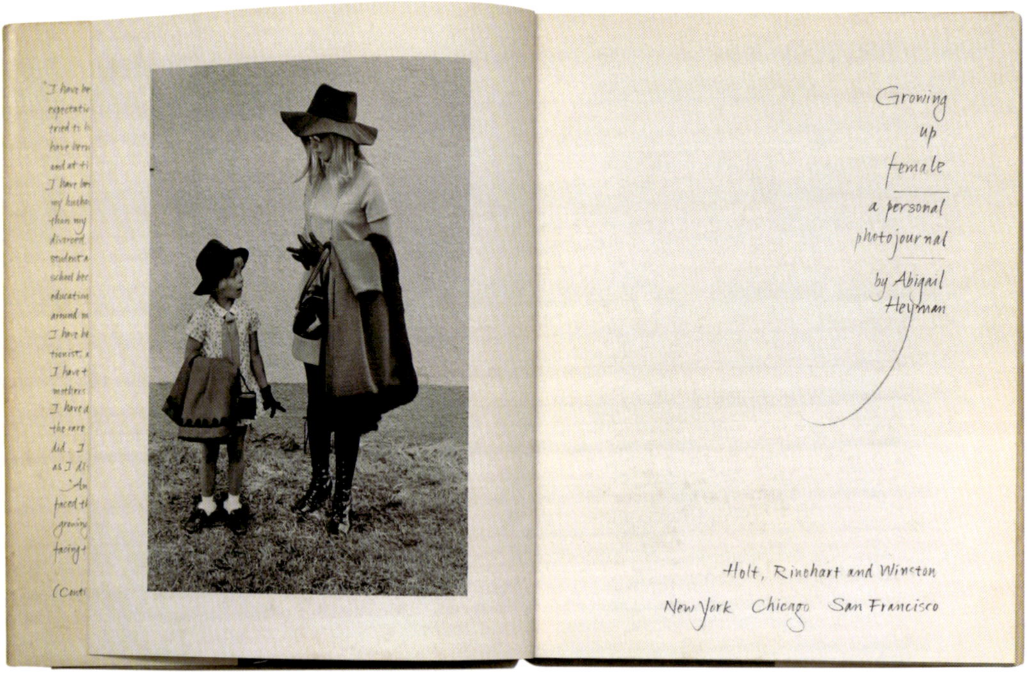

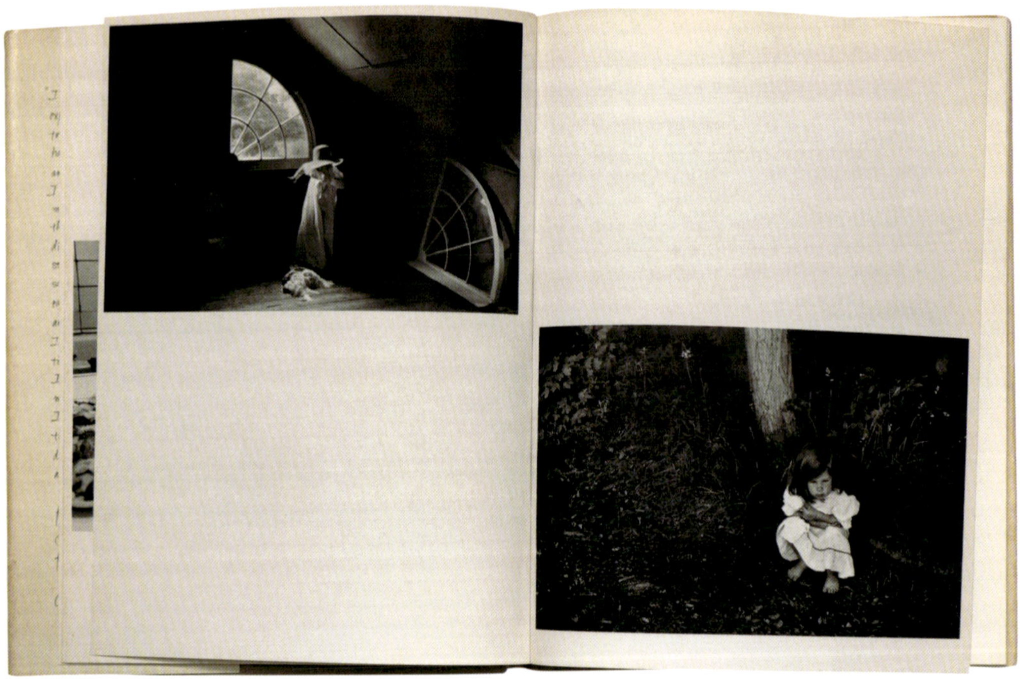

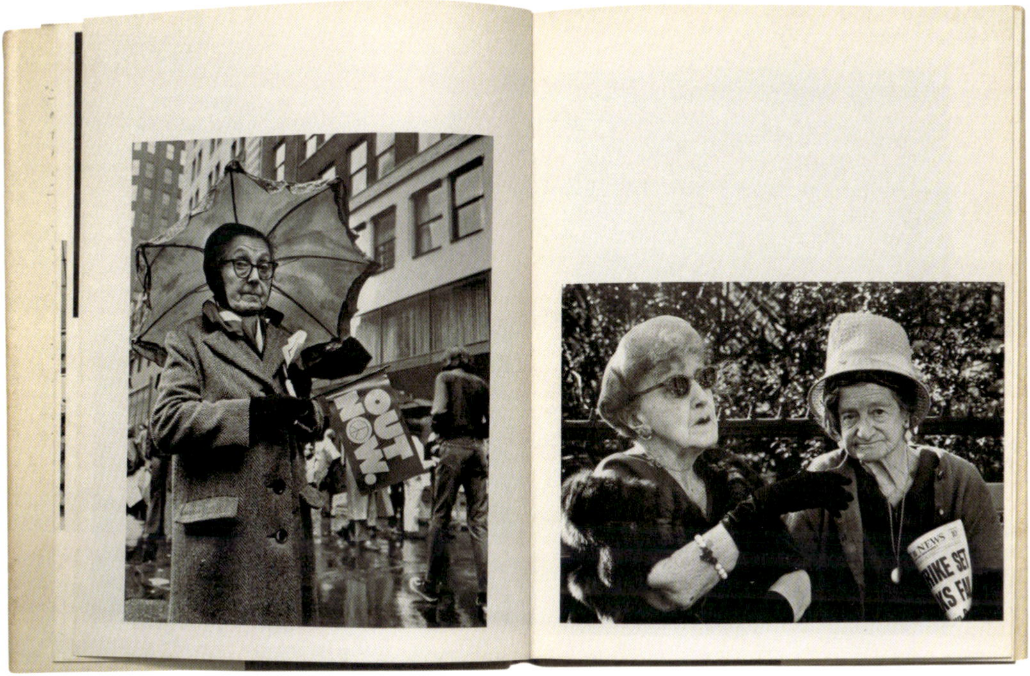
OUT NOW.

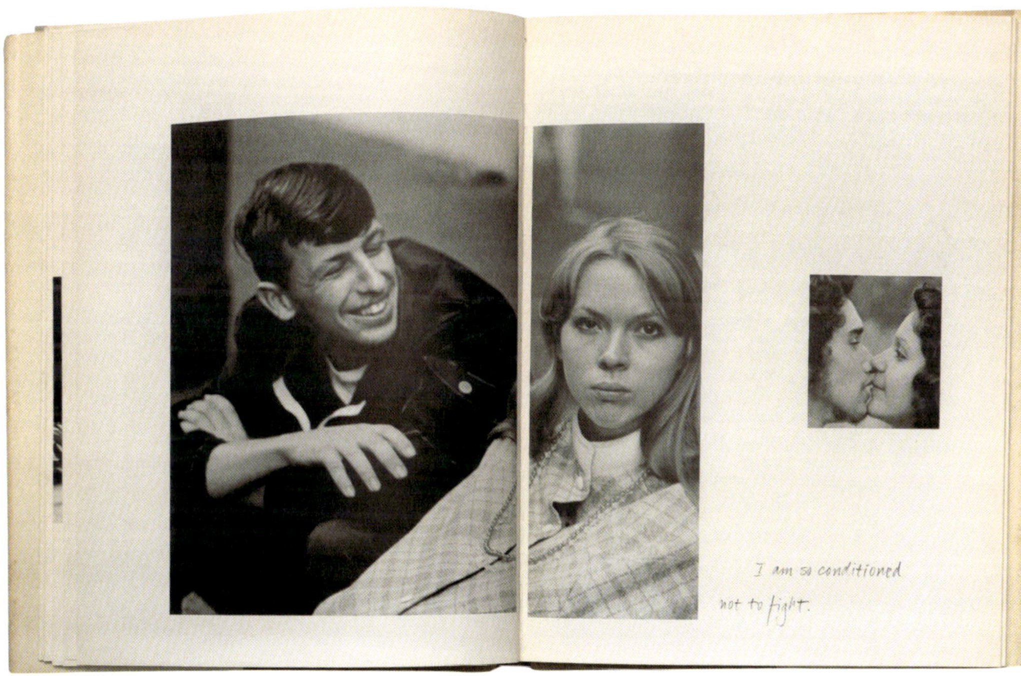
I am so conditioned
not to fight.

My aunt used to say, "You're a pretty girl. You'll do well."

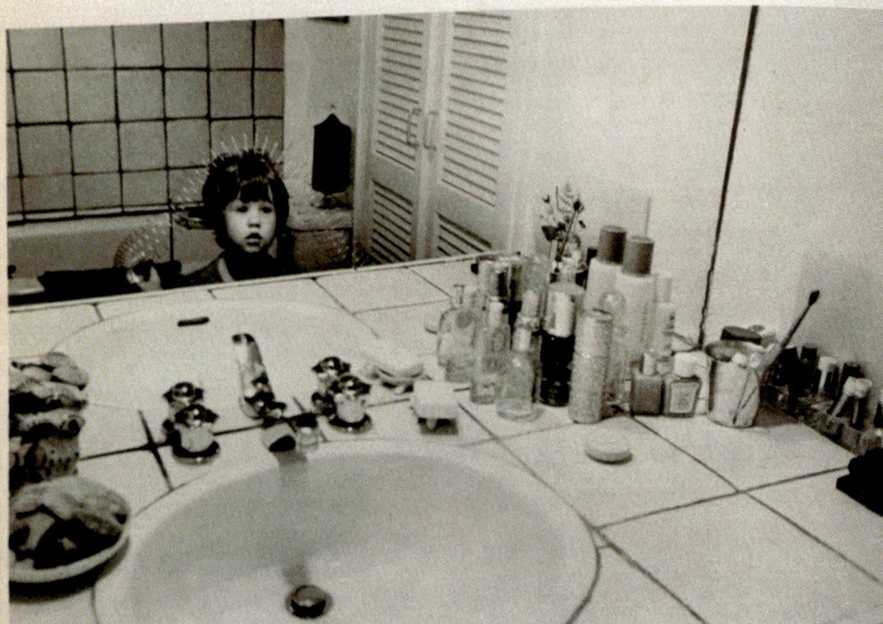

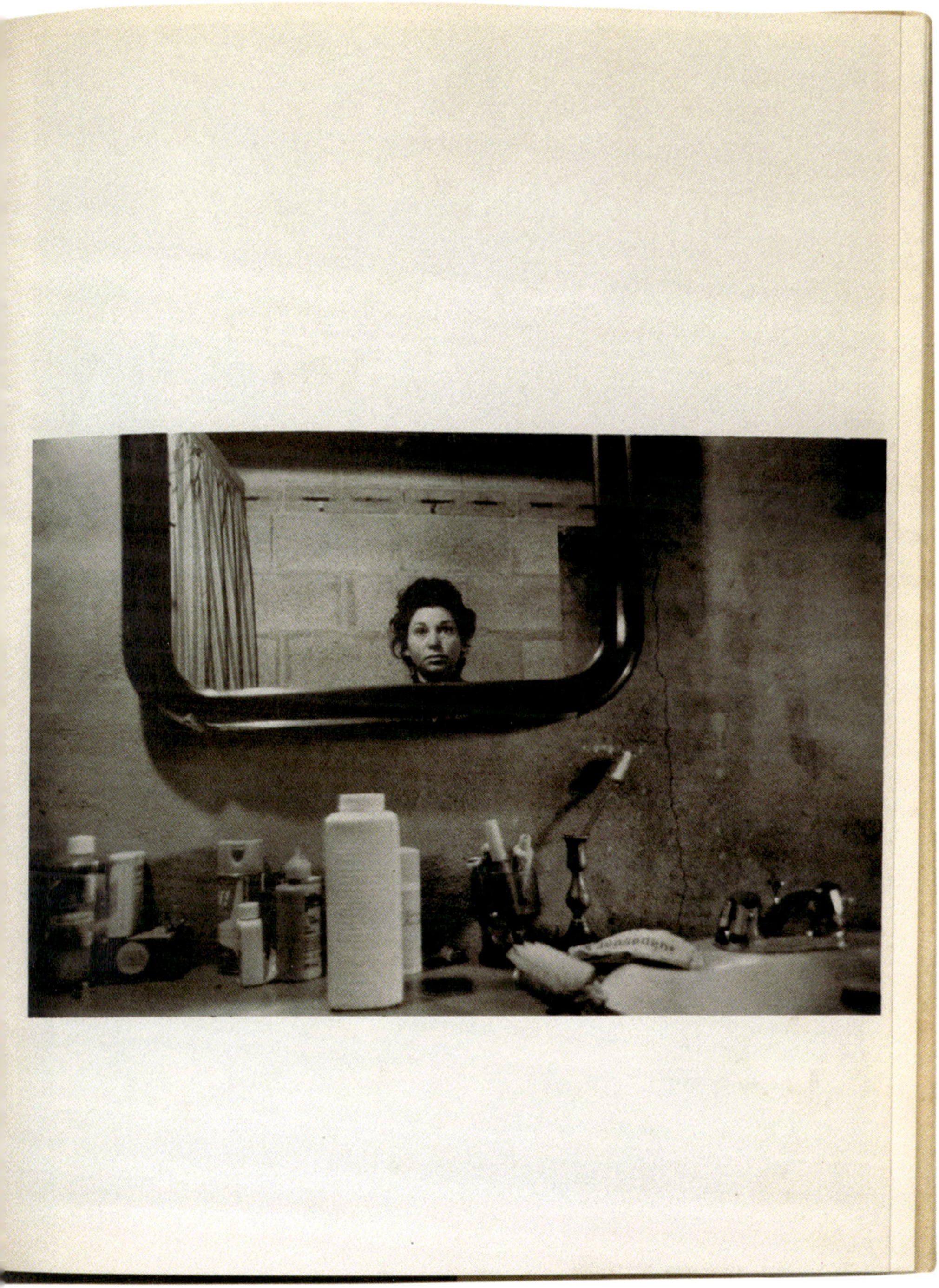

—

Growing Up Female, p. 14-15.

—

["Ma tante me disait :
« Tu es une jolie fille, tu vas bien t'en sortir. »"]

—

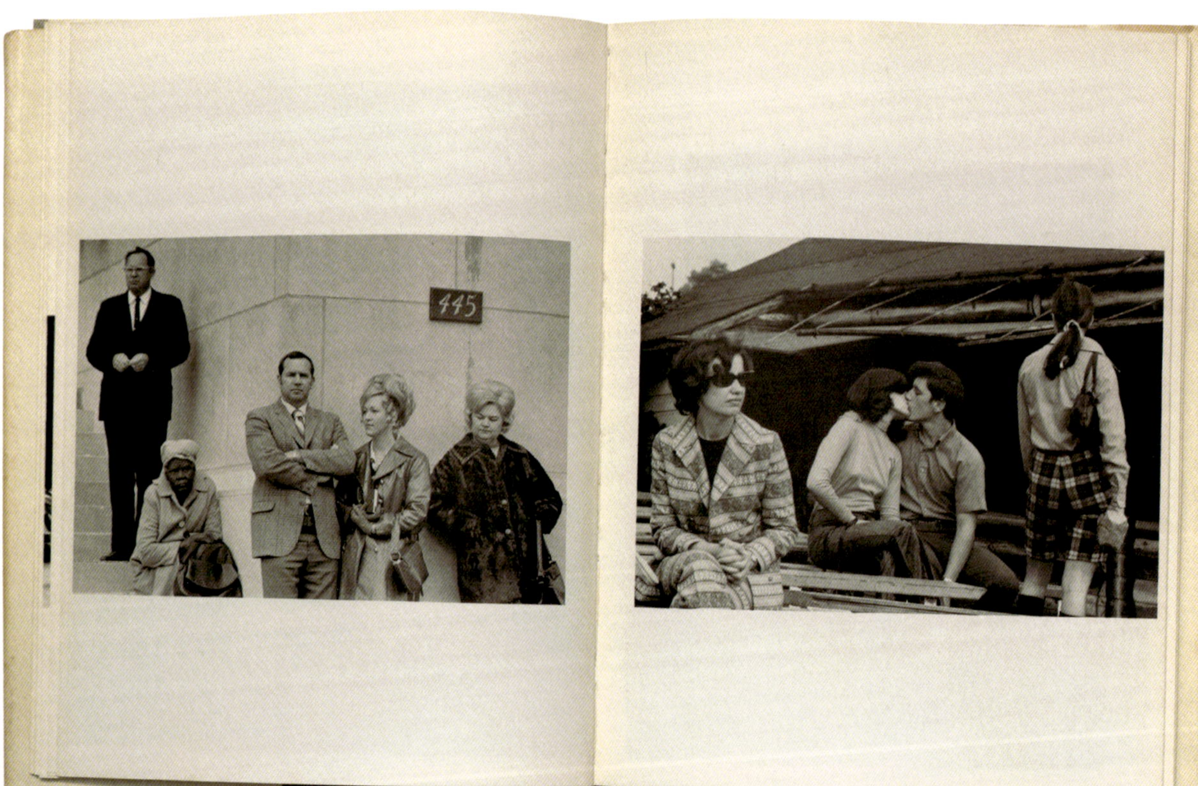
445

—

Growing Up Female, p. 40-41, 94-95.

—

["J'ai des idées très claires sur ce qu'un homme doit être et j'ai essayé de les transmettre à mon fils, mais la raison pour laquelle je ne voulais pas avoir de fille, c'est que je ne savais pas ce que j'aurais voulu lui enseigner sur le fait d'être une femme.
Je lui ai dit qu'il pouvait être fort. Il devrait être fort, et il devrait être intelligent. Je ne sais pas si elle devrait être forte. Je ne sais pas si ce serait une bonne chose de lui dire cela ou non. Les hommes me disent « Tu es si forte ». Je pense qu'avec mon mari si je n'avais pas été si sacrément forte, il aurait été plus fort."]

—

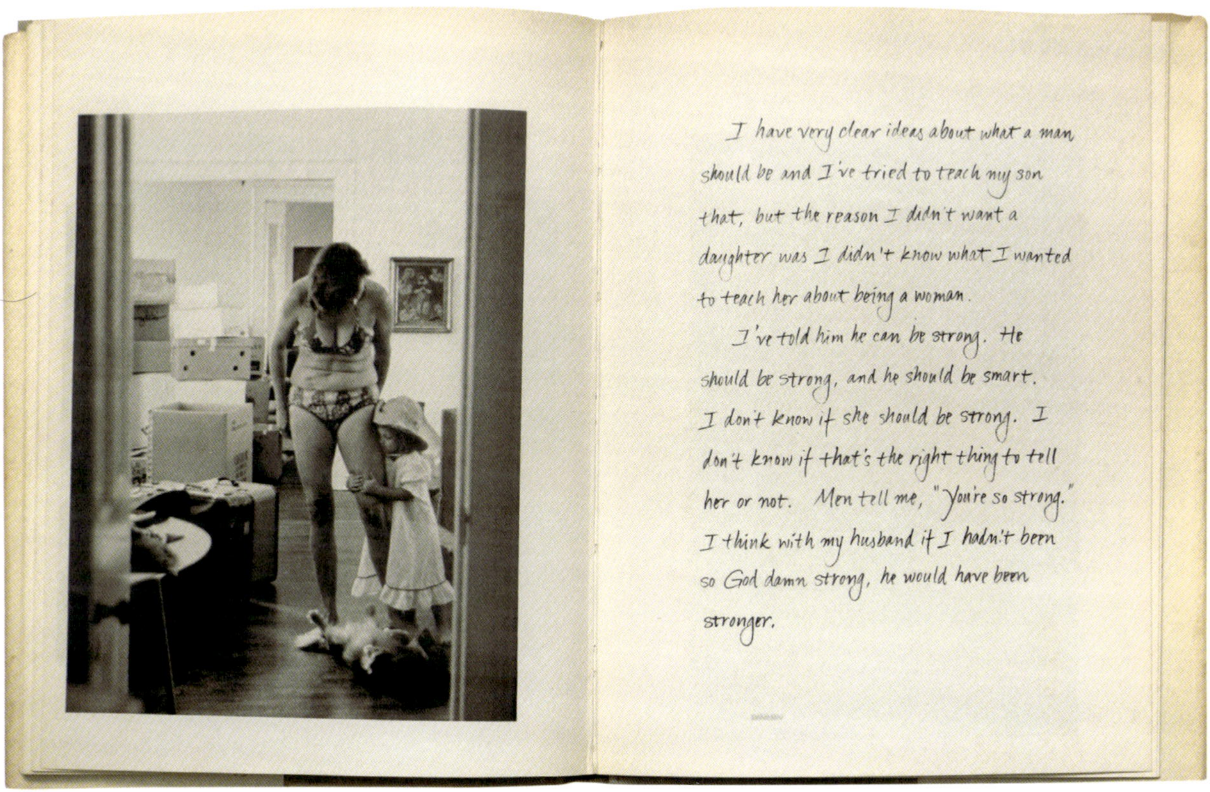

I have very clear ideas about what a man should be and I've tried to teach my son that, but the reason I didn't want a daughter was I didn't know what I wanted to teach her about being a woman.

I've told him he can be strong. He should be strong, and he should be smart. I don't know if she should be strong. I don't know if that's the right thing to tell her or not. Men tell me, "You're so strong." I think with my husband if I hadn't been so God damn strong, he would have been stronger.

Growing Up Female, p. 92-93, 108-109.

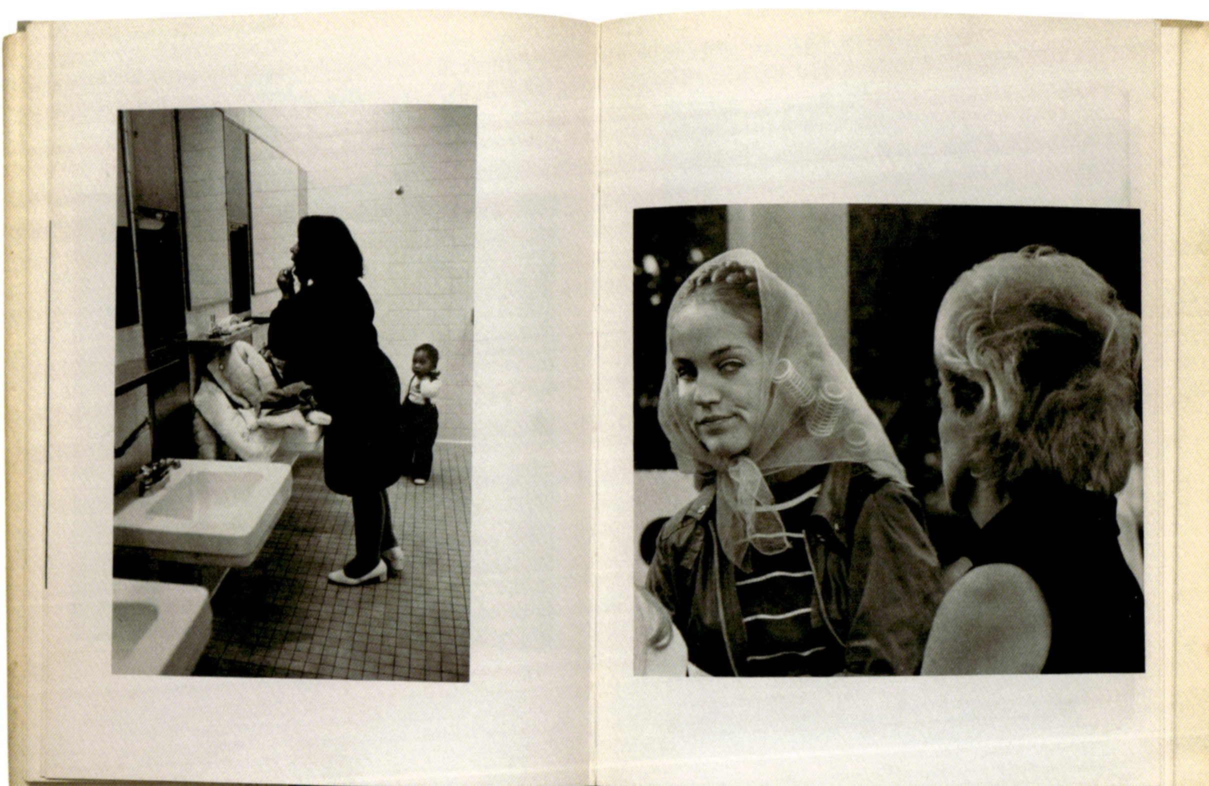

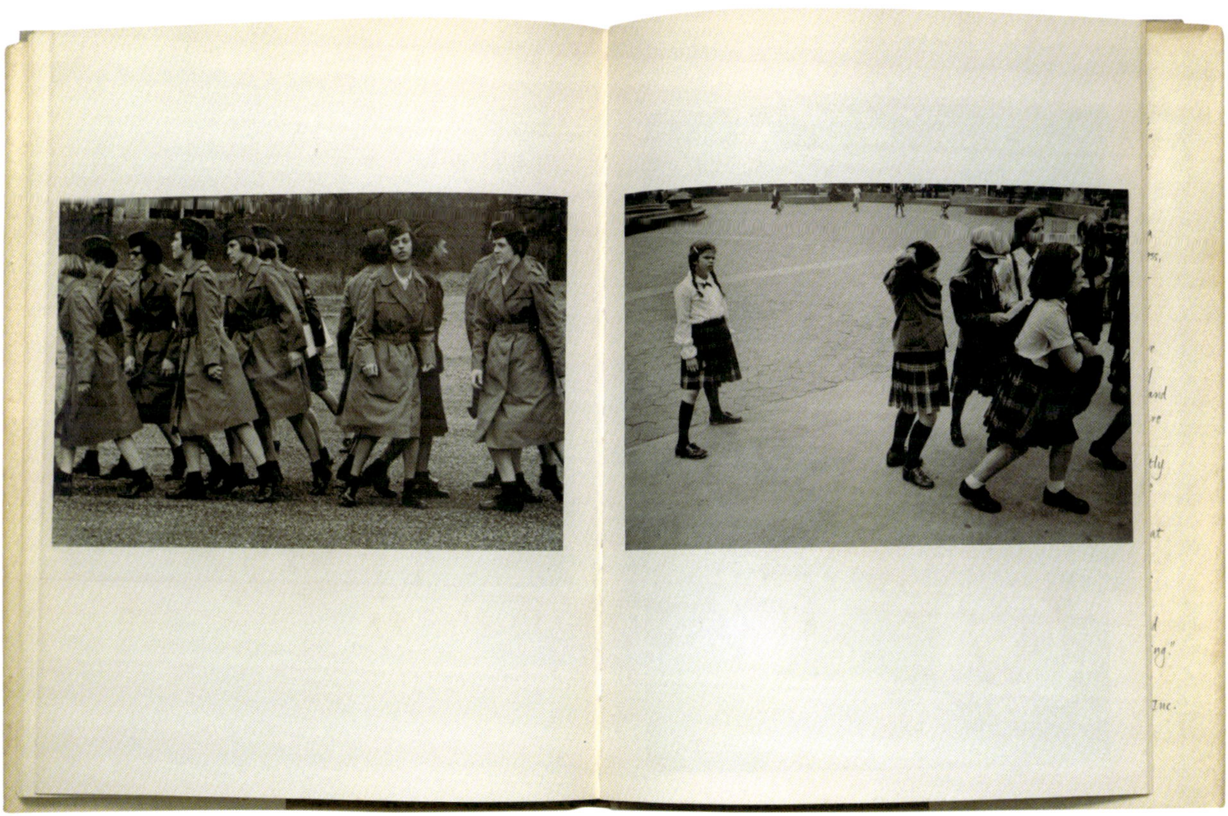

—

***Growing Up Female*, book dummy, undated**
[Projet de maquette, non daté].

—

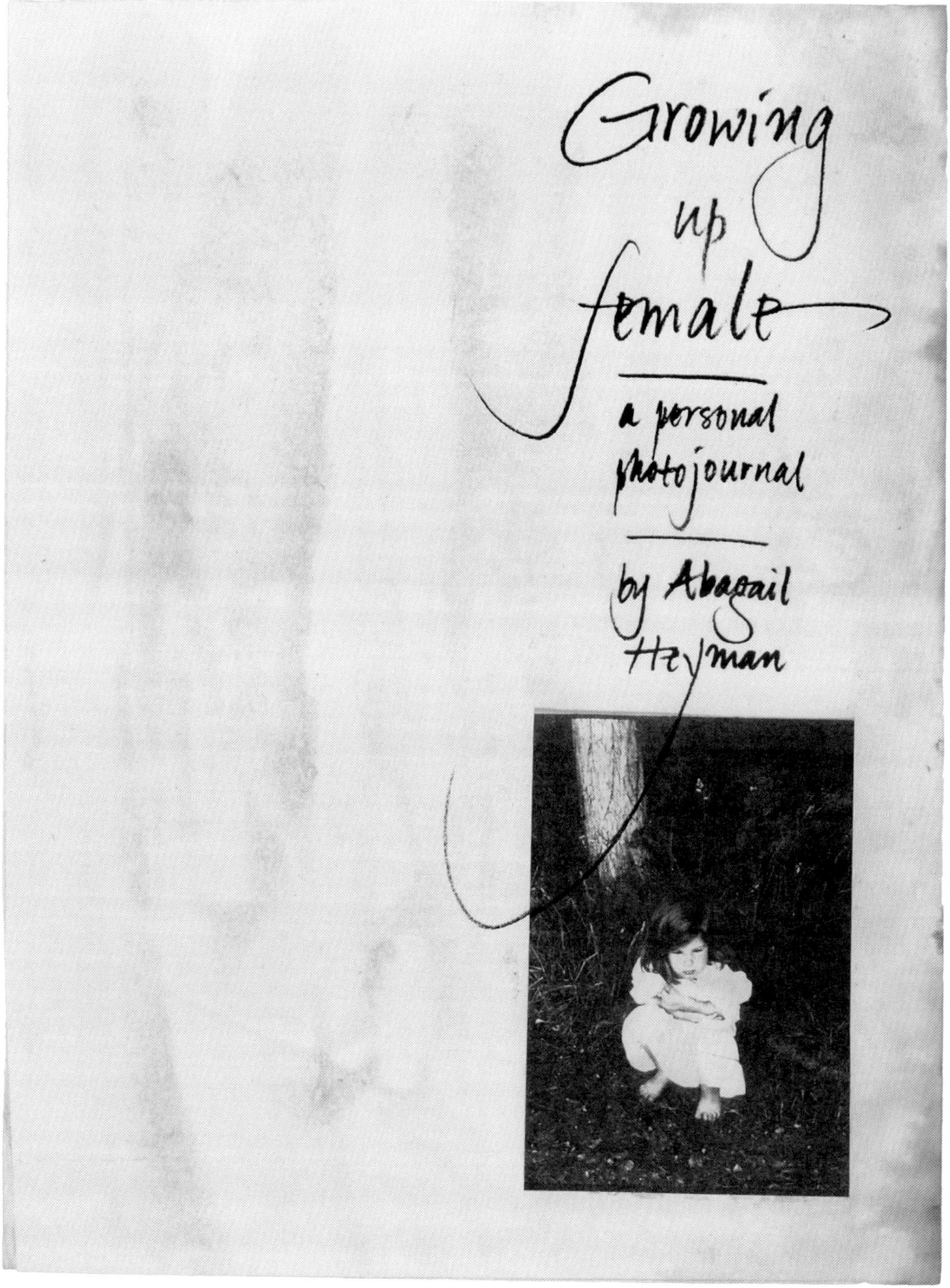
Growing
up
female
a personal
photojournal
by Abagail
Heyman

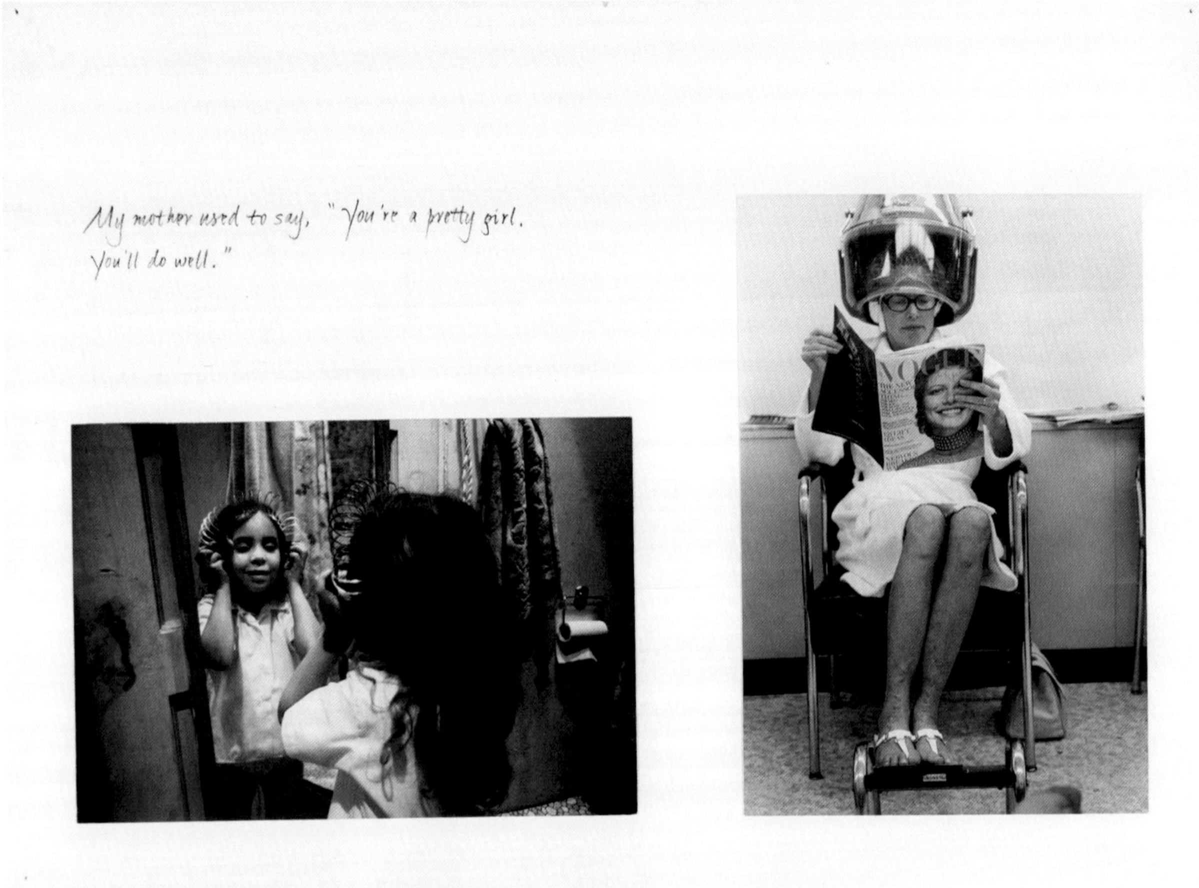

—

***Growing Up Female,* book dummy, undated.**

—

[Projet de maquette, non daté :
"Ma mère me disait : « Tu es une jolie fille, tu vas bien t'en sortir. »"

—

"Une femme m'a dit : « Il y avait un homme de 95 ans et il voulait se marier avec moi. Il veut qu'une femme s'occupe de lui. Les hommes ont beaucoup à gagner avec le mariage. J'ai 85 ans et j'ai besoin d'une femme moi aussi. »"]

—

A woman told me, "There was a man 95 years old and he wanted to marry me. He wants a woman to take care of him. Men have a lot to gain by marriage. I'm 85 and I need a wife too."

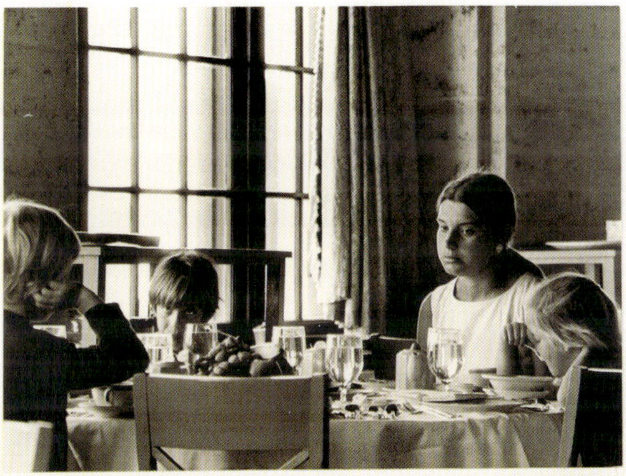

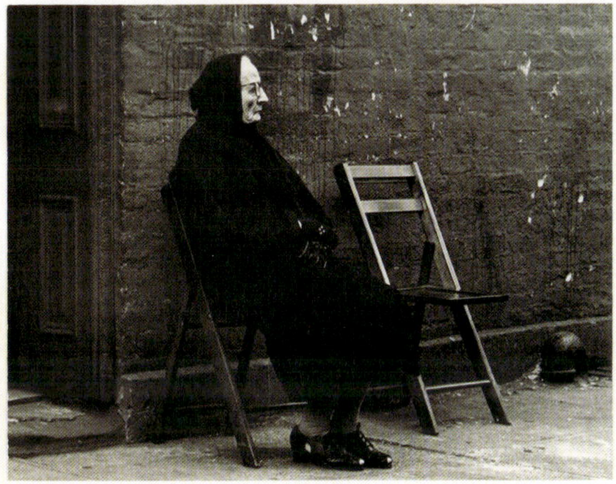

Eve Arnold
The Unretouched Woman
1976

Eve Arnold publie *The Unretouched Woman [La Femme non retouchée]* en 1976. Femmes inconnues et célébrités sont saisies à des instants inattendus de leur vie quotidienne, cadrées sur le vif et dans un naturel désarmant. Parmi celles-ci, Marilyn Monroe, sans apprêt ni séduction, au détour d'une séance de pose. Cette plongée dans les coulisses de la vie des femmes ouvre une brèche radicale dans l'esthétique de la mode et de la publicité en plein essor des années 1970. Refusant la retouche ou la mise en scène, elle livre un ensemble volontairement divers et nuancé, loin des mannequins sur papier glacé.

Eve Arnold's 1976 *The Unretouched Woman* features famous and unknown women at moments in their daily lives when they literally and figuratively let their hair down, catching them candidly and in disarmingly natural states. They include Marilyn Monroe at her most genuine, unadorned self between poses during a photo shoot. This immersion into women's privacy opened a radical breach in the aesthetics of 1970s fashion and advertising, which were booming industries at the time. Refusing to stage them or touch them up, Eve Arnold's diverse, nuanced photographs are worlds away from images of models on glossy paper.

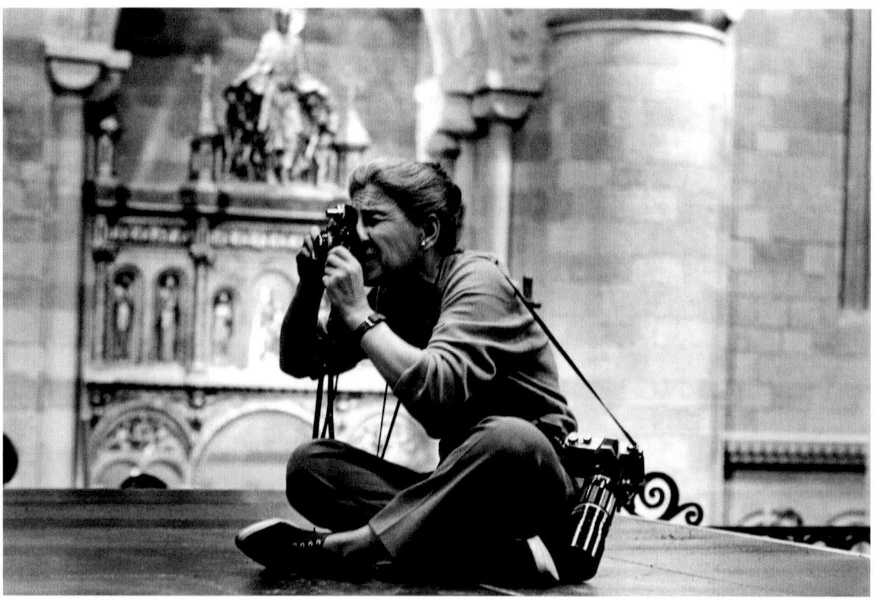

←
Robert Penn, Eve Arnold on the set of the film *Becket*, England
[Eve Arnold sur le tournage du film *Becket*, Angleterre], **1963.**
—

→
The Unretouched Woman
[La Femme non retouchée],
Knopf, New York, 1976.
—

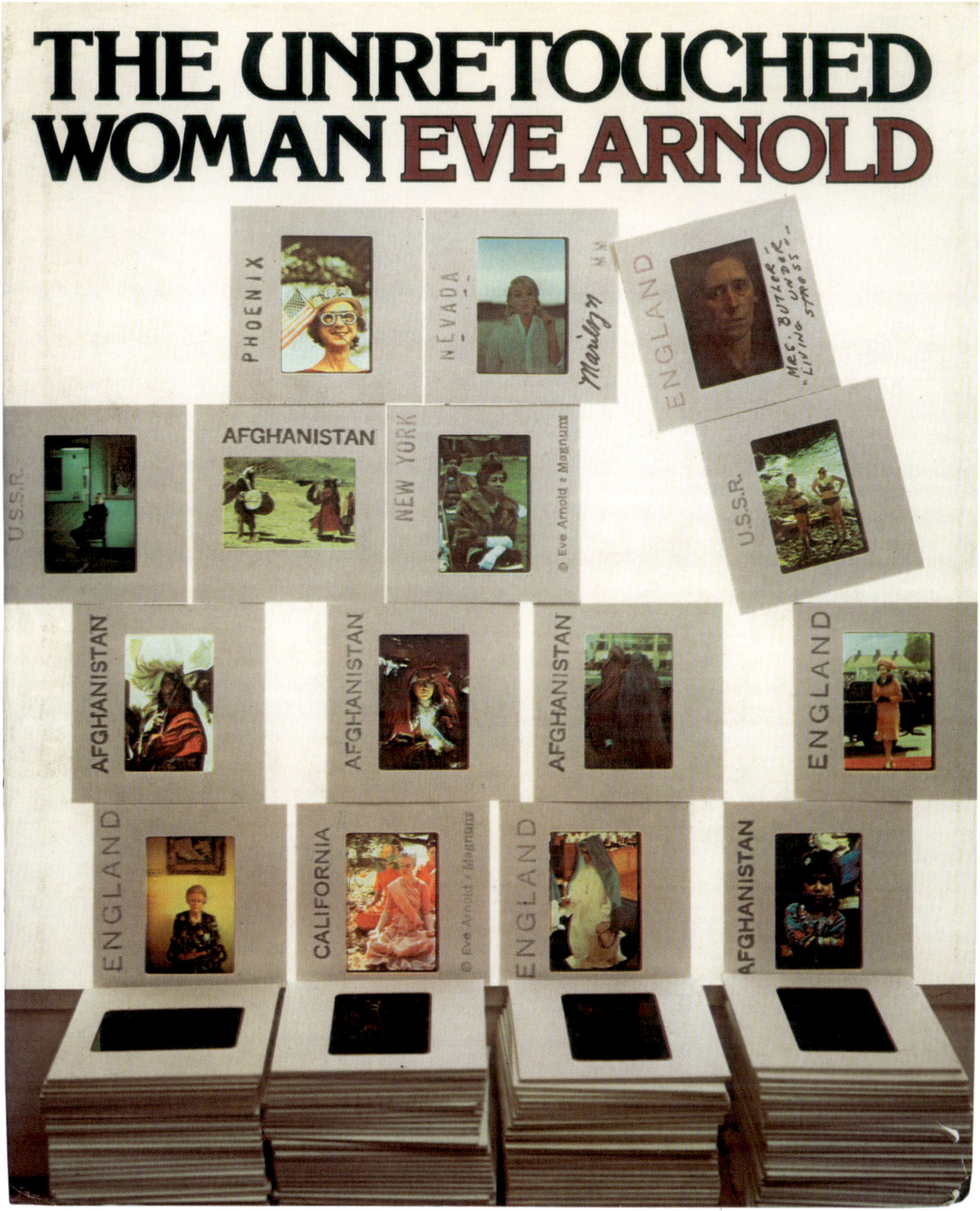
THE UNRETOUCHED
WOMAN EVE ARNOLD
PHOENIX
NEVADA
ENGLAND
U.S.S.R.
AFGHANISTAN
NEW YORK
© Eve Arnold • Magnum
U.S.S.R.
AFGHANISTAN
AFGHANISTAN
AFGHANISTAN
ENGLAND
ENGLAND
CALIFORNIA
© Eve Arnold • Magnum
ENGLAND
AFGHANISTAN

↓

The Unretouched Woman, p. 4-5 : A baby's first five minutes
[Les cinq premières minutes d'un bébé],
Long Island, New York, USA, 1959.
—
[À Bessie, ma mère, que j'ai aimée et combattue et que je commence seulement à comprendre. À Francis, mon fils, que j'aime, qui me combat, et qui j'espère comprendra.]
—

→

p. 46-47 : Mrs. Elsie Tuesdell plays with children of the nursery school on the grounds of the old-age home where she lives; Miss Kate Davis, postmistress, paring apples for church-supper pies
[Mrs. Elsie Tusdell joue avec les enfants de l'école maternelle dans le domaine de la maison de retraite où elle vit ; Miss Kate Davis, factrice, pèle des pommes pour les tartes du dîner paroissial], **Long Island, 1958.**
—

↘

p. 58-59 : Pregnant Zulu women at Charles Johnson Memorial Hospital in Nqutu, Kwa Zulu, South Africa
[Femmes zouloues enceintes à l'hôpital Charles Johnson Memorial, Nqutu, Kwa Zulu, Afrique du Sud], **1973.**
—

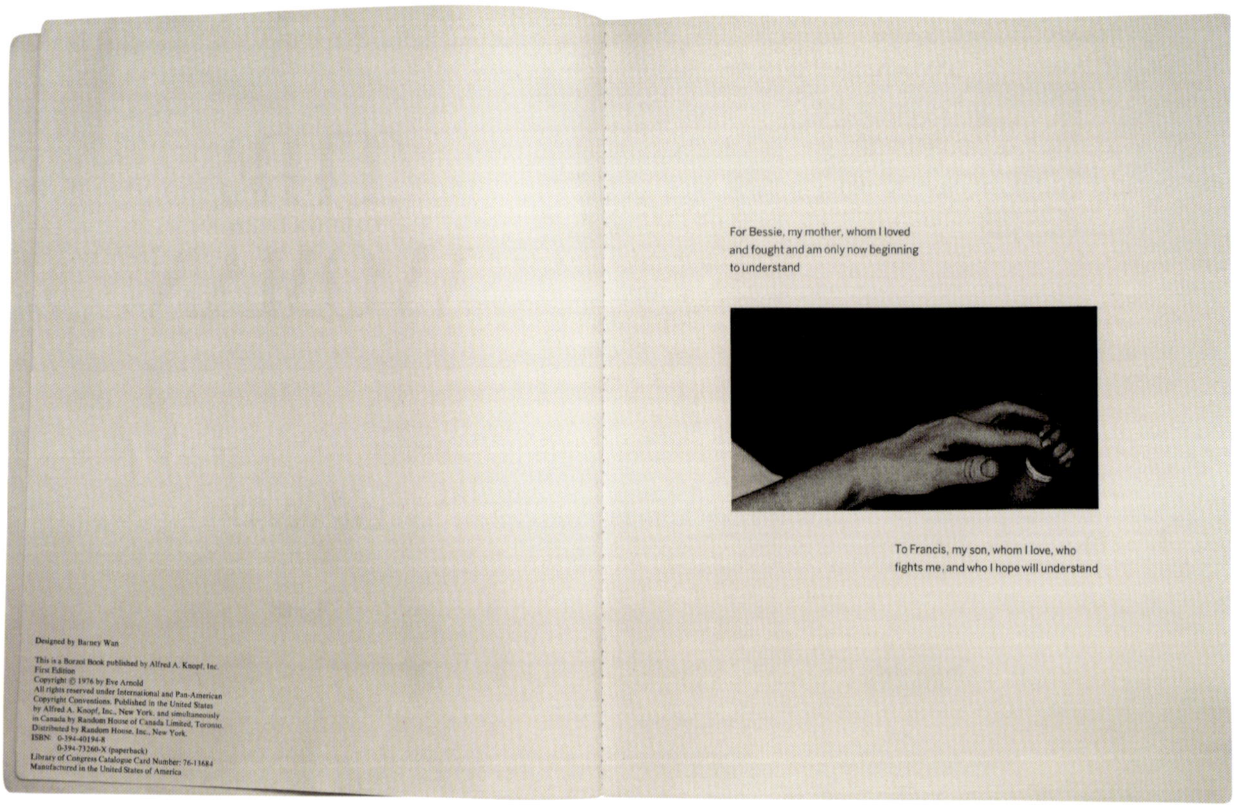

Designed by Barney Wan

This is a Borzoi Book published by Alfred A. Knopf, Inc.
First Edition
Copyright © 1976 by Eve Arnold
All rights reserved under International and Pan-American Copyright Conventions. Published in the United States by Alfred A. Knopf, Inc., New York, and simultaneously in Canada by Random House of Canada Limited, Toronto. Distributed by Random House, Inc., New York.
ISBN: 0-394-40194-8
0-394-73260-X (paperback)
Library of Congress Catalogue Card Number: 76-13684
Manufactured in the United States of America

For Bessie, my mother, whom I loved and fought and am only now beginning to understand

To Francis, my son, whom I love, who fights me, and who I hope will understand

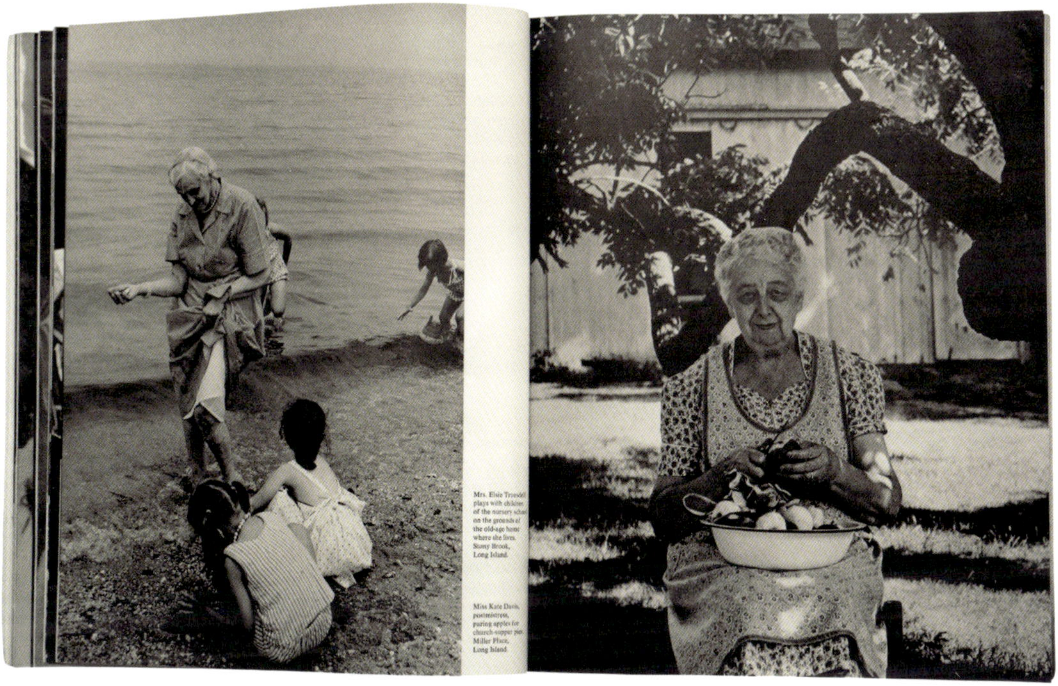
Mrs. Elsie Truesdell plays with children of the nursery school on the grounds of the old-age home where she lives. Stony Brook, Long Island.
Miss Kate Davis, postmistress, paring apples for church-supper pies. Miller Place, Long Island.

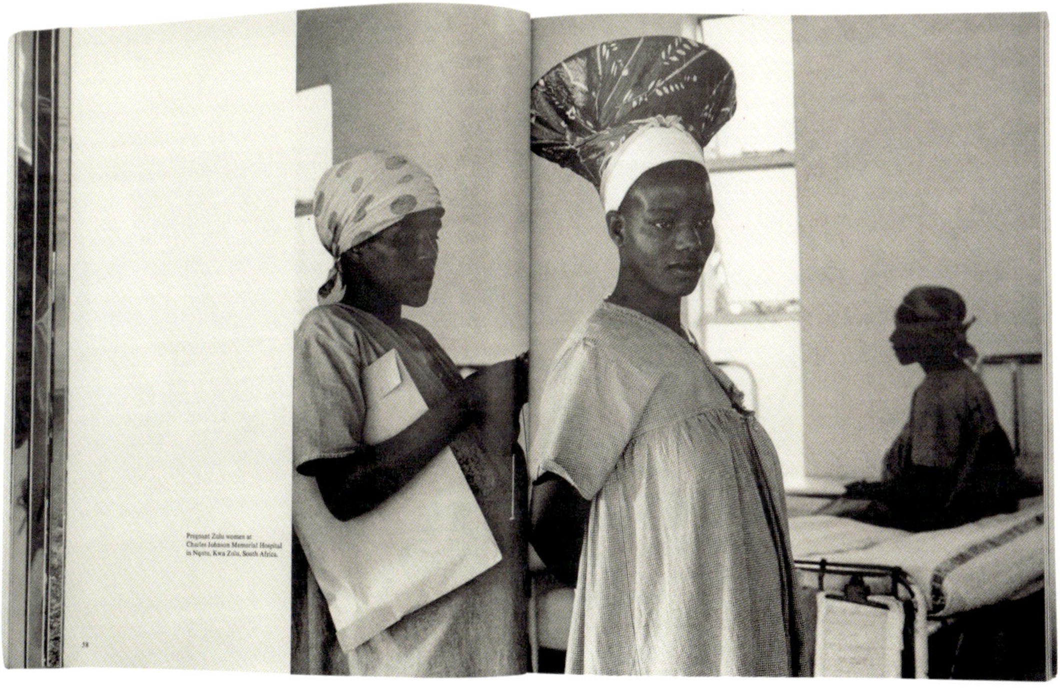
Pregnant Zulu women at Charles Johnson Memorial Hospital in Nqutu, Kwa Zulu, South Africa.
58

↓
The Unretouched Woman, p. 112-113 :
Waiting to see the Queen
[En attendant de voir la reine], **Manchester, 1968.**
—

→
p. 40-41 : Delegate to the Republican National Convention collecting money for the election campaign
[Une déléguée lève des fonds pour la campagne électorale du parti républicain], **San Francisco, 1964 ;**
—
Protesting Khrushchev's visit
[Manifestation contre la visite de Khrouchtchev], **New York, 1959.**
—

↘
p. 188-189 : Waiting for a streetcar in Moscow
[En attendant le tram, Moscou] ;
—
A pilgrim at the entrance of the monastery at Zagorsk, Soviet Union
[Pèlerine à l'entrée du monastère de Zagorsk, Union soviétique], **1966.**
—

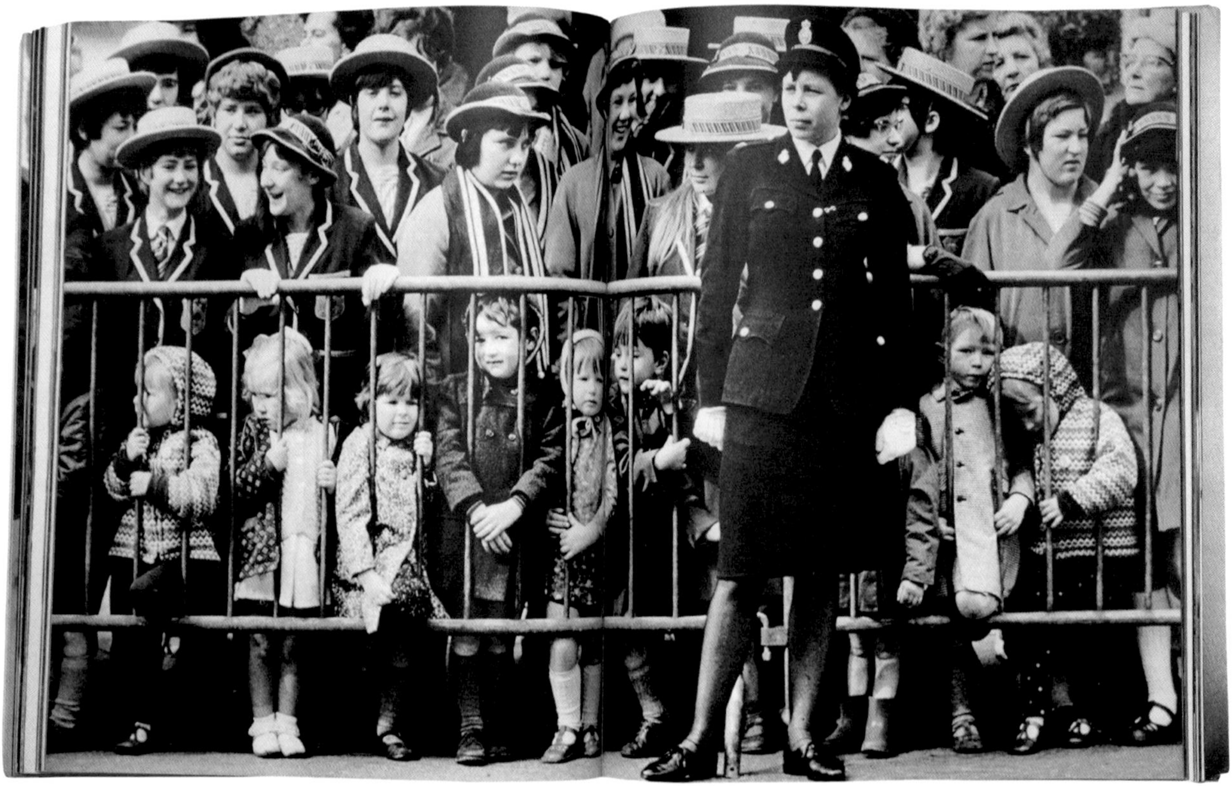

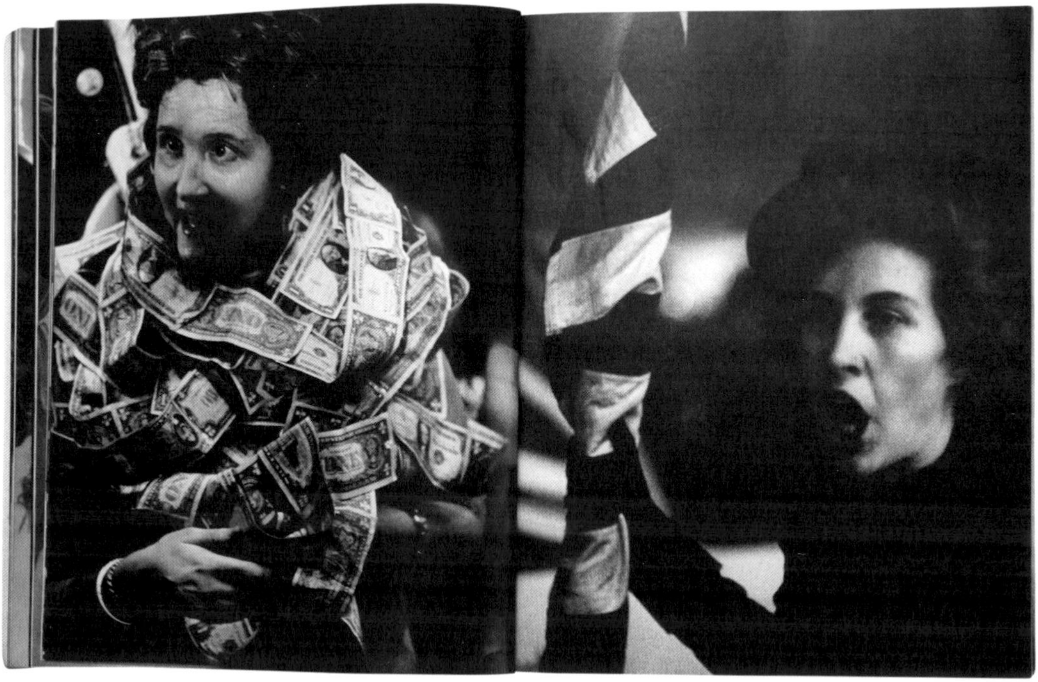

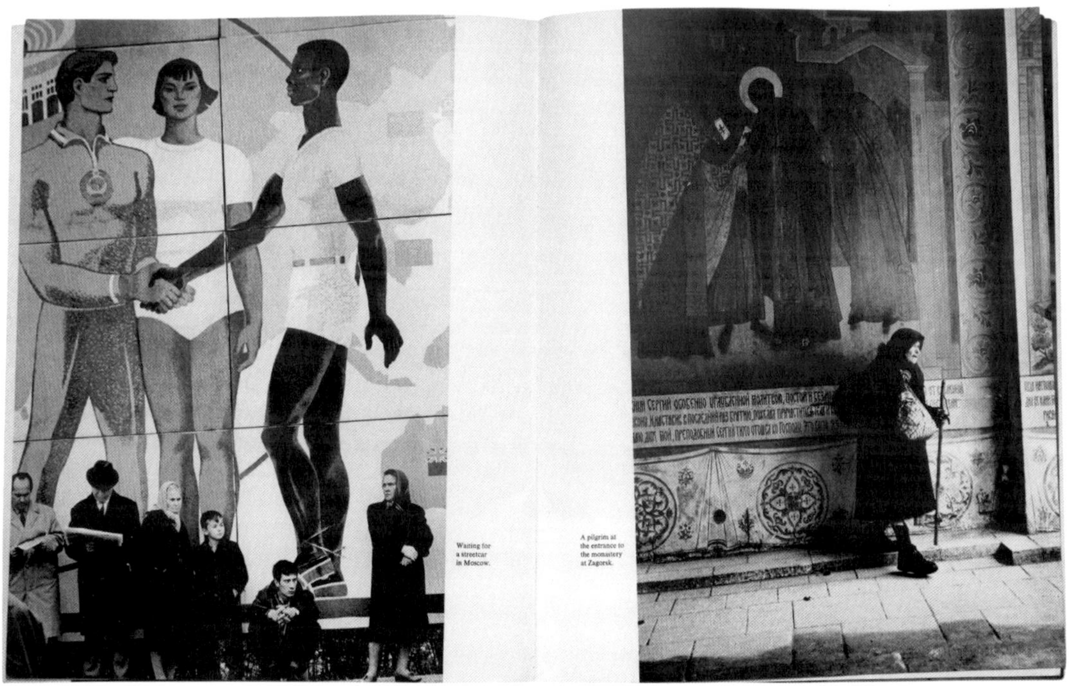
Waiting for
a streetcar
in Moscow.
A pilgrim at
the entrance to
the monastery
at Zagorsk.

—

The Unretouched Woman, **p. 94-95 : Marilyn Monroe, visit for the bicentennial of the town of Bement** [Marilyn Monroe, visite lors du bicentenaire de la ville de Bement], **Illinois, 1955.**

—

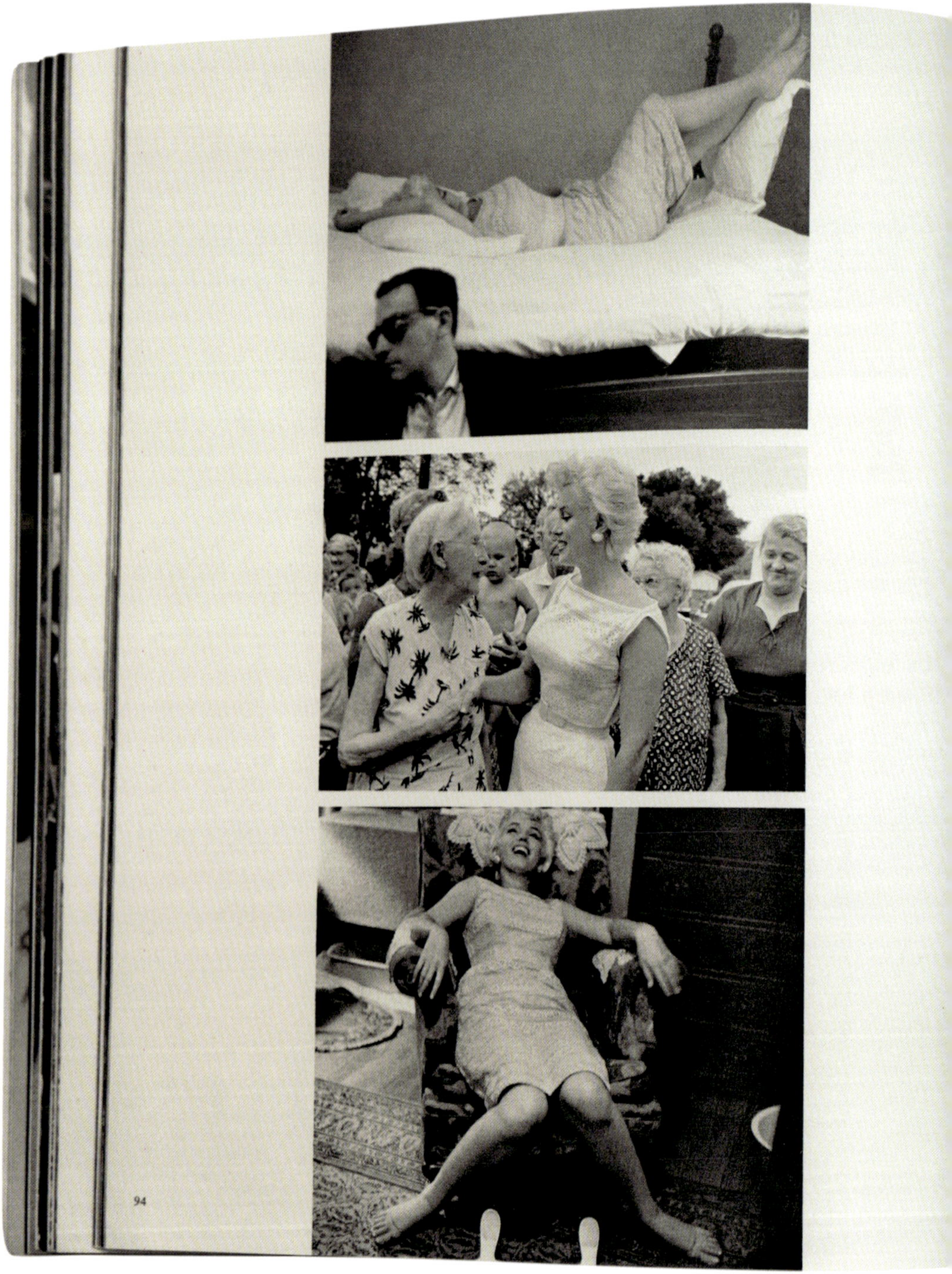

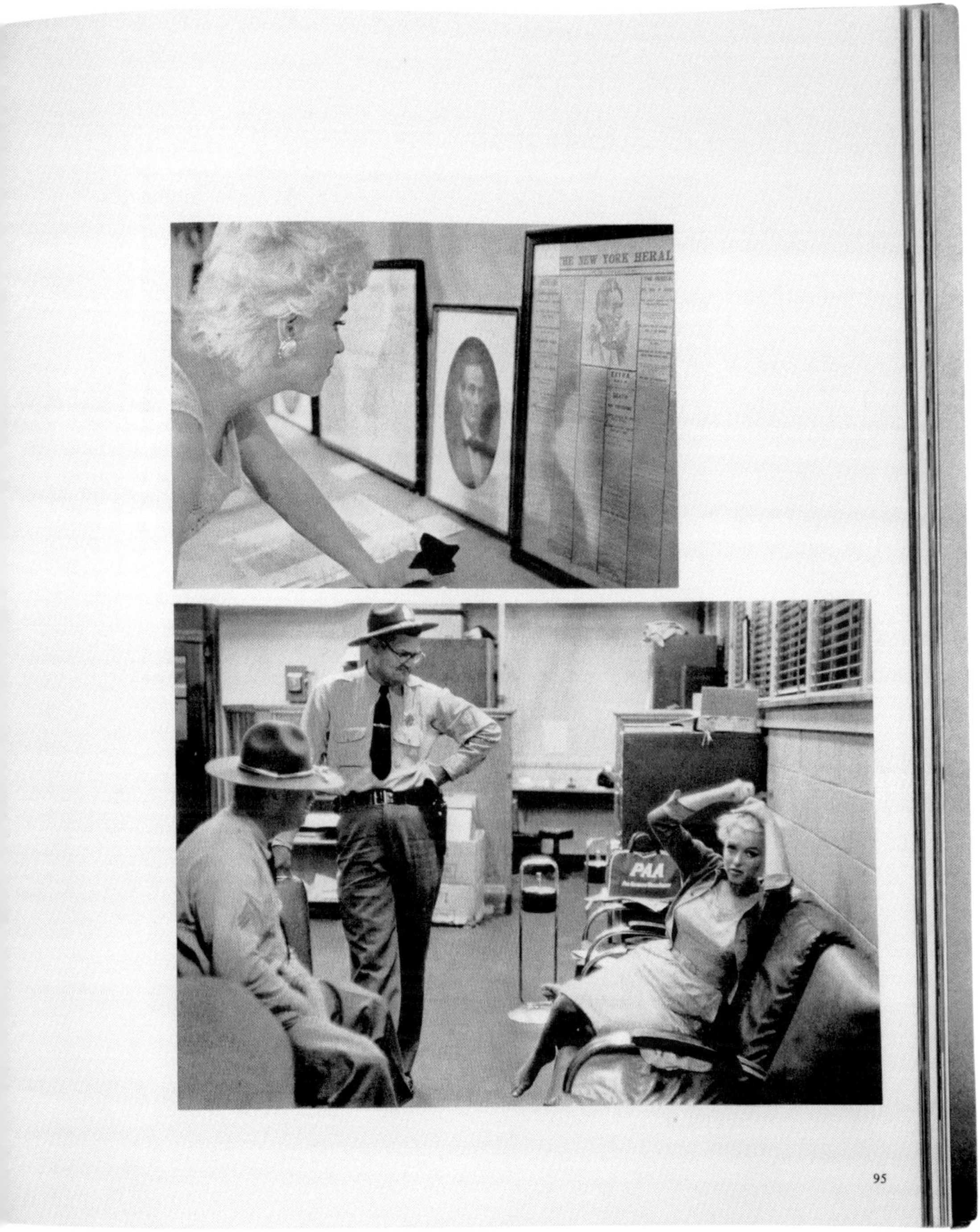
PAA
95

↓

The Unretouched Woman, p. 168-169 : **A free nursery school in a village in the Kuban, where working mothers leave their children, Soviet Union** [École maternelle gratuite dans un village du Kouban où les femmes actives peuvent faire garder leurs enfants, Union soviétique], **1966.**

—

↘

p. 160-161 : Juana Chambrot, Bahía Honda, Cuba, 1954.

—

→

p. 124-125 : Women's Royal Army Corps [Division féminine de l'armée, Angleterre] ; **Reducing salon, England** [Cure d'amincissement, Angleterre], **1965.**

—

↘

p. 162-163 : Juana Chambrot, Bahía Honda, Cuba, 1954 ; Two children in a ghetto [Deux enfants dans un ghetto], **Puerto Rico, 1968.**

—

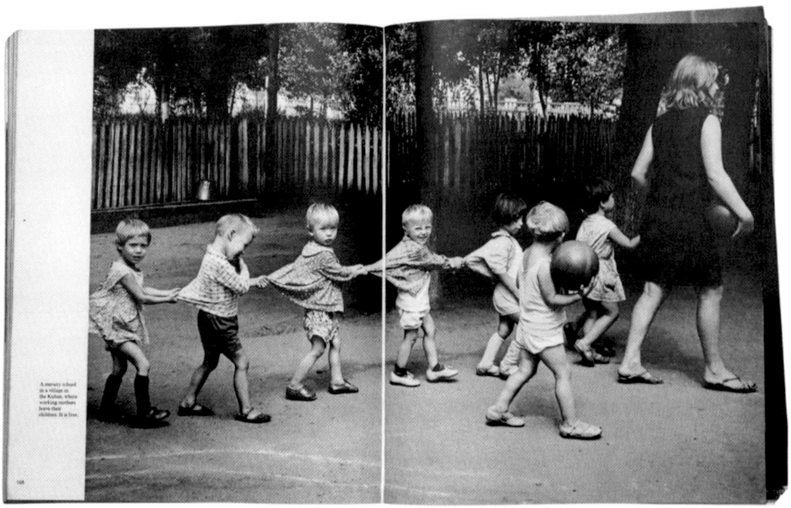

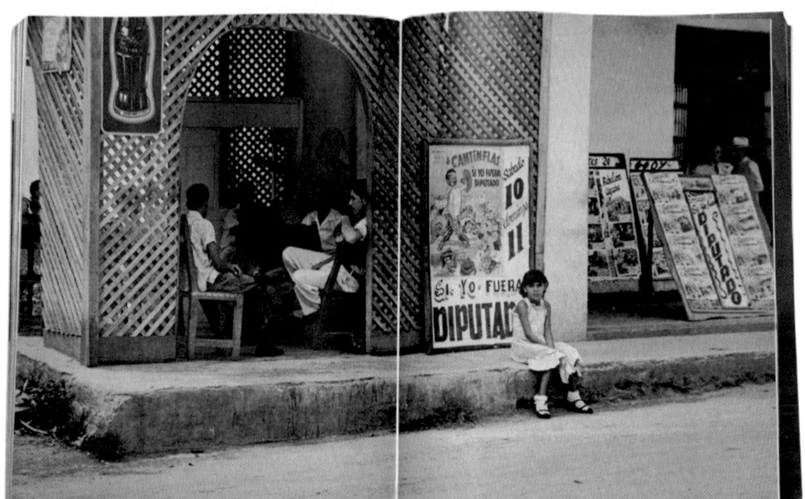

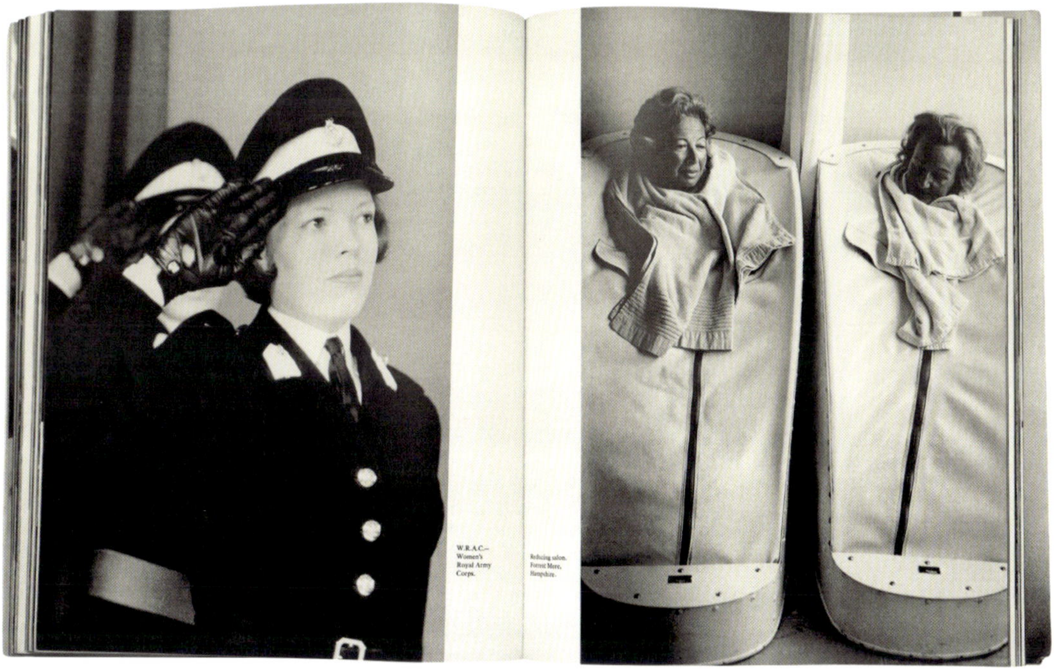
W.R.A.C.–
Women's
Royal Army
Corps.
Reducing salon.
Forest Mere,
Hampshire.

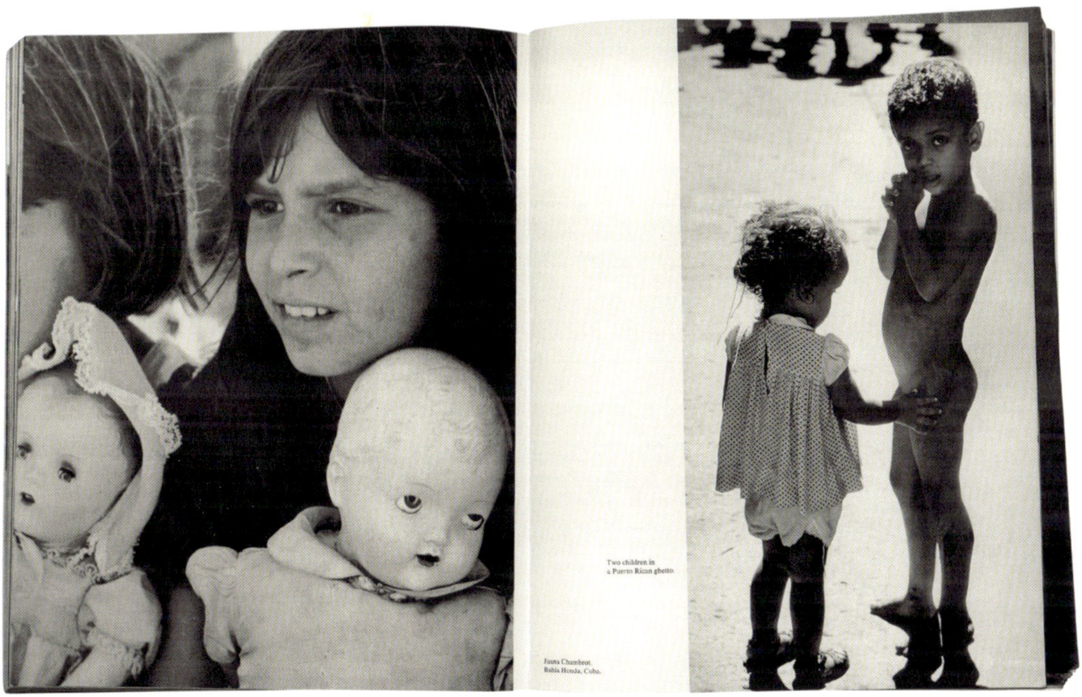
Juana Chambrot.
Bahia Honda, Cuba.
Two children in
a Puerto Rican ghetto.

—

The Unretouched Woman, **p. 114-115 : Elizabeth Taylor with two of her children, they are watching Richard Burton play his death scene in the film *Becket***
[Elizabeth Taylor avec deux de ses enfants, ils regardent Richard Burton jouer sa scène de mort dans le film *Becket*], **1963** ;
An old-age home in the Cotswolds, England
[une maison de retraite, Cotswolds, Angleterre],
1961.

—

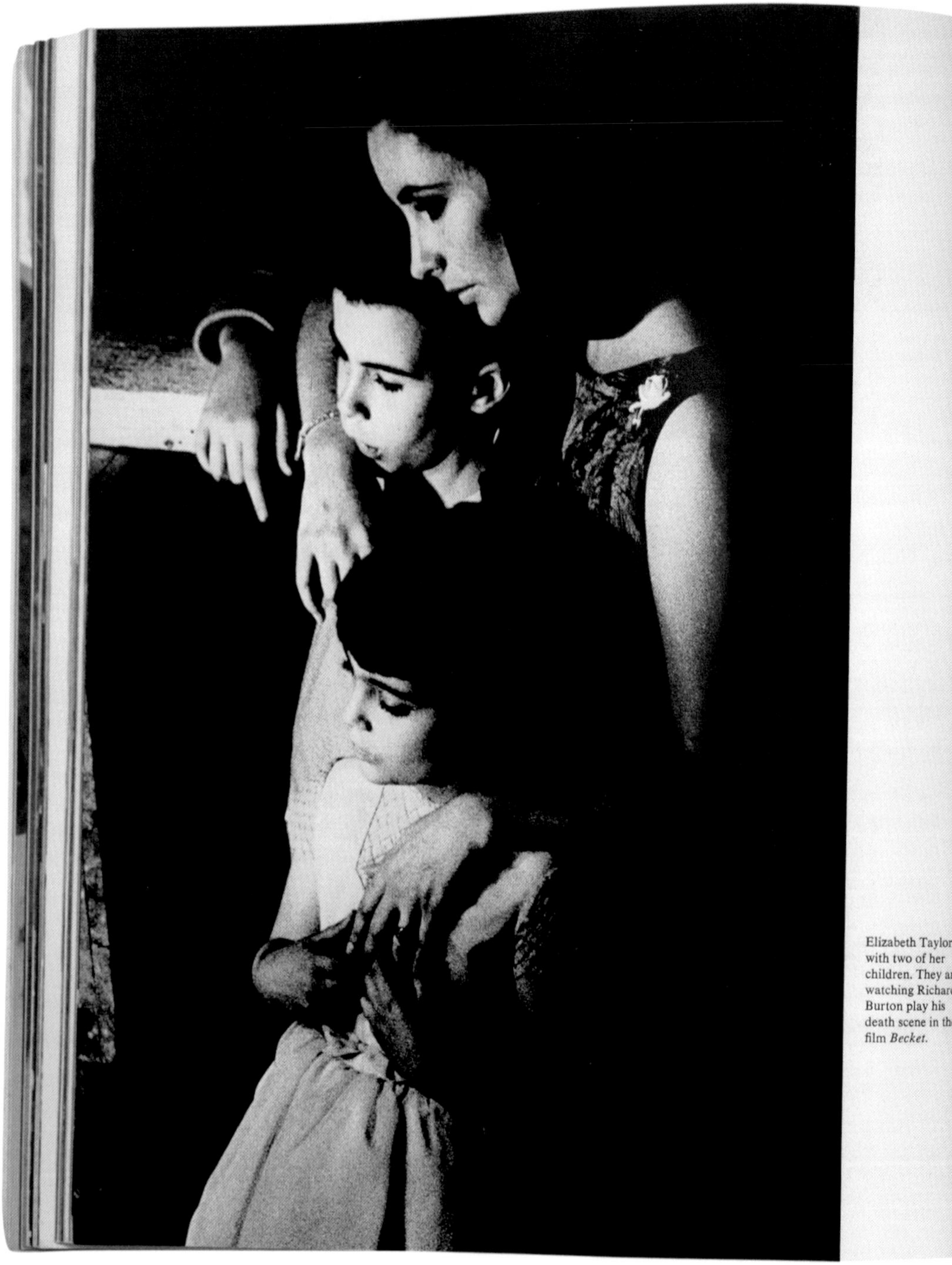

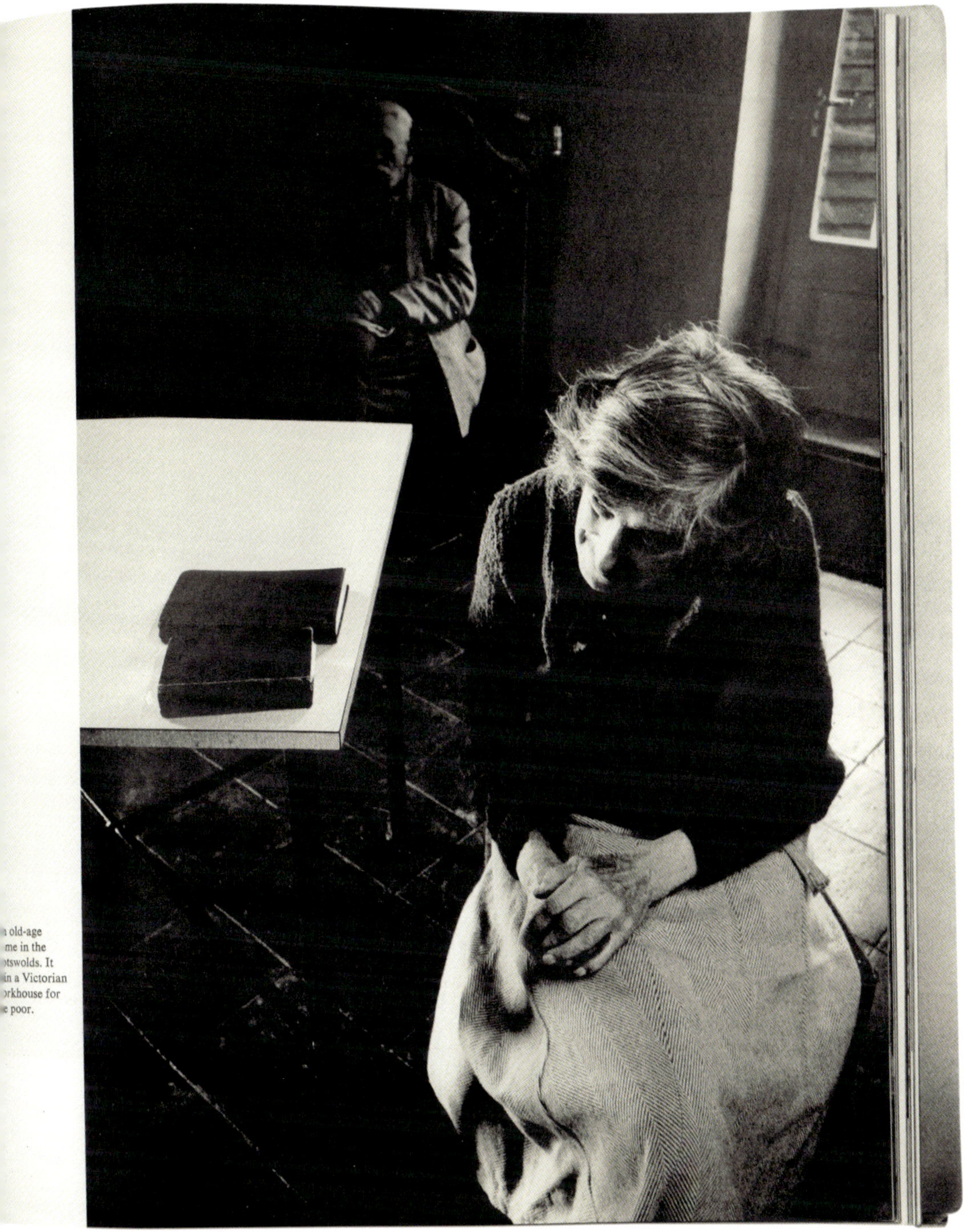
old-age
me in the
tswolds. It
in a Victorian
rkhouse for
e poor.

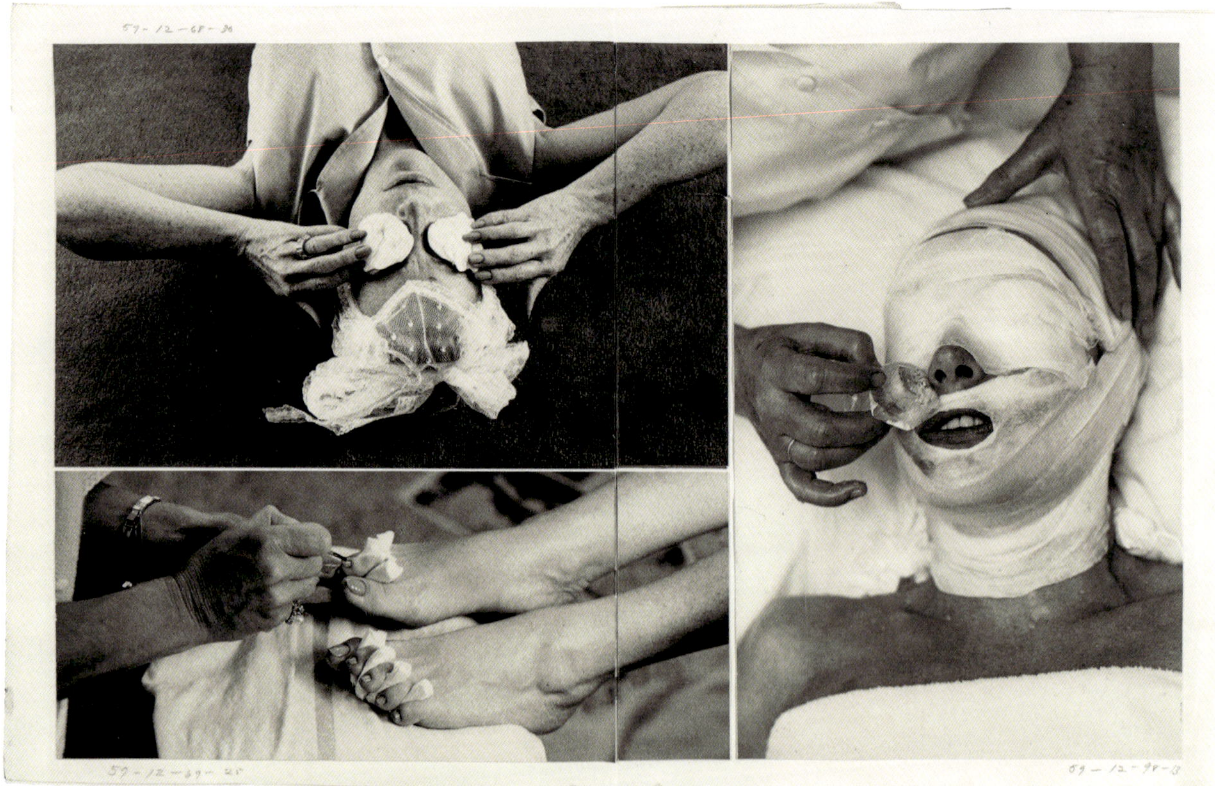

—

The Unretouched Woman, **book dummy with photographs of actress Joan Crawford**
[Maquette du livre avec des photographies de l'actrice Joan Crawford], **Hollywood, 1959.**

—

Many trade books showed more than
The outer cases and bindings were felt
feature of concept and manufacture.

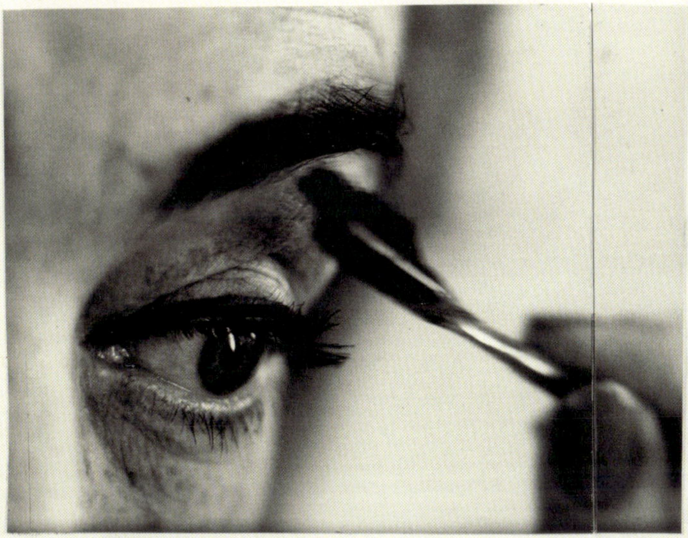

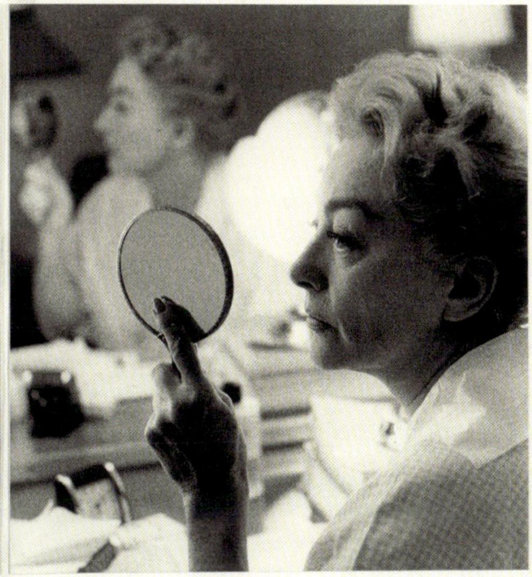

—
Contact sheet, Actress Joan Crawford
[Planche-contact, l'actrice Joan Crawford],
Hollywood, 1959.
—

—
Contact sheet, Actress Marlene Dietrich at Columbia Records studio
[Planche-contact, l'actrice Marlene Dietrich dans les studios de Columbia Records], **New York, 1952.**
—

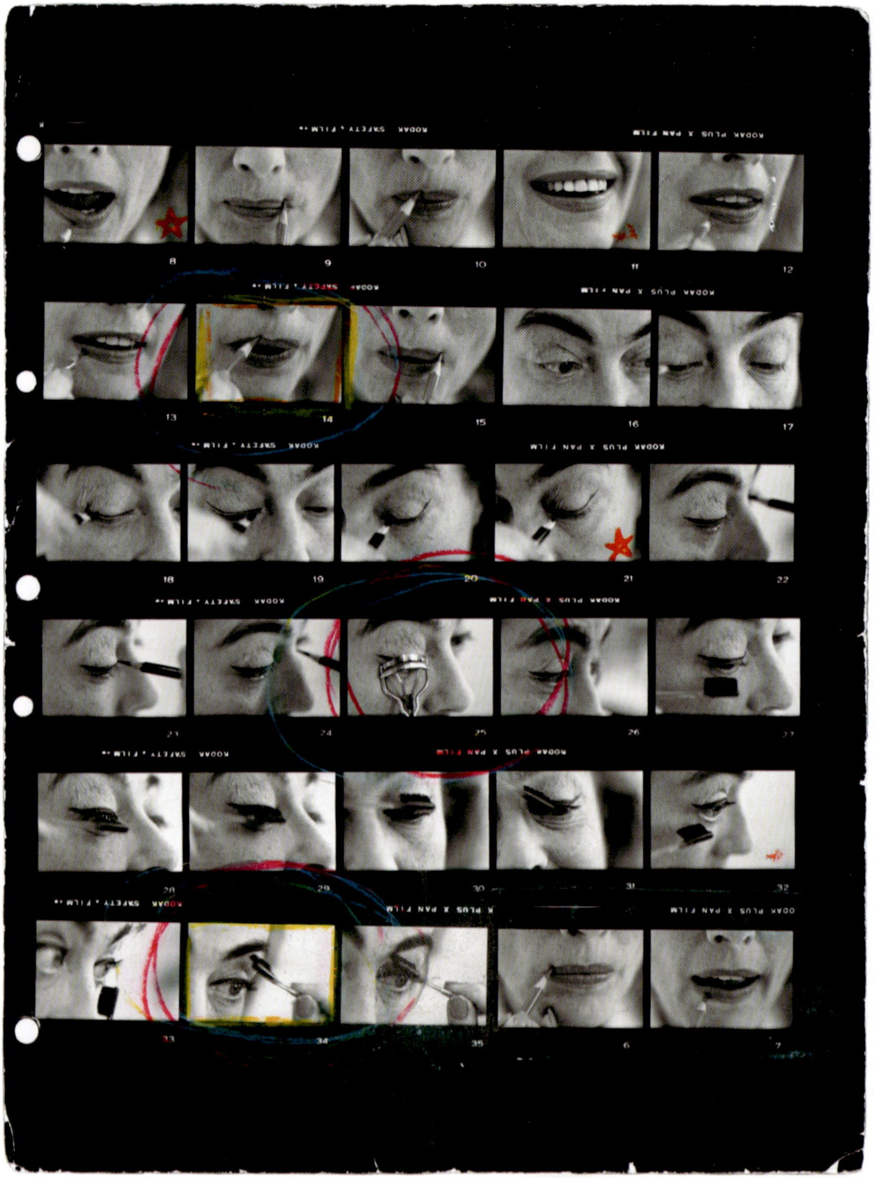

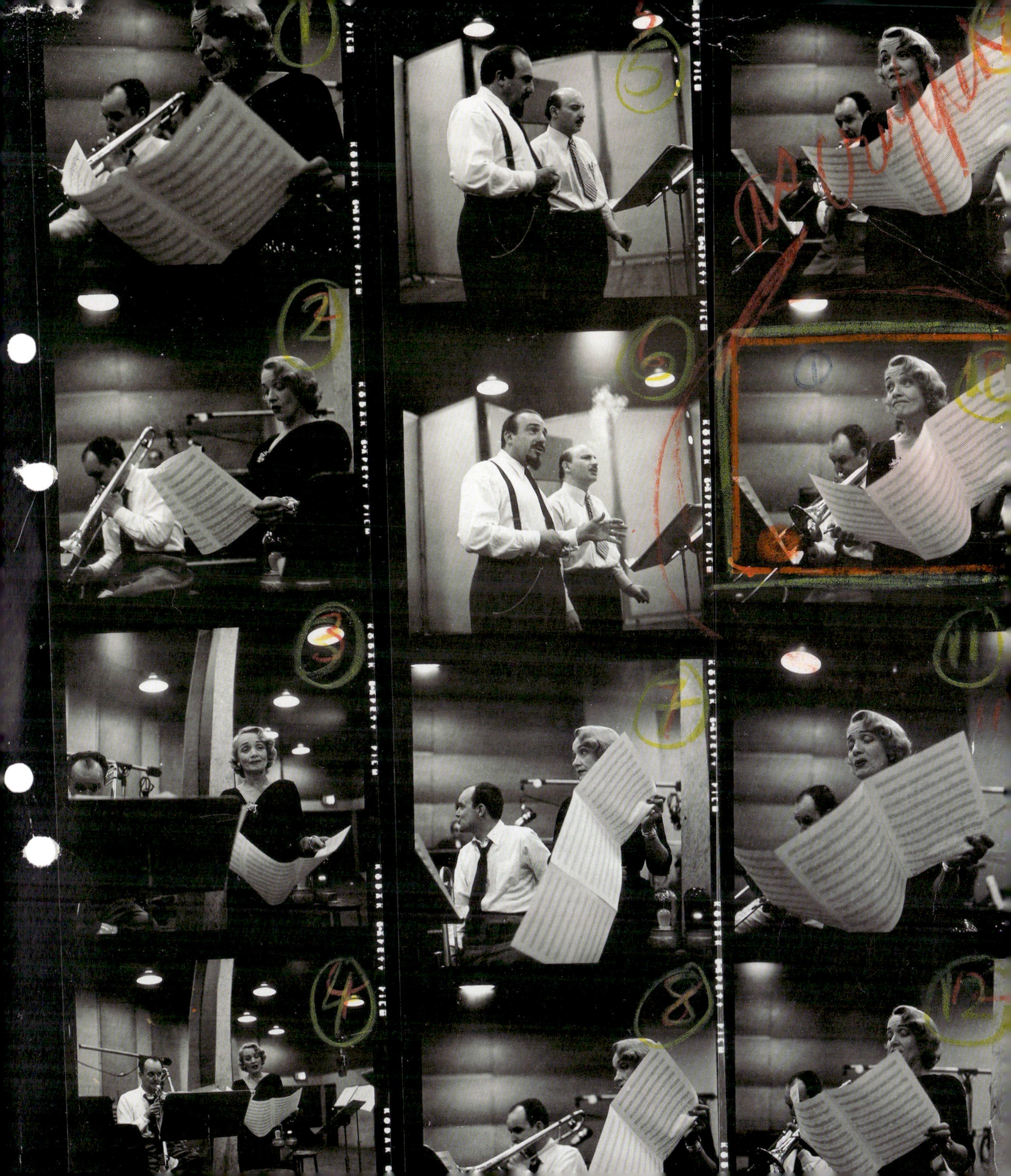
KODAK SAFETY FILM

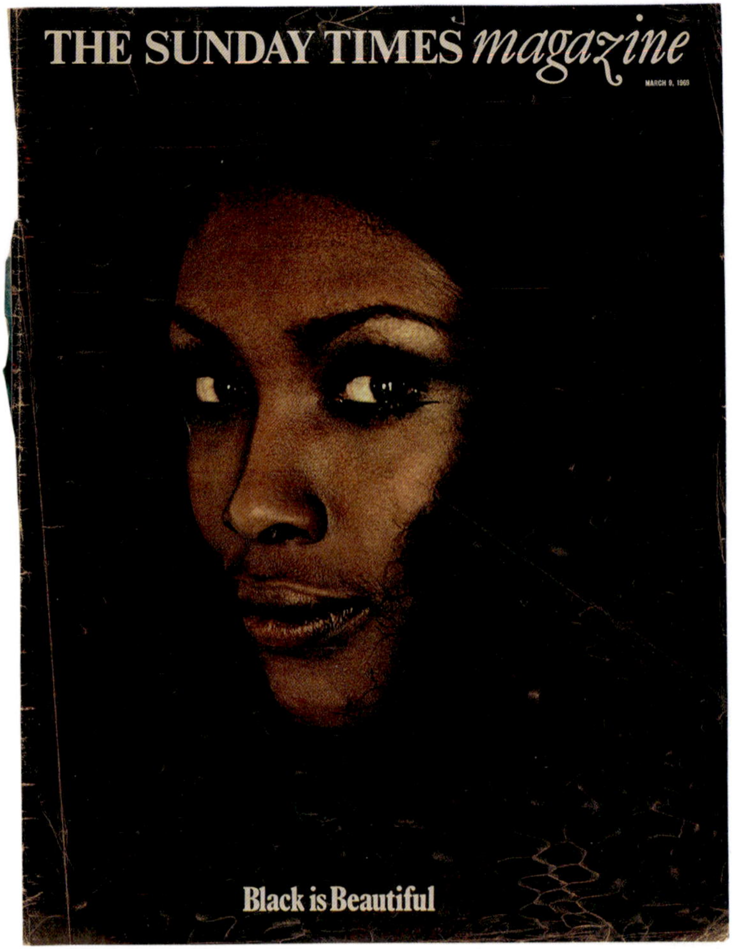

—

"Black is Beautiful", *The Sunday Times Magazine*, **photograph by Eve Arnold, March 9, 1969** [photographie d'Eve Arnold, 9 mars 1969].

—

→

"Fashion Show in Harlem", March 25, 1950, first story published by Eve Arnold ["Défilé de mode à Harlem", 25 mars 1950, premier reportage publié par Eve Arnold], ***Picture Post*, p. 42-45.**

—

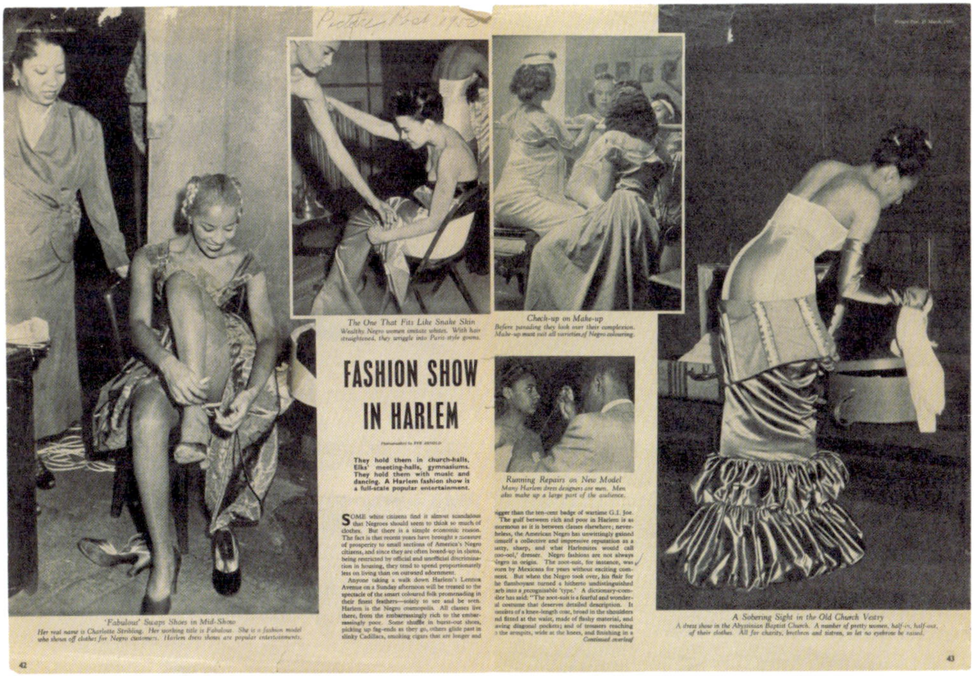

FASHION SHOW IN HARLEM

Photographed by EVE ARNOLD

They hold them in church-halls, Elks' meeting-halls, gymnasiums. They hold them with music and dancing. A Harlem fashion show is a full-scale popular entertainment.

SOME white citizens find it almost scandalous that Negroes should seem to think so much of clothes. But there is a simple economic reason. The fact is that recent years have brought a measure of prosperity to small sections of America's Negro citizens, and since they are often boxed-up in slums, being restricted by official and unofficial discrimination in housing, they tend to spend proportionately less on living than on outward adornment.

Anyone taking a walk down Harlem's Lennox Avenue on a Sunday afternoon will be treated to the spectacle of the smart coloured folk promenading in their finest feathers—solely to see and be seen. Harlem is the Negro cosmopolis. All classes live there, from the embarrassingly rich to the embarrassingly poor. Some shuffle in burst-out shoes, picking up fag-ends as they go, others glide past in slinky Cadillacs, smoking cigars that are longer and igger than the ten-cent badge of wartime G.I. Joe.

The gulf between rich and poor in Harlem is as normous as it is between classes elsewhere; neverheless, the American Negro has unwittingly gained imself a collective and impressive reputation as a atty, sharp, and what Harlemites would call oo-ool,' dresser. Negro fashions are not always Negro in origin. The zoot-suit, for instance, was worn by Mexicans for years without exciting comment. But when the Negro took over, his flair for he flamboyant turned a hitherto undistinguished arb into a recognisable 'type.' A dictionary-compiler has said: "The zoot-suit is a fearful and wonderful costume that deserves detailed description. It onsists of a knee-length coat, broad in the shoulders nd fitted at the waist, made of flashy material, and aving diagonal pockets; and of trousers reaching the armpits, wide at the knees, and finishing in a

Continued overleaf

'Fabulous' Swaps Shoes in Mid-Show
Her real name is Charlotte Stribling. Her working title is Fabulous. She is a fashion model who shows off clothes for Negro customers. Harlem dress shows are popular entertainments.

The One That Fits Like Snake Skin
Wealthy Negro women imitate whites. With hair straightened, they wriggle into Paris-style gowns.

Check-up on Make-up
Before parading they look over their complexion. Make-up must suit all varieties of Negro colouring.

Running Repairs on New Model
Many Harlem dress designers are men. Men also make up a large part of the audience.

A Sobering Sight in the Old Church Vestry
A dress show in the Abyssinian Baptist Church. A number of pretty women, half-in, half-out, of their clothes. All for charity, brethren and sistren, so let no eyebrow be raised.

42 43

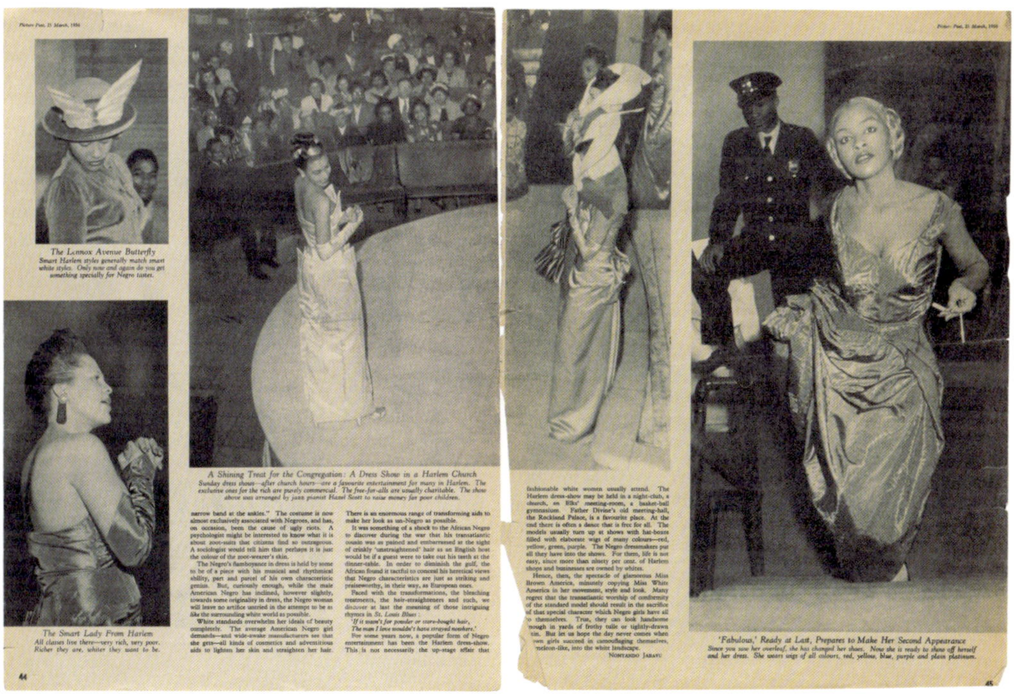

Picture Post, 25 March, 1950

The Lennox Avenue Butterfly
Smart Harlem styles generally match smart white styles. Only now and again do you get something specially for Negro tastes.

The Smart Lady From Harlem
All classes live there—very rich, very poor. Richer they are, whiter they want to be.

A Shining Treat for the Congregation: A Dress Show in a Harlem Church
Sunday dress shows—after church hours—are a favourite entertainment for many in Harlem. The exclusive ones for the rich are purely commercial. The free-for-alls are usually charitable. The show above was arranged by jazz pianist Hazel Scott to raise money for poor children.

narrow band at the ankles." The costume is now almost exclusively associated with Negroes, and has, on occasion, been the cause of ugly riots. A psychologist might be interested to know what it is about zoot-suits that citizens find so outrageous. A sociologist would tell him that perhaps it is just the colour of the zoot-wearer's skin.

The Negro's flamboyance in dress is held by some to be of a piece with his musical and rhythmical ability, part and parcel of his own characteristic genius. But, curiously enough, while the male American Negro has inclined, however slightly, towards some originality in dress, the Negro woman will leave no artifice untried in the attempt to be as like the surrounding white world as possible.

White standards overwhelm her ideals of beauty completely. The average American Negro girl demands—and wide-awake manufacturers see that she gets—all kinds of cosmetics and adventitious aids to lighten her skin and straighten her hair. There is an enormous range of transforming aids to make her look as un-Negro as possible.

It was something of a shock to the African Negro to discover during the war that his transatlantic cousin was as pained and embarrassed at the sight of crinkly 'unstraightened' hair as an English host would be if a guest were to take out his teeth at the dinner-table. In order to diminish the gulf, the African found it tactful to conceal his heretical views that Negro characteristics are just as striking and praiseworthy, in their way, as European ones.

Faced with the transformations, the bleaching treatments, the hair-straighteners and such, we discover at last the meaning of those intriguing rhymes in *St. Louis Blues*:

'If it wasn't for powder or store-bought hair,
The man I love wouldn't have strayed nowhere.'

For some years now, a popular form of Negro entertainment has been the Harlem dress-show. This is not necessarily the up-stage affair that fashionable white women usually attend. The Harlem dress-show may be held in a night-club, a church, an Elks' meeting-room, a basket-ball gymnasium. Father Divine's old meeting-hall, the Rockland Palace, is a favourite place. At the end there is often a dance that is free for all. The models usually turn up at shows with hat-boxes filled with elaborate wigs of many colours—red, yellow, green, purple. The Negro dressmakers put all they have into the shows. For them, life is not easy, since more than ninety per cent. of Harlem shops and businesses are owned by whites.

Hence, then, the spectacle of glamorous Miss Brown America, minutely copying Miss White America in her movement, style and look. Many regret that the transatlantic worship of conformity of the standard model should result in the sacrifice of that special character which Negro girls have all o themselves. True, they can look handsome nough in yards of frothy tulle or tightly-drawn tin. But let us hope the day never comes when own girls succeed in camouflaging themselves, meleon-like, into the white landscape.

NONTANDO JABAVU

'Fabulous,' Ready at Last, Prepares to Make Her Second Appearance
Since you saw her overleaf, she has changed her shoes. Now she is ready to show off herself and her dress. She wears wigs of all colours, red, yellow, blue, purple and plain platinum.

44 45

Susan Meiselas
Carnival Strippers
1976

Strip-tease forain paraît en 1976 aux États-Unis et en France, traduit par les éditions du Chêne. Susan Meiselas y présente le fruit de quatre années d'enquête sur les spectacles de strip-tease forain dans le Nord-Est des États-Unis. L'ouvrage nous accompagne de l'extérieur de la tente de strip-tease à l'intérieur, jusqu'à la fin du spectacle et au rangement, en passant par les coulisses. À travers de longs témoignages, la photographe donne la parole aux personnes photographiées. Elle montre les difficultés auxquelles elles sont confrontées, sans pour autant les enfermer dans le statut de victimes car elles ne se considèrent pas toujours comme telles. Elle brise ainsi leur enfermement par l'image, refusant l'alternative entre séduction et misérabilisme. Le geste photographique n'est plus un vecteur de domination mais de prise de parole, il constitue ces femmes en tant que sujets.

In 1976, Susan Meiselas's *Carnival Strippers* came out in the United States and France, where it was published by Les Éditions du Chêne. The outcome of a four-year inquiry into carnival strip shows in the United States, the book takes us inside the performers' tent and captures them backstage after the show. In long testimonies, they speak their minds. Meiselas shows the hardship they faced without giving them the status of victims, for that is not always what they considered themselves to be. Rejecting the choice between seduction and sordidness, she breaks through their confinement within an image. Photography is no longer a tool of domination but empowers these women, turning them into subjects.

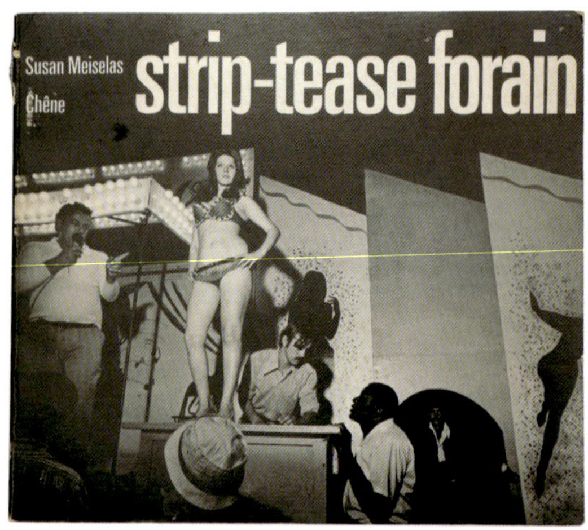

—
Strip-tease forain [Carnival Strippers], éditions du Chêne, Paris, 1976.
—

→
Cate Muther, Susan Meiselas photographing Ginger, Pennsylvania
[Susan Meiselas photographie Ginger, Pennsylvanie], **1975**
—

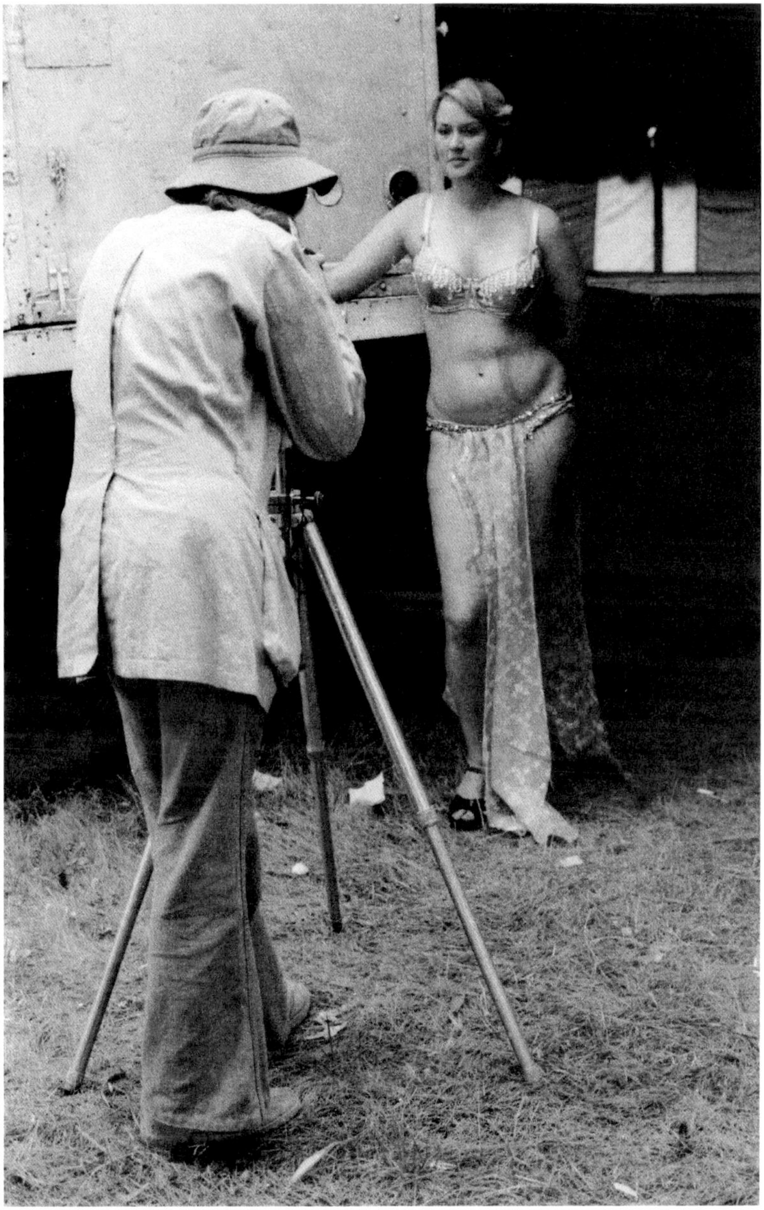

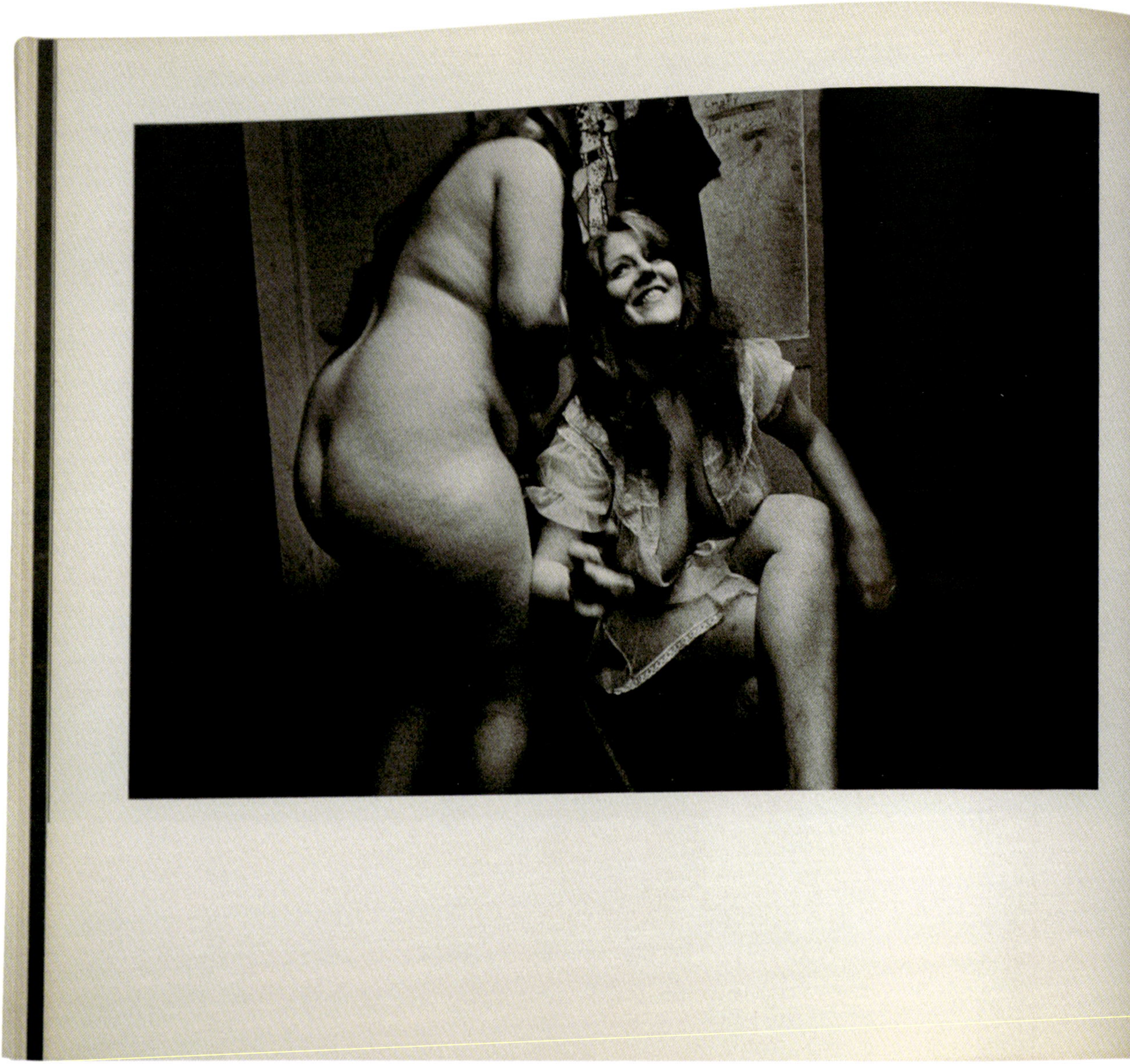

—

Strip-tease forain, p. 58-59 : Fryeburg, Maine, 1975 ; Essex Junction, Vermont, 1973.

—

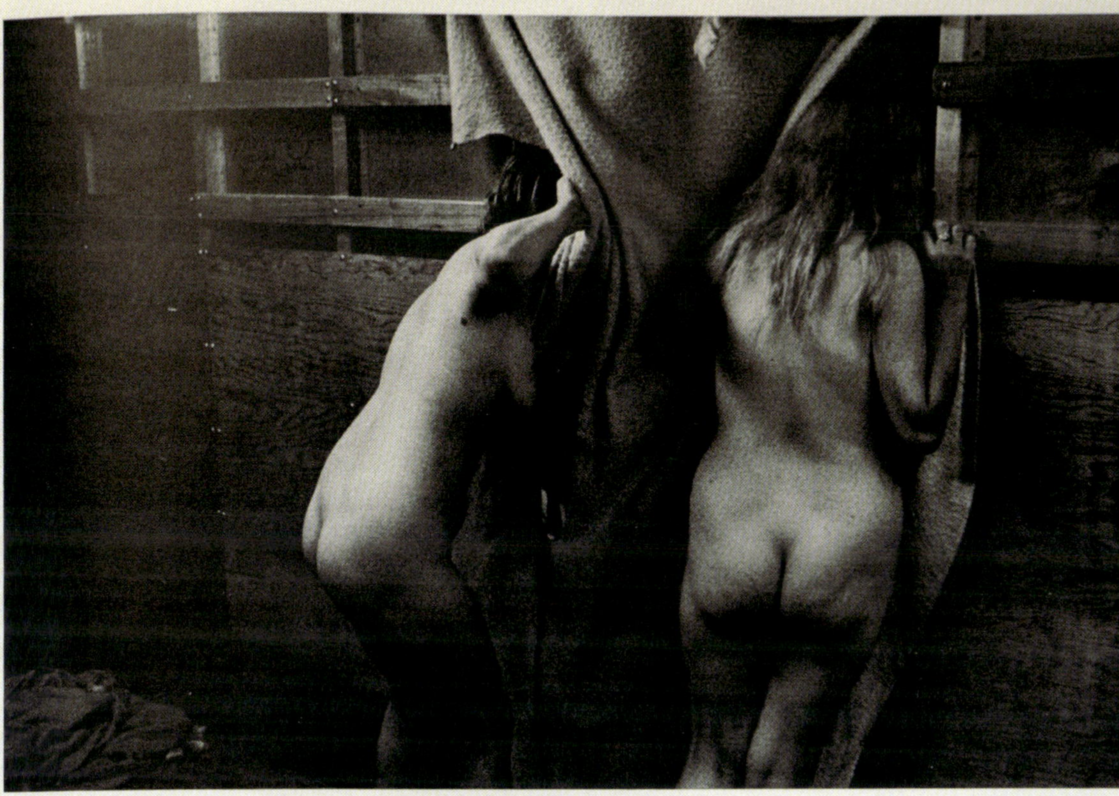

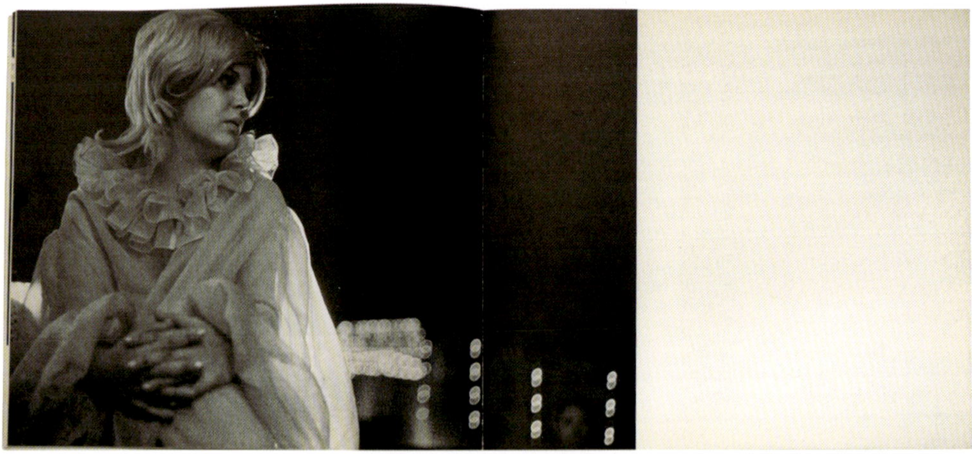

←
Strip-tease forain, p. 32-33 : **Tami waiting for the crowd** [Tami attend la foule], **Barton, Vermont, 1974.**
—

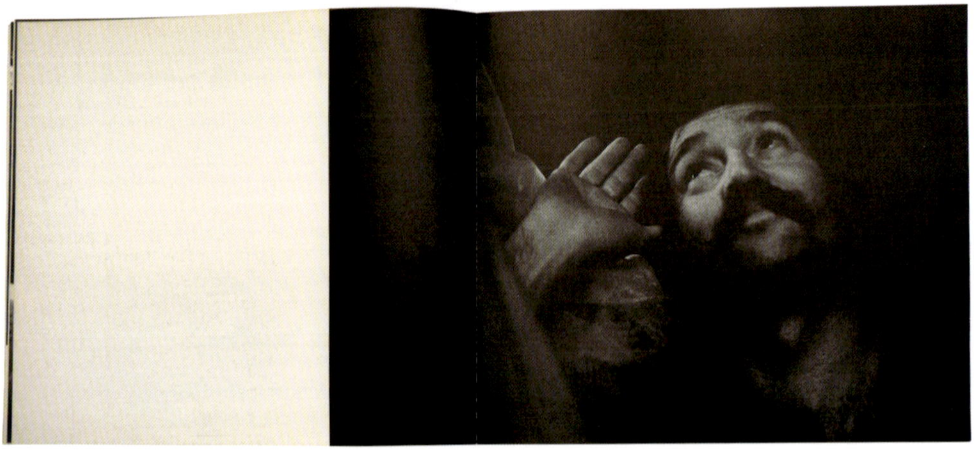

↙
p. 34-35 : Teasing Tami [Taquinant Tami], **Barton, Vermont. 1974.**
—

↓
p. 74-75 : No crowd [Pas de public], **Tunbridge, Vermont, 1974.**
—

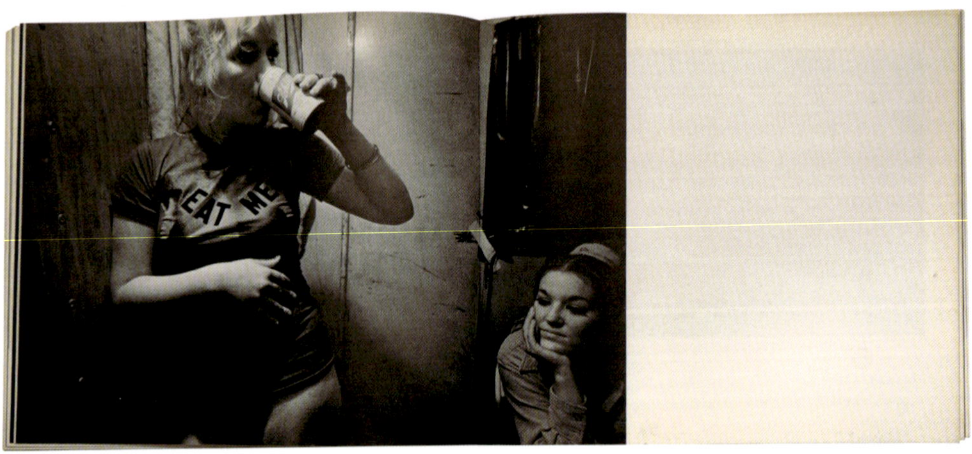

→
p. 134-135 : **Ginger and Blue** [Ginger et Blue], **Carlisle, Pennsylvania** [Pennsylvanie], **1975.**
—

↘
p. 138-139 : **South Carolina** [Caroline du Sud], **1973.**
—

↓
p. 140-141 : **Shortie and her man, South Carolina** [Shortie et son homme, Caroline du Sud], **1973.**
—

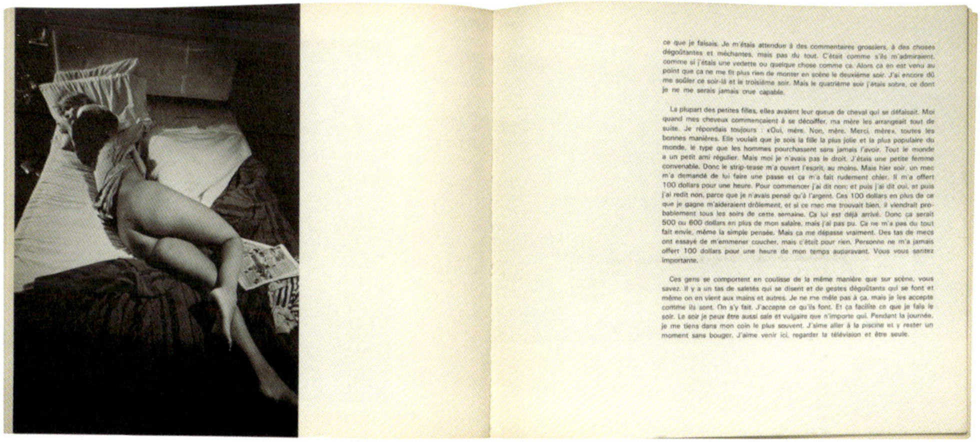

ce que je faisais. Je m'étais attendue à des commentaires grossiers, à des choses dégoûtantes et méchantes, mais pas du tout. C'était comme s'ils m'admiraient, comme si j'étais une vedette ou quelque chose comme ça. Alors ça en est venu au point que ça ne me fit plus rien de monter en scène le deuxième soir. J'ai encore dû me soûler ce soir-là et le troisième soir. Mais le quatrième soir j'étais sobre, ce dont je ne me serais jamais crue capable.

La plupart des petites filles, elles avaient leur queue de cheval qui se défaisait. Moi quand mes cheveux commençaient à se décoiffer, ma mère les arrangeait tout de suite. Je répondais toujours : «Oui, mère. Non, mère. Merci, mère», toutes les bonnes manières. Elle voulait que je sois la fille la plus jolie et la plus populaire du monde, le type que les hommes pourchassent sans jamais l'avoir. Tout le monde a un petit ami régulier. Mais moi je n'avais pas le droit. J'étais une petite femme convenable. Donc le strip-tease m'a ouvert l'esprit, au moins. Mais hier soir, un mec m'a demandé de lui faire une passe et ça m'a fait rudement chier. Il m'a offert 100 dollars pour une heure. Pour commencer j'ai dit non; et puis j'ai dit oui, et puis j'ai redit non, parce que je n'avais pensé qu'à l'argent. Ces 100 dollars en plus de ce que je gagne m'aideraient drôlement, et si ce mec me trouvait bien, il viendrait probablement tous les soirs de cette semaine. Ça lui est déjà arrivé. Donc ça serait 500 ou 600 dollars en plus de mon salaire, mais j'ai pas pu. Ça ne m'a pas du tout fait envie, même la simple pensée. Mais ça me dépasse vraiment. Des tas de mecs ont essayé de m'emmener coucher, mais c'était pour rien. Personne ne m'a jamais offert 100 dollars pour une heure de mon temps auparavant. Vous vous sentez importante.

Ces gens se comportent en coulisse de la même manière que sur scène, vous savez. Il y a un tas de saletés qui se disent et de gestes dégoûtants qui se font et même on en vient aux mains et autres. Je ne me mêle pas à ça, mais je les accepte comme ils sont. On s'y fait. J'accepte ce qu'ils font. Et ça facilite ce que je fais le soir. Le soir je peux être aussi sale et vulgaire que n'importe qui. Pendant la journée, je me tiens dans mon coin le plus souvent. J'aime aller à la piscine et y rester un moment sans bouger. J'aime venir ici, regarder la télévision et être seule.

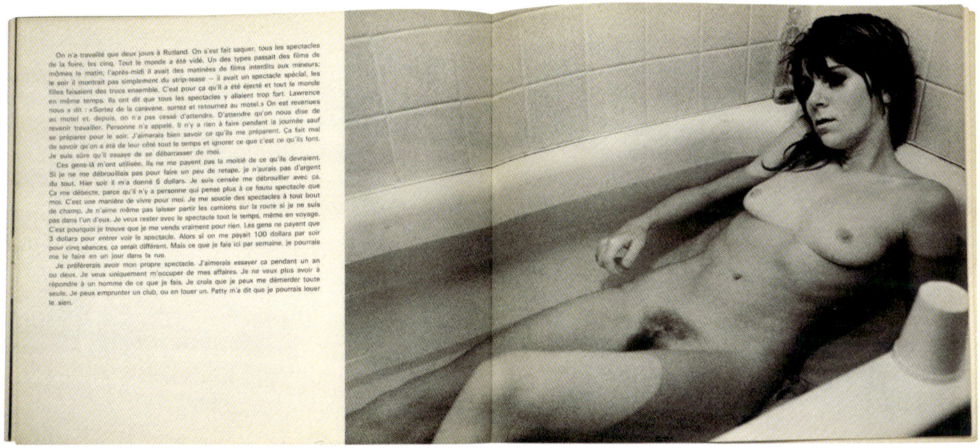

On n'a travaillé que deux jours à Rutland. On s'est fait saquer, tous les spectacles de la foire, les cinq. Tout le monde a été vidé. Un des types passait des films de mômes le matin; l'après-midi il avait des matinées de films interdits aux mineurs; le soir il montrait pas simplement du strip-tease – il avait un spectacle spécial, les filles faisaient des trucs ensemble. C'est pour ça qu'il a été éjecté et tout le monde en même temps. Ils ont dit que tous les spectacles y allaient trop fort. Lawrence nous a dit : «Sortez de la caravane, sortez et retournez au motel.» On est revenues au motel et, depuis, on n'a pas cessé d'attendre. D'attendre qu'on nous dise de revenir travailler. Personne n'a appelé. Il n'y a rien à faire pendant la journée sauf se préparer pour le soir. J'aimerais bien savoir ce qu'ils me préparent. Ça fait mal de savoir qu'on a été de leur côté tout le temps et ignorer ce que c'est ce qu'ils font. Je suis sûre qu'il essaye de se débarrasser de moi.

Ces gens-là m'ont utilisée. Ils ne me payent pas la moitié de ce qu'ils devraient. Si je ne me débrouillais pas pour faire un peu de retape, je n'aurais pas d'argent du tout. Hier soir il m'a donné 5 dollars. Je suis censée me débrouiller avec ça. Ça me débecte, parce qu'il n'y a personne qui pense plus à ce foutu spectacle que moi. C'est une manière de vivre pour moi. Je me soucie des spectacles à tout bout de champ. Je n'aime même pas laisser partir les camions sur la route si je ne suis pas dans l'un d'eux. Je veux rester avec le spectacle tout le temps, même en voyage. C'est pourquoi je trouve que je me vends vraiment pour rien. Les gens ne payent que 3 dollars pour entrer voir le spectacle. Alors si on me payait 100 dollars par soir pour cinq séances, ça serait différent. Mais ce que je fais ici par semaine, je pourrais me le faire en un jour dans la rue.

Je préférerais avoir mon propre spectacle. J'aimerais essayer ça pendant un an ou deux. Je veux uniquement m'occuper de mes affaires. Je ne veux plus avoir à répondre à un homme de ce que je fais. Je crois que je peux me démerder toute seule. Je peux emprunter un club, ou en louer un. Patty m'a dit que je pourrais louer le sien.

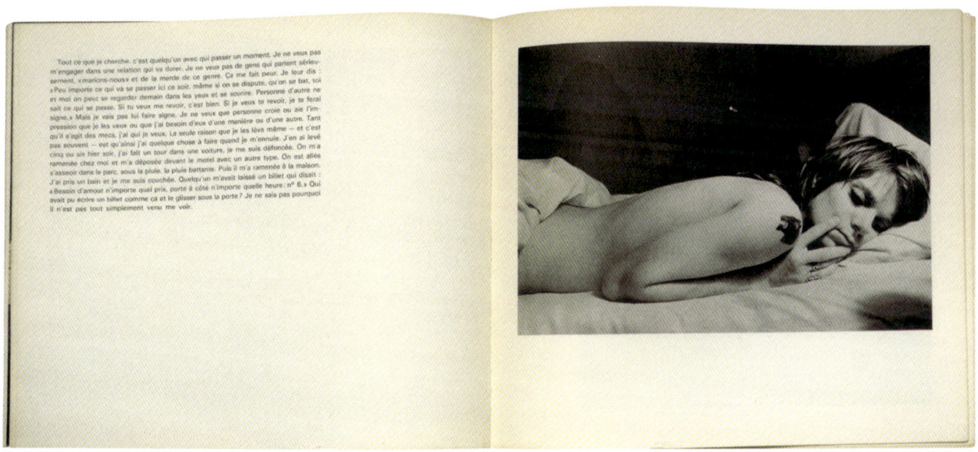

Tout ce que je cherche, c'est quelqu'un avec qui passer un moment. Je ne veux pas m'engager dans une relation qui va durer. Je ne veux pas de gens qui parlent sérieusement, «marions-nous» et de la merde de ce genre. Ça me fait peur. Je leur dis : «Peu importe ce qui va se passer ici ce soir, même si on se dispute, qu'on se bat, toi et moi on peut se regarder demain dans les yeux et se sourire. Personne d'autre ne sait ce qui se passe. Si tu veux me revoir, c'est bien. Si je veux te revoir, je te ferai signe.» Mais je vais pas lui faire signe. Je ne veux que personne croie ou aie l'impression que je les veux ou que j'ai besoin d'eux d'une manière ou d'une autre. Tant qu'il s'agit des mecs, j'ai qui je veux. La seule raison que je les lève même – et c'est pas souvent – est qu'ainsi j'ai quelque chose à faire quand je m'ennuie. J'en ai levé cinq ou six hier soir, j'ai fait un tour dans une voiture, je me suis défoncée. On m'a ramenée chez moi et m'a déposée devant le motel avec un autre type. On est allés s'asseoir dans le parc, sous la pluie, la pluie battante. Puis il m'a ramenée à la maison. J'ai pris un bain et je me suis couchée. Quelqu'un m'avait laissé un billet qui disait : «Besoin d'amour n'importe quel prix, porte à côté n'importe quelle heure : n° 6.» Qui avait pu écrire un billet comme ça et le glisser sous la porte ? Je ne sais pas pourquoi il n'est pas tout simplement venu me voir.

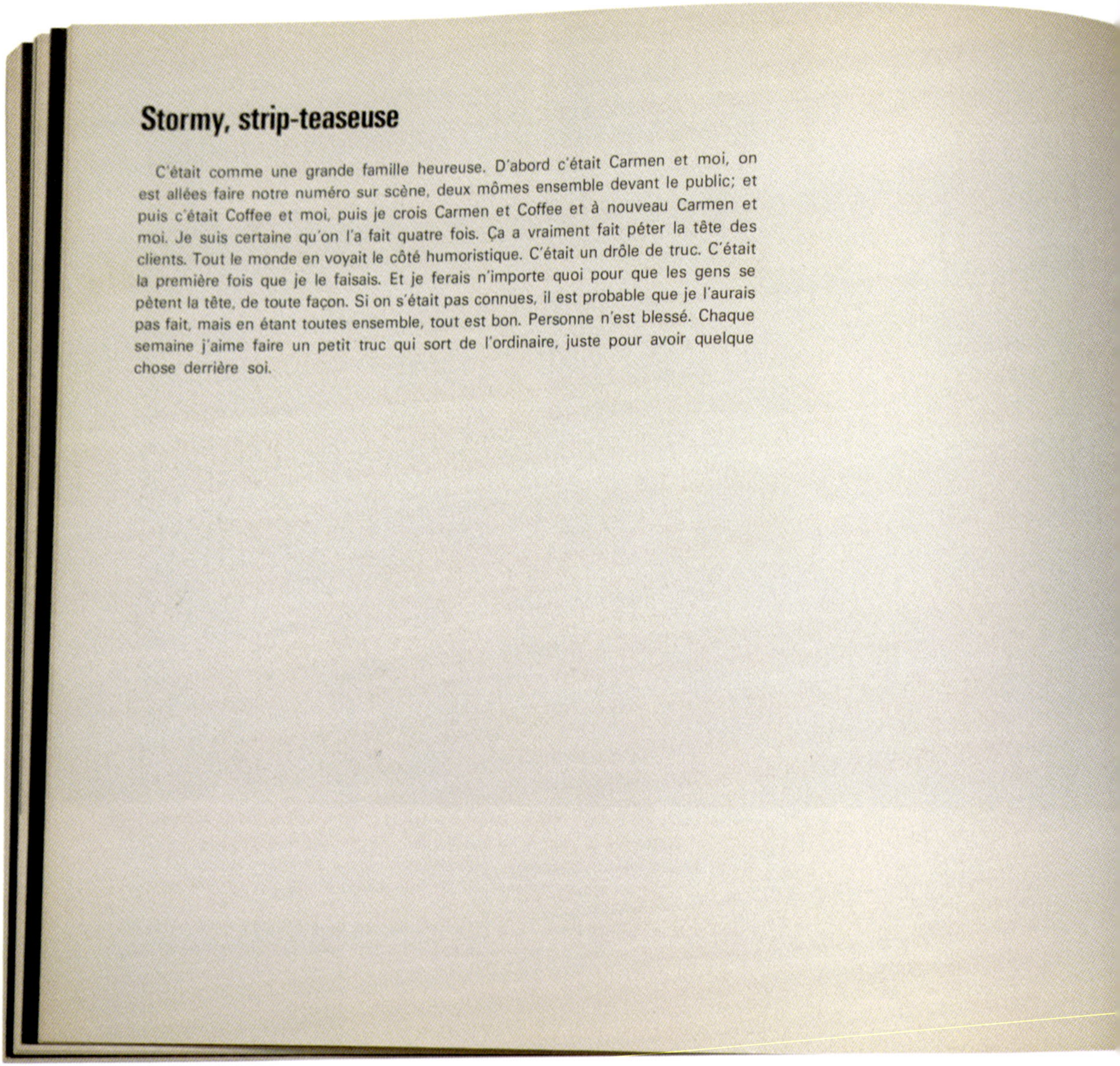

Stormy, strip-teaseuse

C'était comme une grande famille heureuse. D'abord c'était Carmen et moi, on est allées faire notre numéro sur scène, deux mômes ensemble devant le public; et puis c'était Coffee et moi, puis je crois Carmen et Coffee et à nouveau Carmen et moi. Je suis certaine qu'on l'a fait quatre fois. Ça a vraiment fait péter la tête des clients. Tout le monde en voyait le côté humoristique. C'était un drôle de truc. C'était la première fois que je le faisais. Et je ferais n'importe quoi pour que les gens se pètent la tête, de toute façon. Si on s'était pas connues, il est probable que je l'aurais pas fait, mais en étant toutes ensemble, tout est bon. Personne n'est blessé. Chaque semaine j'aime faire un petit truc qui sort de l'ordinaire, juste pour avoir quelque chose derrière soi.

—

***Strip-tease forain*, p. 70-71 : Debbie and Mitzi [Debbie et Mitzi], Tunbridge, Vermont, 1974.**

—

"Stormy, stripper. It was like one big happy family. First it was Carmen and I, we went out and we made out on the stage, two chicks together in front of the audience, and then it was Coffee and I, then I think it was Carmen and Coffee and Carmen and I again. I'm sure we did it four times. It really blew the customers' minds. Everybody could see the humor in it. It was freaky. It was the first time I ever did it. I'd do anything to blow anybody's mind, anyhow. If we didn't know each other, I probably wouldn't have done it, but being all together, everything goes. No harm to nobody. Every week I like to do something a little out of the ordinary, just to have something to look back upon."

—

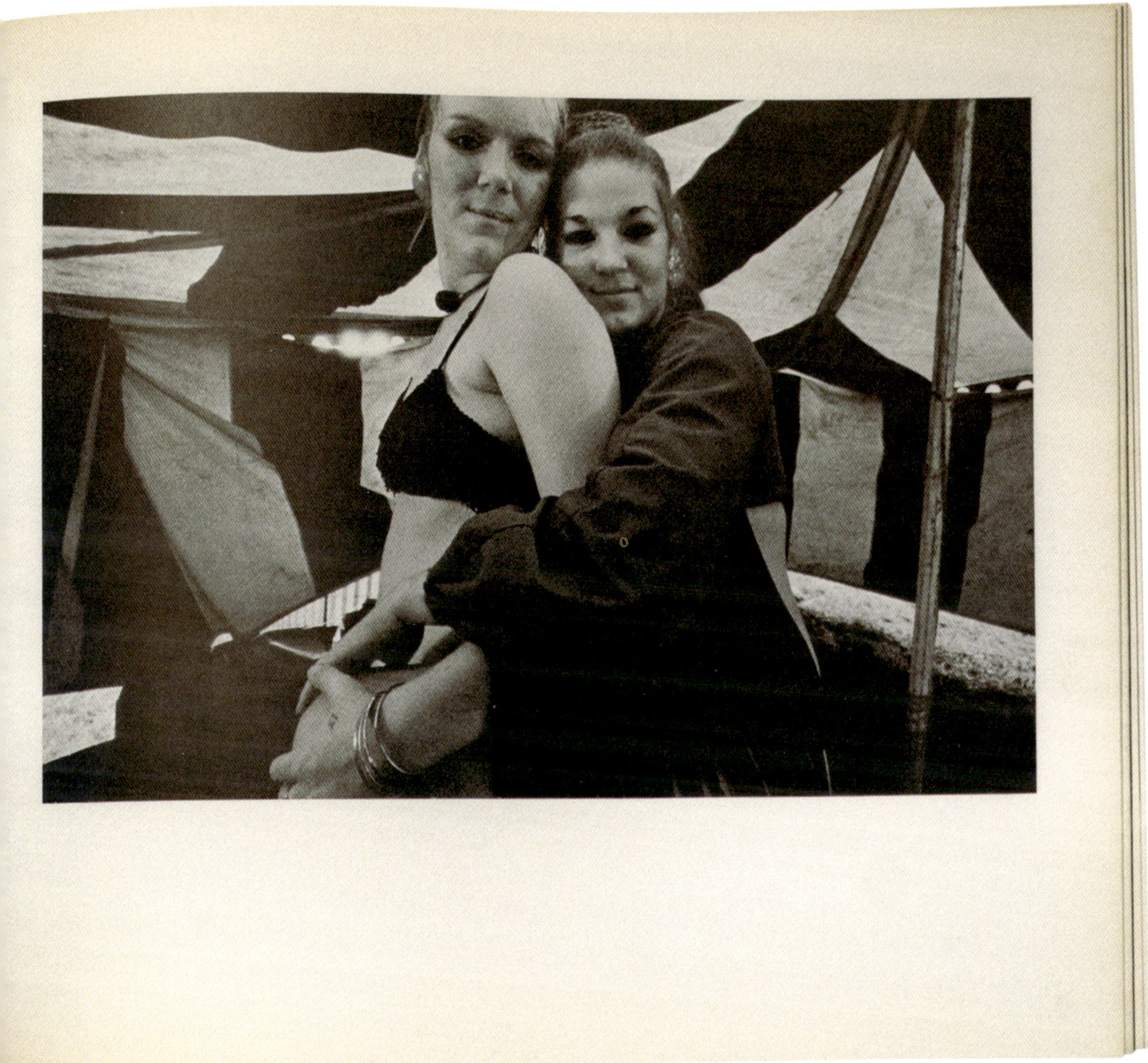

Mitzi, strip-teaseuse

Je plains les gens qui ont beaucoup d'argent, la plupart d'entre eux sont seuls, très seuls, parce qu'on leur a toujours donné tout ce qu'ils voulaient. Moi je dois dire que j'ai dû travailler pour ce que j'ai, tout, pour chaque centimètre d'habit. J'avais neuf frères et sœurs, et quand j'étais jeune, tous mes amis avaient de l'argent. Je pense que la raison principale pour laquelle ils étaient mes amis, c'est que je ne jouais pas la comédie. Quand ils venaient chez moi, ma mère disait : «Y'a personne ici qui va vous servir, servez-vous tout seuls.»

Les gens pensent pas qu'avec ce corps, j'utilise plus d'énergie qu'eux, qui sont là assis sur leur derrière à boire de la bière en bavant devant moi. C'est moi là qui travaille. Ça me vexe que les gens croient que j'ai pas besoin de manger, pas besoin de dormir, pas besoin de m'essuyer le cul quand je vais aux toilettes.

La société dit que si vous habitez pas dans un quartier bourgeois, et que vous avez pas deux voitures et du beau mobilier et une nouvelle robe toutes les semaines, c'est que vous êtes pauvre. Et si vous êtes pauvre, vous êtes propre à rien. Cette pouffiasse – elle avait les cheveux plus décolorés et plus de peinture de guerre et avait plus besoin d'un remodelage que toutes les autres, mais elle disait qu'elle voulait pas se trouver à côté d'un manège pour les enfants. Elle disait : «Je suis mère de famille»; alors j'ai attrapé le micro et j'ai dit : «Moi aussi, je suis une mère.» Ces gens-là vous donnent l'impression, ils arrivent même à vous faire croire que vous n'êtes qu'une putain de bas étage. J'ai dit à un type qui voulait coucher avec moi, je lui ai dit : «Je me fais plus d'argent que vous en avez.» Je déteste sortir avec un type, la première chose qu'il se croit obligé de faire est de fourrer ses pattes dans votre culotte. Ça me débecte. Je veux dire au moins emmenez-moi boire quelques verres, soûlez-moi ou je sais pas, qu'au moins on puisse dire que vous en avez profité. Le mec avec qui je suis sortie hier soir, on est resté assis dans le «drive-in» pendant deux séances avant qu'il aille même jusqu'à mettre son bras autour de mon épaule. Je me suis dit : «Mon Dieu, qu'est-ce qui va pas?» S'ils essayent rien, on se sent mal.

—

Strip-tease forain, p. 124-125 : Mitzi, Tunbridge, Vermont, 1974.

—

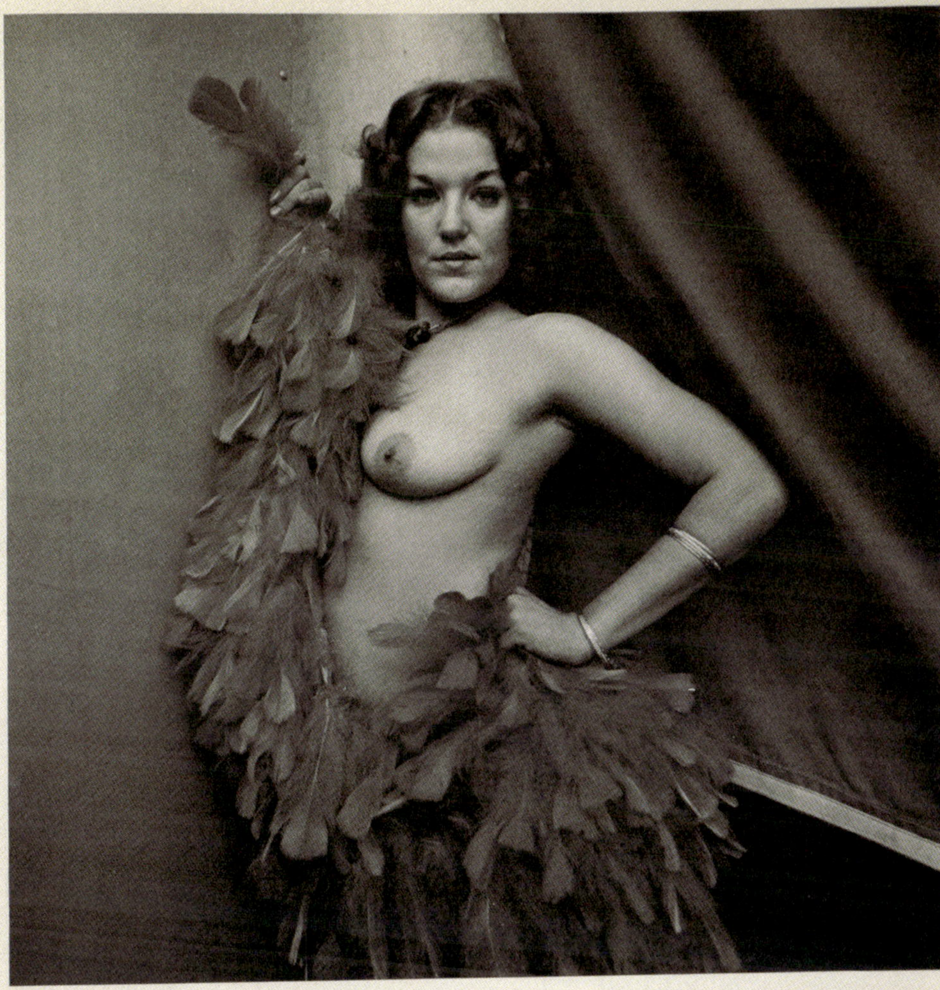

↓

Strip-tease forain, p. 136-137 : Shortie, Essex Junction, Vermont, 1973.

—

→

p. 118-119 : Sammy, Essex Junction, Vermont, 1974.

—

↘

p. 132-133 : Ginger, Carlisle, Pennsylvania [Pennsylvanie], 1975.

—

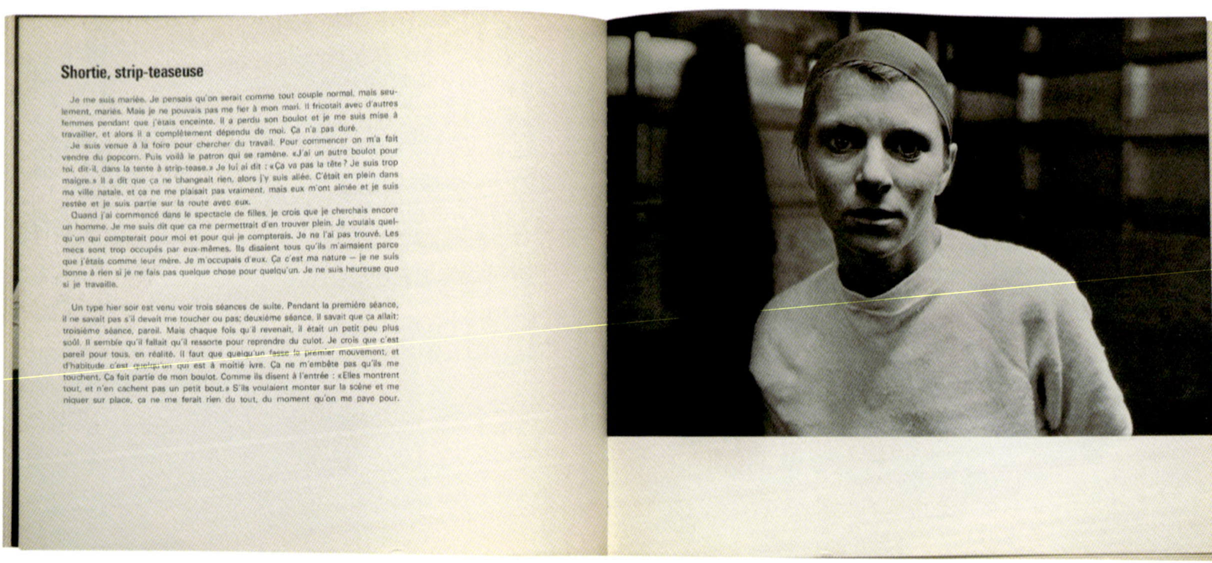

Shortie, strip-teaseuse

Je me suis mariée. Je pensais qu'on serait comme tout couple normal, mais seulement, mariés. Mais je ne pouvais pas me fier à mon mari. Il fricotait avec d'autres femmes pendant que j'étais enceinte. Il a perdu son boulot et je me suis mise à travailler, et alors il a complètement dépendu de moi. Ça n'a pas duré.

Je suis venue à la foire pour chercher du travail. Pour commencer on m'a fait vendre du popcorn. Puis voilà le patron qui se ramène. «J'ai un autre boulot pour toi, dit-il, dans la tente à strip-tease.» Je lui ai dit : «Ça va pas la tête ? Je suis trop maigre.» Il a dit que ça ne changeait rien, alors j'y suis allée. C'était en plein dans ma ville natale, et ça ne me plaisait pas vraiment, mais eux m'ont aimée et je suis restée et je suis partie sur la route avec eux.

Quand j'ai commencé dans le spectacle de filles, je crois que je cherchais encore un homme. Je me suis dit que ça me permettrait d'en trouver plein. Je voulais quelqu'un qui compterait pour moi et pour qui je compterais. Je ne l'ai pas trouvé. Les mecs sont trop occupés par eux-mêmes. Ils disaient tous qu'ils m'aimaient parce que j'étais comme leur mère. Je m'occupais d'eux. Ça c'est ma nature – je ne suis bonne à rien si je ne fais pas quelque chose pour quelqu'un. Je ne suis heureuse que si je travaille.

Un type hier soir est venu voir trois séances de suite. Pendant la première séance, il ne savait pas s'il devait me toucher ou pas; deuxième séance, il savait que ça allait; troisième séance, pareil. Mais chaque fois qu'il revenait, il était un petit peu plus soûl. Il semble qu'il fallait qu'il ressorte pour reprendre du culot. Je crois que c'est pareil pour tous, en réalité. Il faut que quelqu'un fasse le premier mouvement, et d'habitude c'est quelqu'un qui est à moitié ivre. Ça ne m'embête pas qu'ils me touchent. Ça fait partie de mon boulot. Comme ils disent à l'entrée : «Elles montrent tout, et n'en cachent pas un petit bout.» S'ils voulaient monter sur la scène et me niquer sur place, ça ne me ferait rien du tout, du moment qu'on me paye pour.

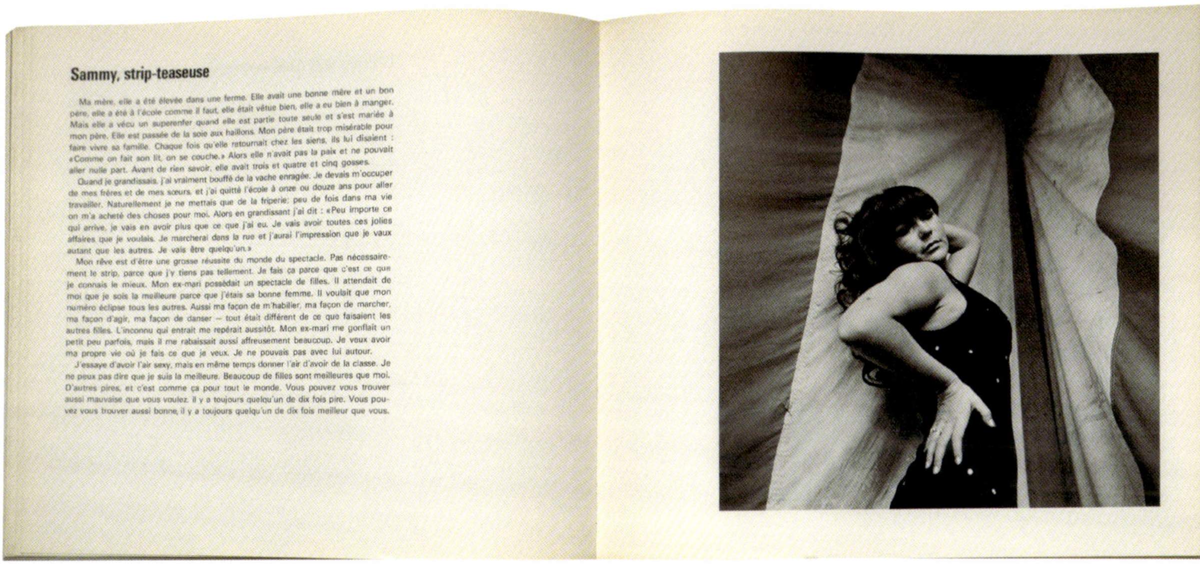

Sammy, strip-teaseuse

Ma mère, elle a été élevée dans une ferme. Elle avait une bonne mère et un bon père, elle a été à l'école comme il faut, elle était vêtue bien, elle a eu bien à manger. Mais elle a vécu un superenfer quand elle est partie toute seule et s'est mariée à mon père. Elle est passée de la soie aux haillons. Mon père était trop misérable pour faire vivre sa famille. Chaque fois qu'elle retournait chez les siens, ils lui disaient : «Comme on fait son lit, on se couche.» Alors elle n'avait pas la paix et ne pouvait aller nulle part. Avant de rien savoir, elle avait trois et quatre et cinq gosses.

Quand je grandissais, j'ai vraiment bouffé de la vache enragée. Je devais m'occuper de mes frères et de mes sœurs, et j'ai quitté l'école à onze ou douze ans pour aller travailler. Naturellement je ne mettais que de la friperie; peu de fois dans ma vie on m'a acheté des choses pour moi. Alors en grandissant j'ai dit : «Peu importe ce qui arrive, je vais en avoir plus que ce que j'ai eu. Je vais avoir toutes ces jolies affaires que je voulais. Je marcherai dans la rue et j'aurai l'impression que je vaux autant que les autres. Je vais être quelqu'un.»

Mon rêve est d'être une grosse réussite du monde du spectacle. Pas nécessairement le strip, parce que j'y tiens pas tellement. Je fais ça parce que c'est ce que je connais le mieux. Mon ex-mari possédait un spectacle de filles. Il attendait de moi que je sois la meilleure parce que j'étais sa bonne femme. Il voulait que mon numéro éclipse tous les autres. Aussi ma façon de m'habiller, ma façon de marcher, ma façon d'agir, ma façon de danser – tout était différent de ce que faisaient les autres filles. L'inconnu qui entrait me repérait aussitôt. Mon ex-mari me gonflait un petit peu parfois, mais il me rabaissait aussi affreusement beaucoup. Je veux avoir ma propre vie où je fais ce que je veux. Je ne pouvais pas avec lui autour.

J'essaye d'avoir l'air sexy, mais en même temps donner l'air d'avoir de la classe. Je ne peux pas dire que je suis la meilleure. Beaucoup de filles sont meilleures que moi. D'autres pires, et c'est comme ça pour tout le monde. Vous pouvez vous trouver aussi mauvaise que vous voulez, il y a toujours quelqu'un de dix fois pire. Vous pouvez vous trouver aussi bonne, il y a toujours quelqu'un de dix fois meilleur que vous.

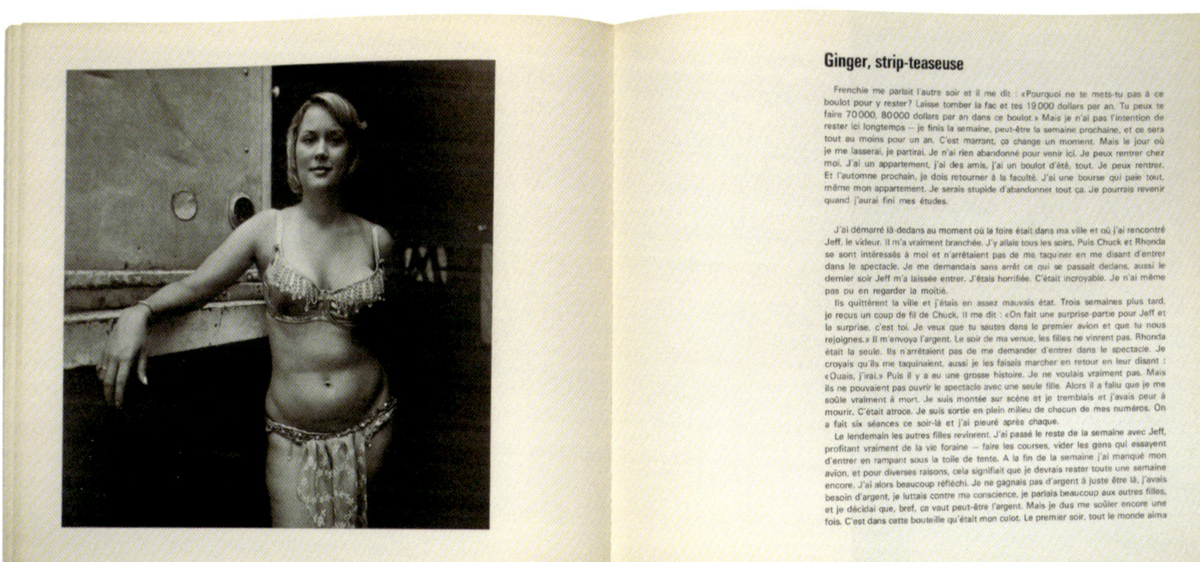

Ginger, strip-teaseuse

Frenchie me parlait l'autre soir et il me dit : «Pourquoi ne te mets-tu pas à ce boulot pour y rester? Laisse tomber la fac et tes 19000 dollars par an. Tu peux te faire 70000, 80000 dollars par an dans ce boulot.» Mais je n'ai pas l'intention de rester ici longtemps – je finis la semaine, peut-être la semaine prochaine, et ce sera tout au moins pour un an. C'est marrant, ça change un moment. Mais le jour où je me lasserai, je partirai. Je n'ai rien abandonné pour venir ici. Je peux rentrer chez moi. J'ai un appartement, j'ai des amis, j'ai un boulot d'été, tout. Je peux rentrer. Et l'automne prochain, je dois retourner à la faculté. J'ai une bourse qui paie tout, même mon appartement. Je serais stupide d'abandonner tout ça. Je pourrais revenir quand j'aurai fini mes études.

J'ai démarré là-dedans au moment où la foire était dans ma ville et où j'ai rencontré Jeff, le videur. Il m'a vraiment branchée. J'y allais tous les soirs. Puis Chuck et Rhonda se sont intéressés à moi et n'arrêtaient pas de me taquiner en me disant d'entrer dans le spectacle. Je me demandais sans arrêt ce qui se passait dedans, aussi le dernier soir Jeff m'a laissée entrer. J'étais horrifiée. C'était incroyable. Je n'ai même pas pu en regarder la moitié.

Ils quittèrent la ville et j'étais en assez mauvais état. Trois semaines plus tard, je reçus un coup de fil de Chuck. Il me dit : «On fait une surprise-partie pour Jeff et la surprise, c'est toi. Je veux que tu sautes dans le premier avion et que tu nous rejoignes.» Il m'envoya l'argent. Le soir de ma venue, les filles ne vinrent pas. Rhonda était la seule. Ils n'arrêtaient pas de me demander d'entrer dans le spectacle. Je croyais qu'ils me taquinaient, aussi je les faisais marcher en retour en leur disant : «Ouais, j'irai.» Puis il y a eu une grosse histoire. Je ne voulais vraiment pas. Mais ils ne pouvaient pas ouvrir le spectacle avec une seule fille. Alors il a fallu que je me soûle vraiment à mort. Je suis montée sur scène et je tremblais et j'avais peur à mourir. C'était atroce. Je suis sortie en plein milieu de chacun de mes numéros. On a fait six séances ce soir-là et j'ai pleuré après chaque.

Le lendemain les autres filles revinrent. J'ai passé le reste de la semaine avec Jeff, profitant vraiment de la vie foraine – faire les courses, vider les gens qui essayent d'entrer en rampant sous la toile de tente. A la fin de la semaine j'ai manqué mon avion, et pour diverses raisons, cela signifiait que je devrais rester toute une semaine encore. J'ai alors beaucoup réfléchi. Je ne gagnais pas d'argent à juste être là, j'avais besoin d'argent, je luttais contre ma conscience, je parlais beaucoup aux autres filles, et je décidai que, bref, ça vaut peut-être l'argent. Mais je dus me soûler encore une fois. C'est dans cette bouteille qu'était mon culot. Le premier soir, tout le monde aima

DEBBIE and RENEE, strippers

Debbie / When I told my mother I was going to travel with the carnival, she says, "I know what's gonna happen, you're gonna start workin' in one of those strip joints, I guarantee. You'll be gettin' $25 a night, takin' your clothes off." And I said no, no. I never thought it would happen.

Well, Renee and me were walking by the club one day and Joe asks us if we want to do some stripping. We said no and kept going. On the way back, he says the same thing and we told him no and we talked to him a little more that time. For three days he kept buggin' us to work for him and so finally we said we'll try it out. The other girls told us, they says, "After the first time you've done it, you'll come out and you'll say it's nothin," and I did, really. It happened just like that, I couldn't believe it. It's not that bad. I think I'll dance for a long time.

Renee / I know Debbie, she ain't a stripper. She can tell me she loves it with a passion until I was blue in the face, but I know Debbie. I think the whole fucking thing is gross. I did it because I wanted the money, and I wanted to try it. I did it. I tried it. I didn't like it. And I did lower myself. And I thought about it every night after it was over. I enjoyed doing it some of the times. Some of the times I didn't. But every night, even the nights I did enjoy it, I thought about it. I thought of the stares that you get after the show's over and the assholes you went through on the stage. Two and a quarter to kiss it, ten and twenty to fuck it. I think that deep down I knew the game and that that was it. You're different? I don't think so. They don't say that. That's just the way I see it.

Debbie / While you're working you get a gallon of wine and you get fucked up. You don't think about it as much when you're fucked up. When you get into seeing all the guys down there wanting to ball you. Some of them turn you on, and the gross old men, they don't do nothing but play. The chicks dance around the stage, some chicks they'll squat right down on a guy's face and they'll let 'em eat 'em and that's the truth. The chicks'll let 'em eat 'em, the chicks'll let 'em touch 'em—the chicks'll do anything, but not if the chicks don't want to. I'll tell you, if there's a dude there who grabs her, pulls her hair—I tell you any one of those chicks will kick him in the face. I've done it, she's done it, all of us have done it. And you see these guys the next day, right? You don't look at 'em, you can't remember, you don't know 'em.

—

Book dummy of *Carnival Strippers*
[Maquette de *Strip-tease forain*].

—

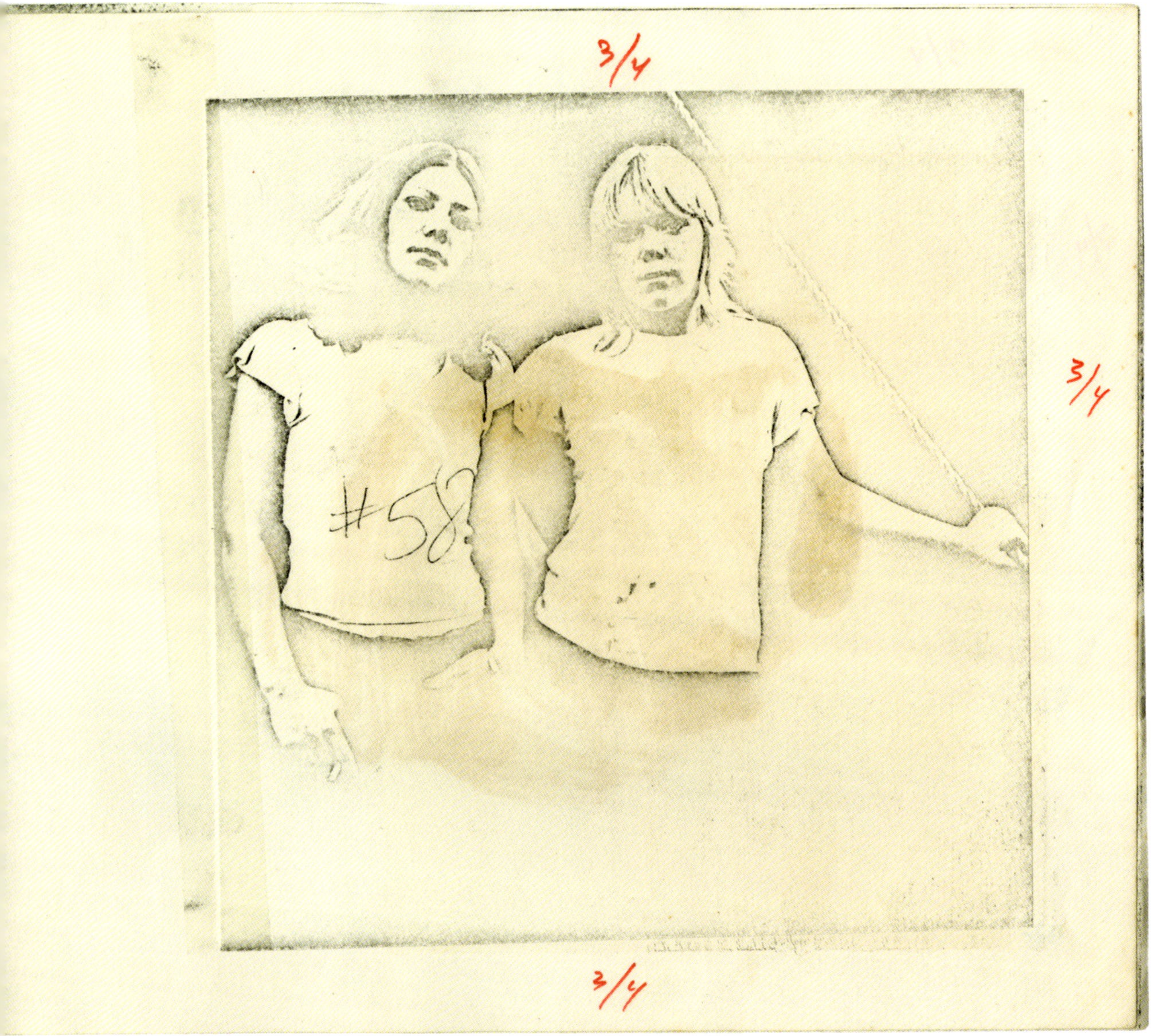
3/4
3/4
#58
3/4

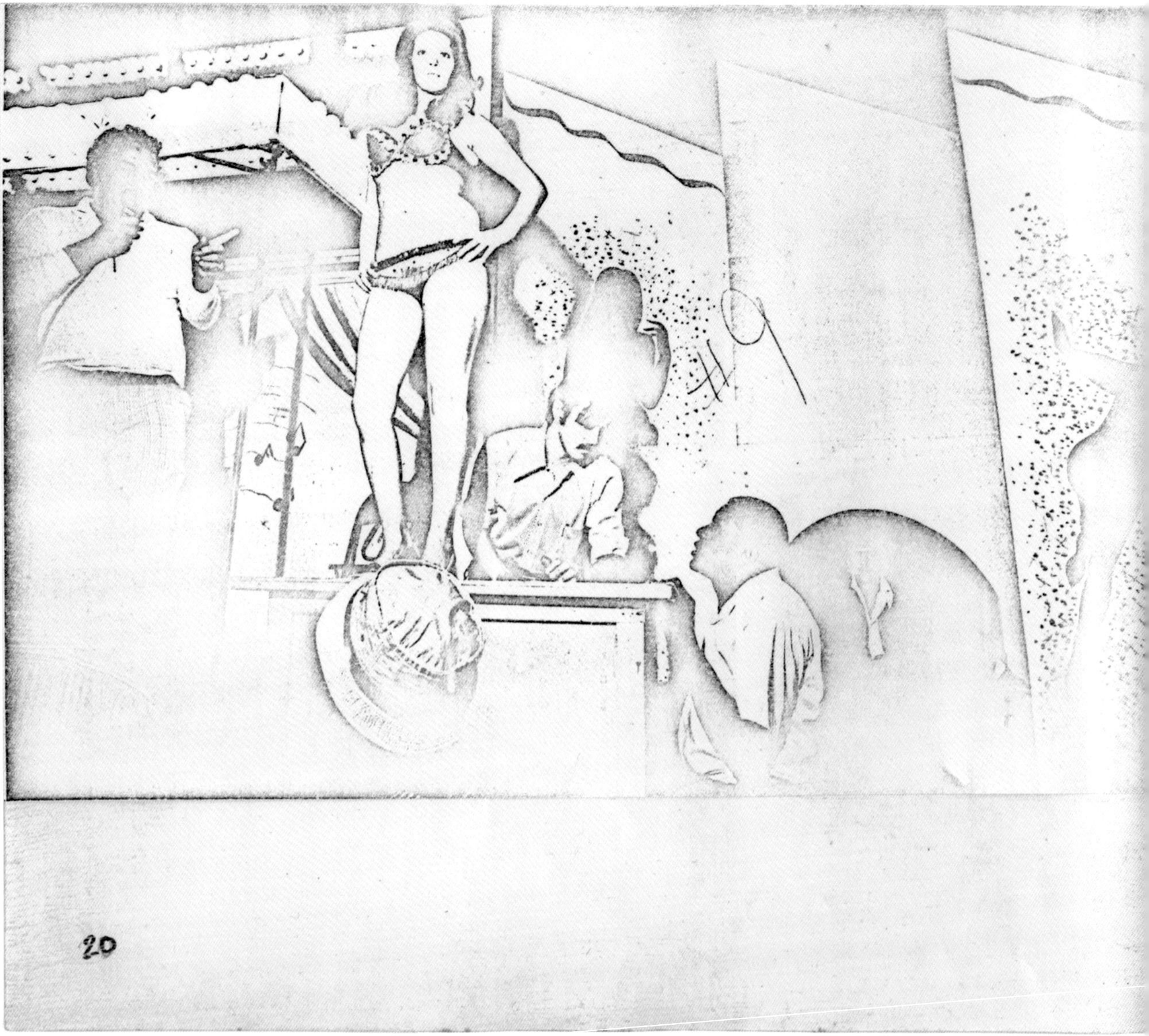

—

Book dummy of *Carnival Strippers*
[Maquette de *Strip-tease forain*].

—

3/4

HOOKS, manager

You used to be able to get girls for ten, fifteen dollars a night and there were a lot of them. Nowadays with every bar having go-go girls and neighborhood bars with some kind of entertainment, the prices of girls have gone up and they're harder to get. Some still want to travel but a lot of them are hard to get to come on the road.

Most of the girls I get from agents. Lots of times I try and pick 'em up on the street, feel 'em out, see if they're interested. I tell them exactly what it is. I don't pull no bones. I tell 'em that I can start 'em out as a topless go-go and then I say if you learn and take all your clothes off you get more money.

A carnival is like a training school for an actress, it's a springboard for show girls. There's many a girl that started on the carnival that made it into the movies, under different names, and made big night clubs. There've been a few women managers. Sometimes a woman manager is better, but sometimes a man can handle a woman better than a woman can.

LENA, stripper

LENA, stripper

When they look at a girl, they just say, "Is she ugly or is she okay?" If she's okay they hire her. If her face is homely and her body's all right, they hire her. If her face is pretty and her body's a mess, they hire her. I've met very few strippers that I consider even worth looking like.

You don't have to have talent, very little looks, all you have to do is be female and take your clothes off and do what they tell you to do, be kind of stupid, if you're intelligent chances are they aren't gonna like you because you're gonna know eventually you're being fucked around.

align

21

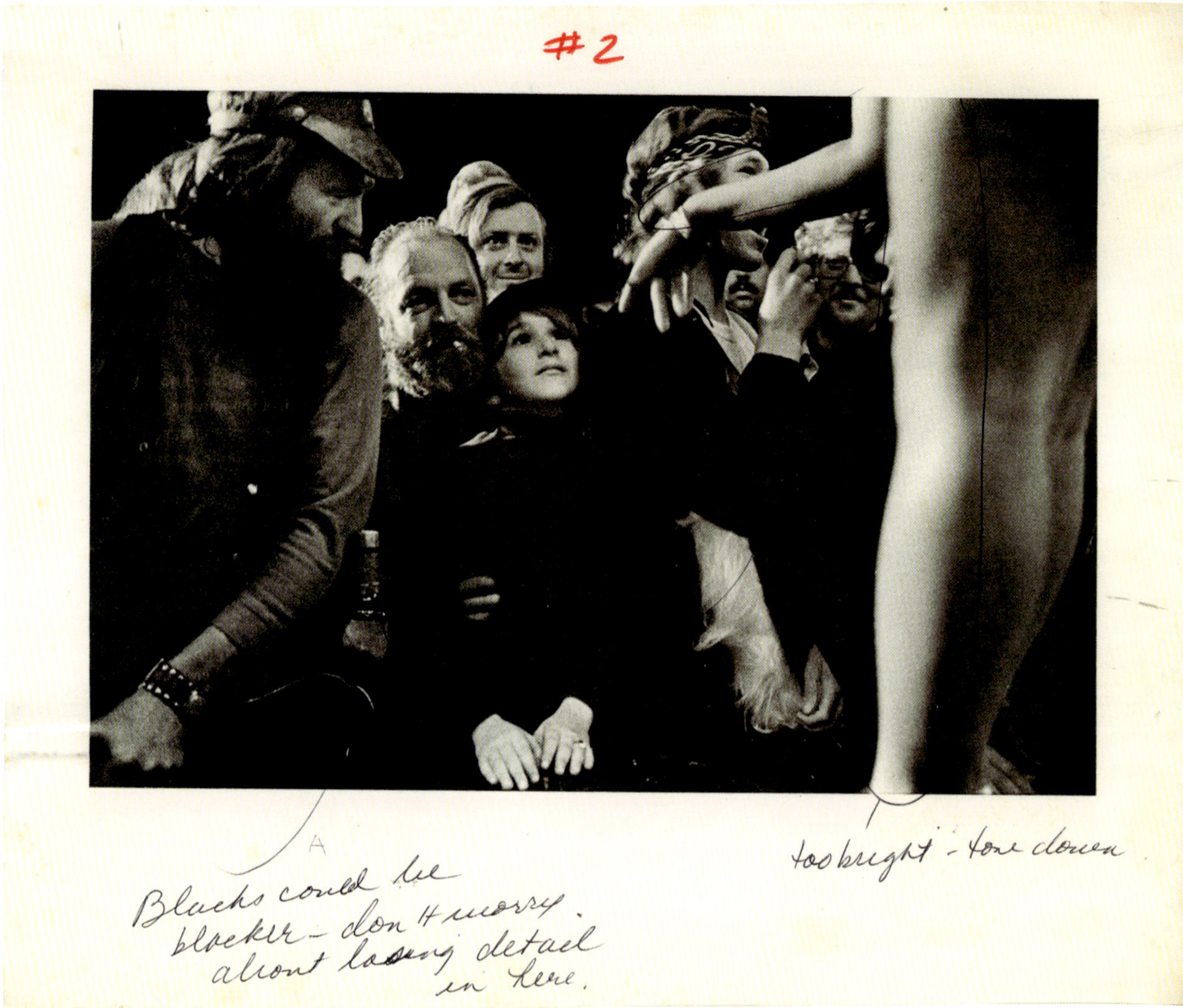

—

Print maps
[Instructions pour la reproduction].

—

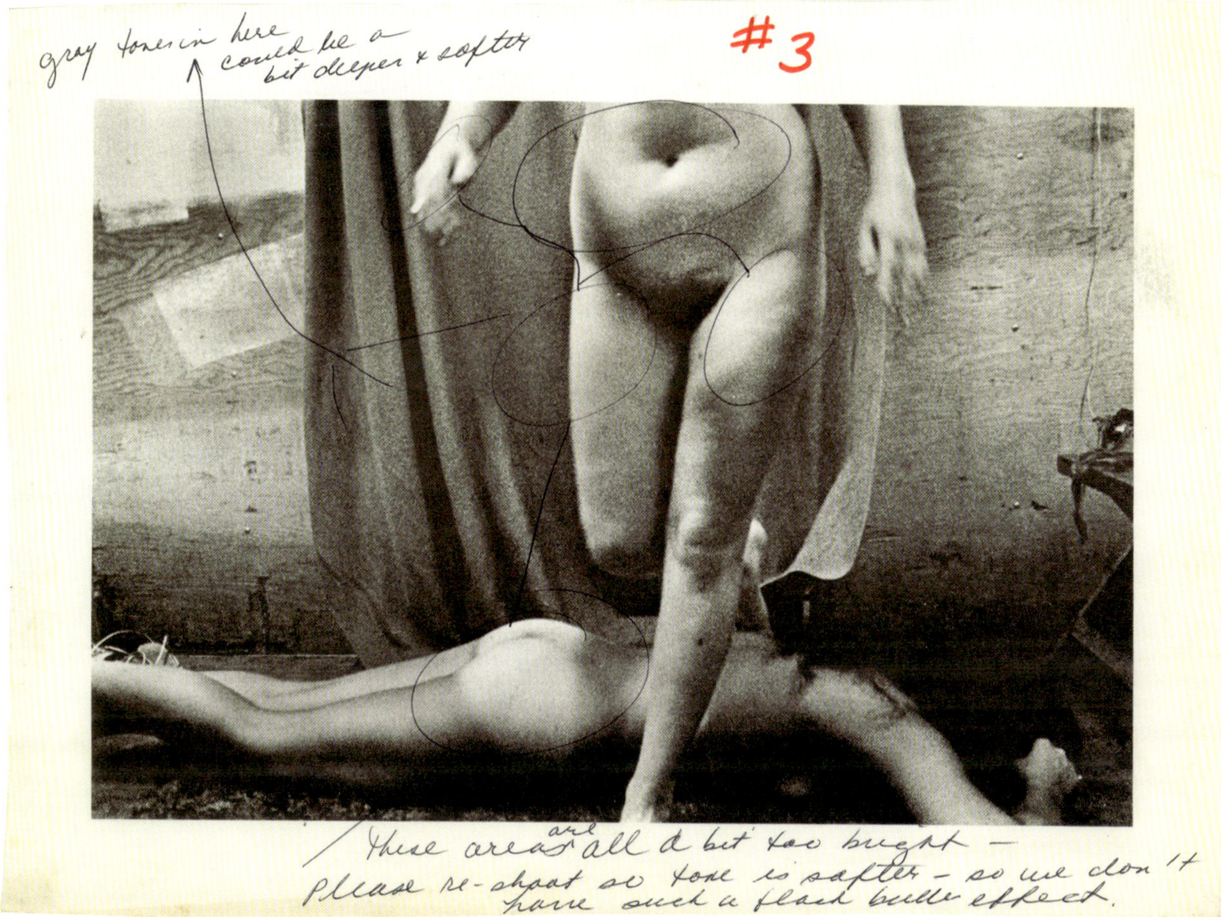
gray tones in here could be a bit deeper + softer
#3
these areas are all a bit too bright —
Please re-shoot so tone is softer - so we don't have such a flash bulb effect.

—

Contact sheets [Planches-contacts],
Essex Junction, Vermont, 1973,
Fryeburg, Maine, 1975.

—

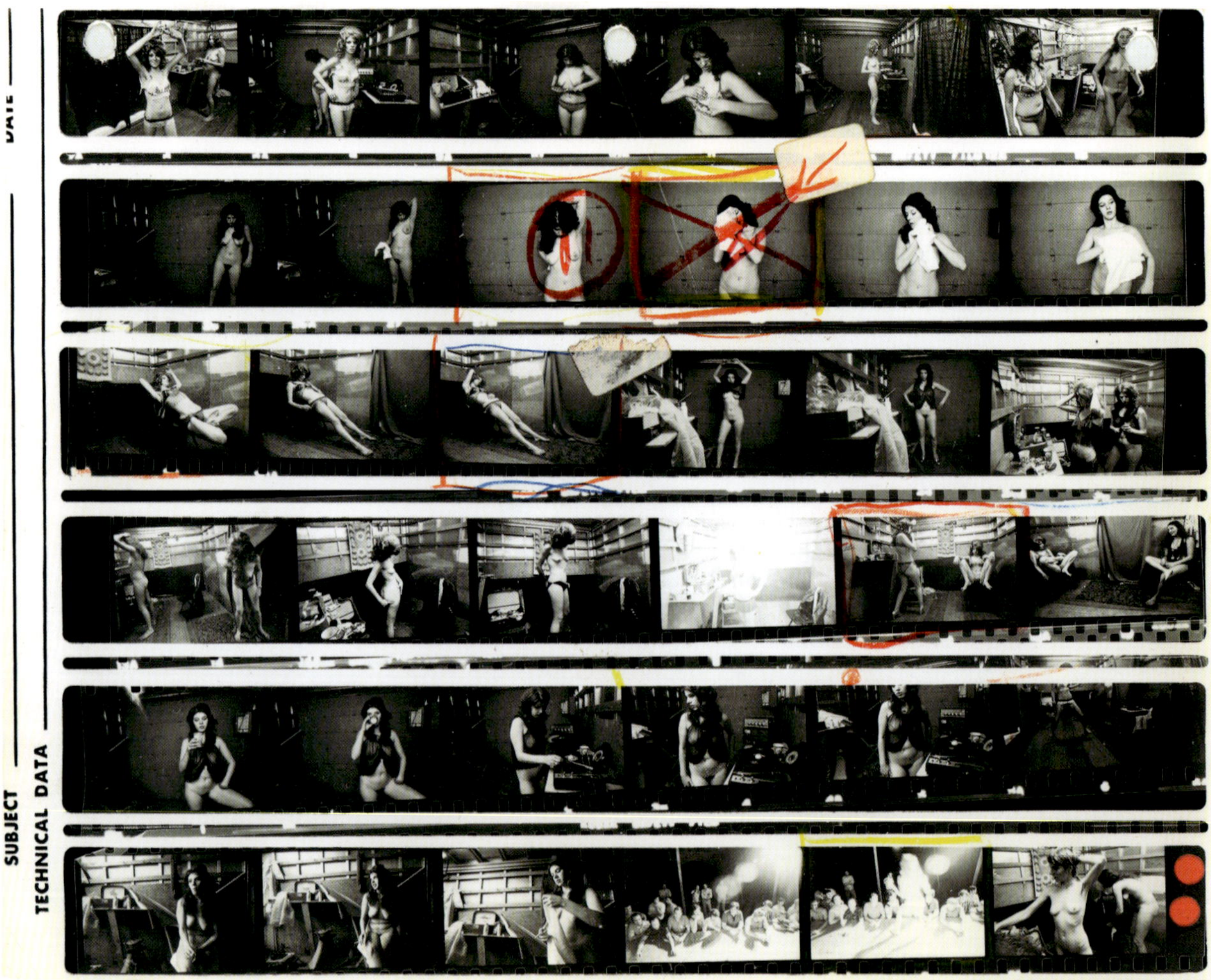

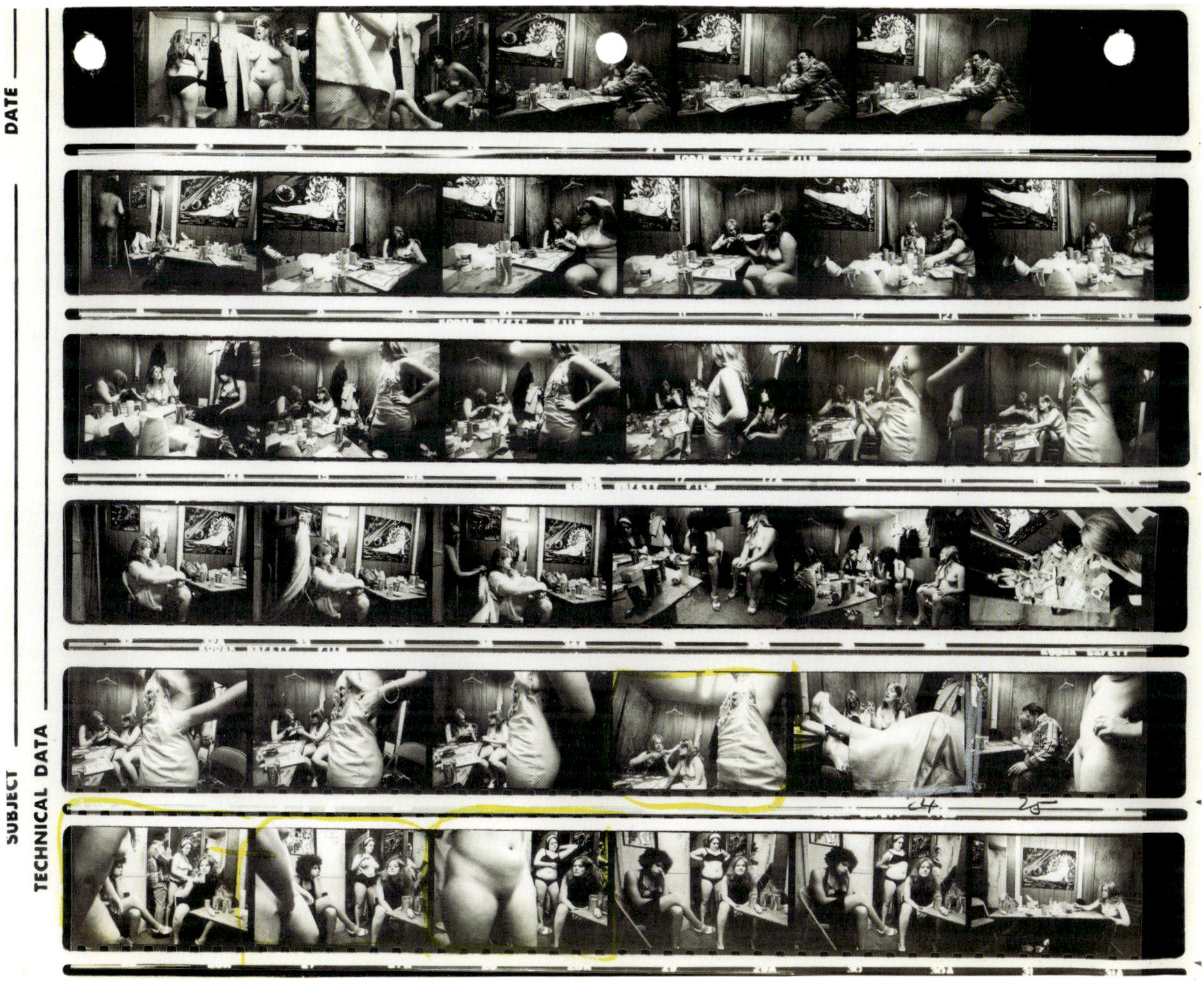
DATE
SUBJECT
TECHNICAL DATA

PRINT FILE/ NEGATIVE PRESERVER
PLASTIC PRODUCTS, INC. P.O. BOX 507 FAIRFAX, VA 22030

DATE 11/5 ASSIGNMENT MUR

FETY FILM 5063 KODAK SAFETY FILM 5063 KODAK

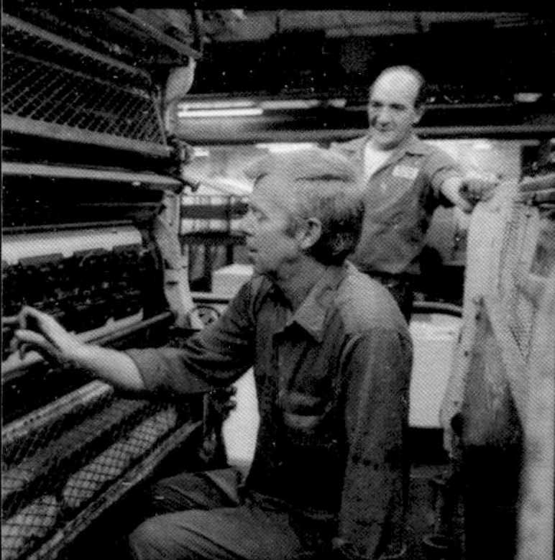
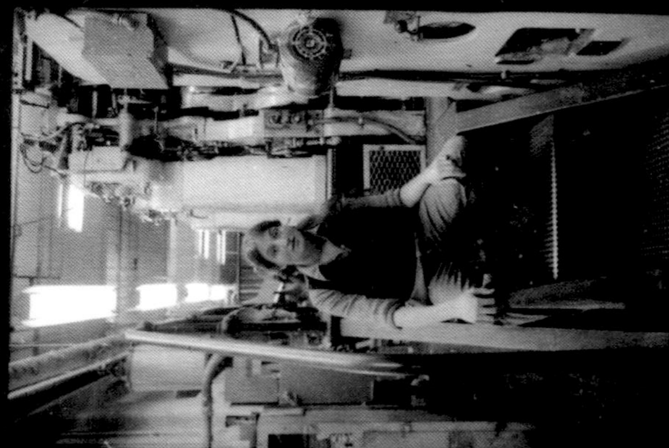
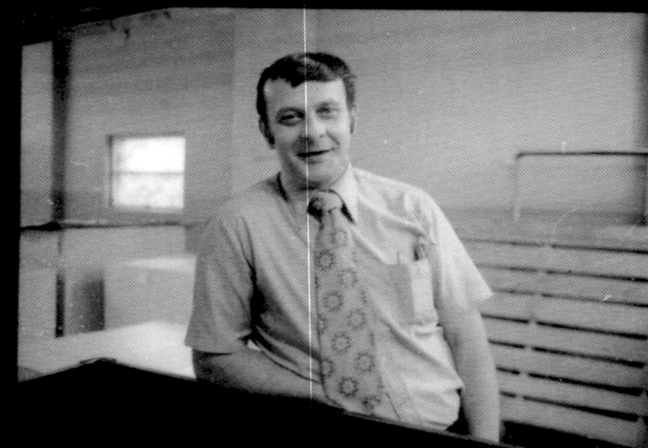

→33A →34 →34A →35 →35A

KODAK SAFETY FILM 5063 KODAK SAFETY FIL

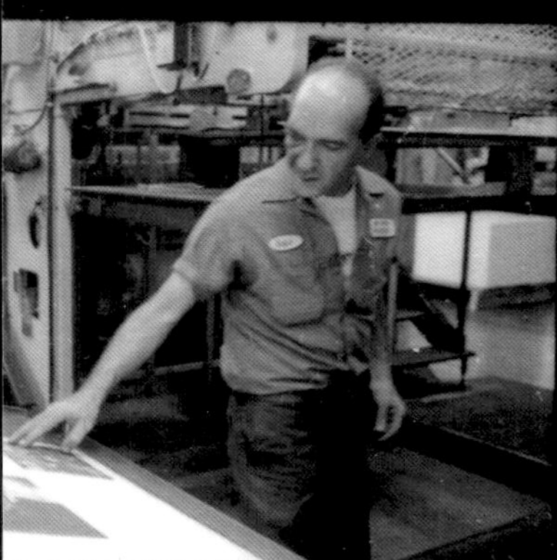
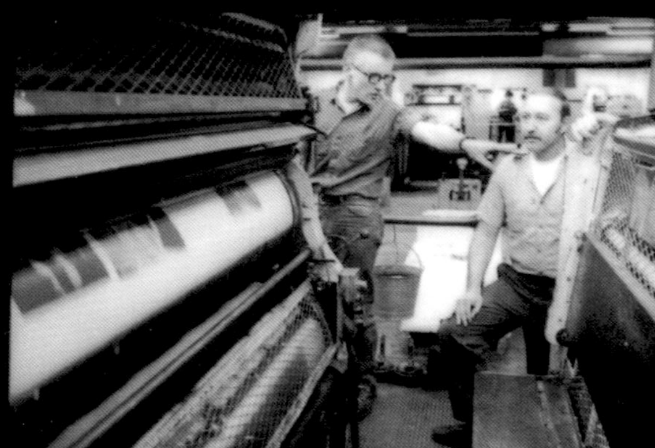
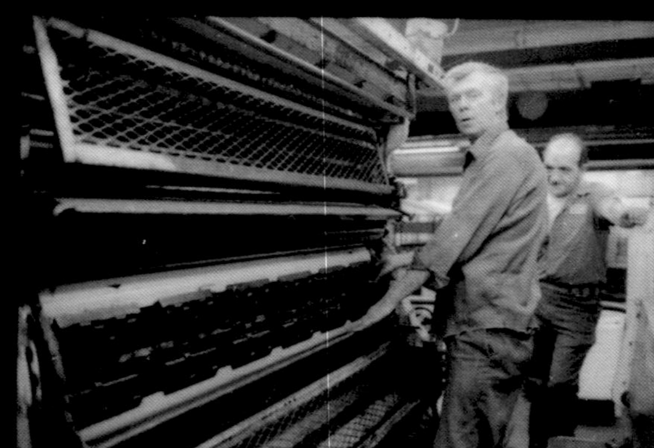

→28A →29 →29A →30 →30A

KODAK SAFETY FILM KODA

—

Contact sheet excerpts : printing *Carnival Strippers* at Murray Press (to the left, Susan Meiselas at the press)
[Extraits de planche-contact : impression de *Carnival Strippers*, Murray Press (à gauche, Susan Meiselas à la presse)], **1976.**

—

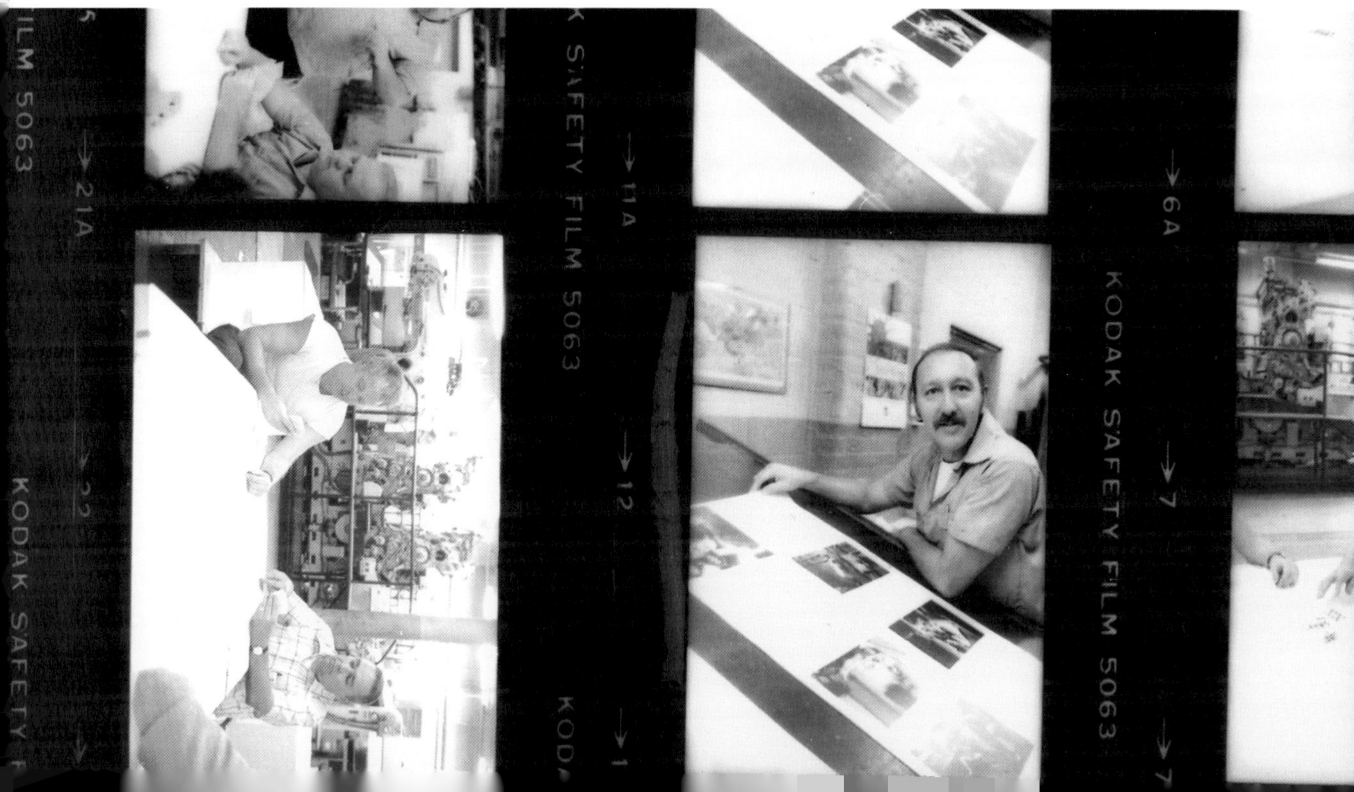

FEMMES À L'ÉPREUVE

WOMEN BEFORE THE LENS

Maquillage et mise en scène
Make-up and staging

Ces trois livres dévoilent le travail souterrain qui fait le quotidien de nombreuses femmes américaines : l'art de s'apprêter pour plaire et séduire. Cette mise en scène des corps n'a rien de naturel, elle s'opère grâce à de longs préparatifs et relève d'un véritable savoir-faire. Eve Arnold documente ainsi les soins précédant toute apparition publique de l'actrice Joan Crawford, un effort invisible inhérent à son métier d'actrice. Elle saisit également les coulisses des séances de pose de Marilyn Monroe, reine des studios et modèle fascinant pour les jeunes candidates aux concours de beauté qui patientent devant l'objectif d'Abigail Heyman. Susan Meiselas montre enfin comment les strip-teaseuses réinterprètent les codes du glamour et de la séduction.

All three books offer a behind-the-scenes glimpse of something many American women do every day: putting on make-up and dressing up to please and seduce. There is nothing natural about this staging of the body. It requires painstaking preparation and genuine skill. Eve Arnold documented actress Joan Crawford getting herself ready before public appearances, an invisible effort inherent to her profession. She also takes us behind the scenes of a photo shoot with Marilyn Monroe, sex symbol and fascinating role model for the young beauty pageant contestants who patiently waited in front of Abigail Heyman's camera. Lastly, Susan Meiselas shows strippers reinterpreting the codes of glamour and seduction.

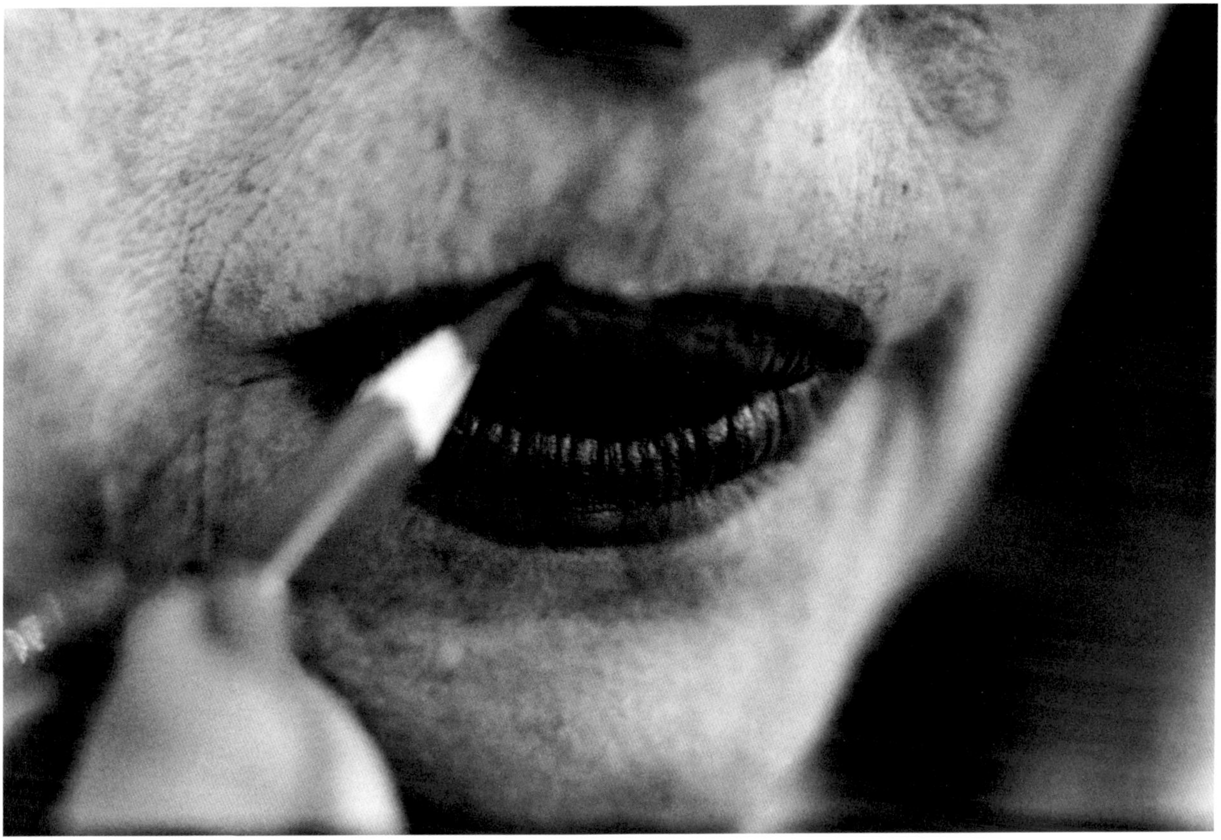

—
Eve Arnold, Actress Joan Crawford
[L'actrice Joan Crawford], **Los Angeles, 1959.**
—

—
Eve Arnold, Actress Joan Crawford
[L'actrice Joan Crawford], Los Angeles, 1959.
—

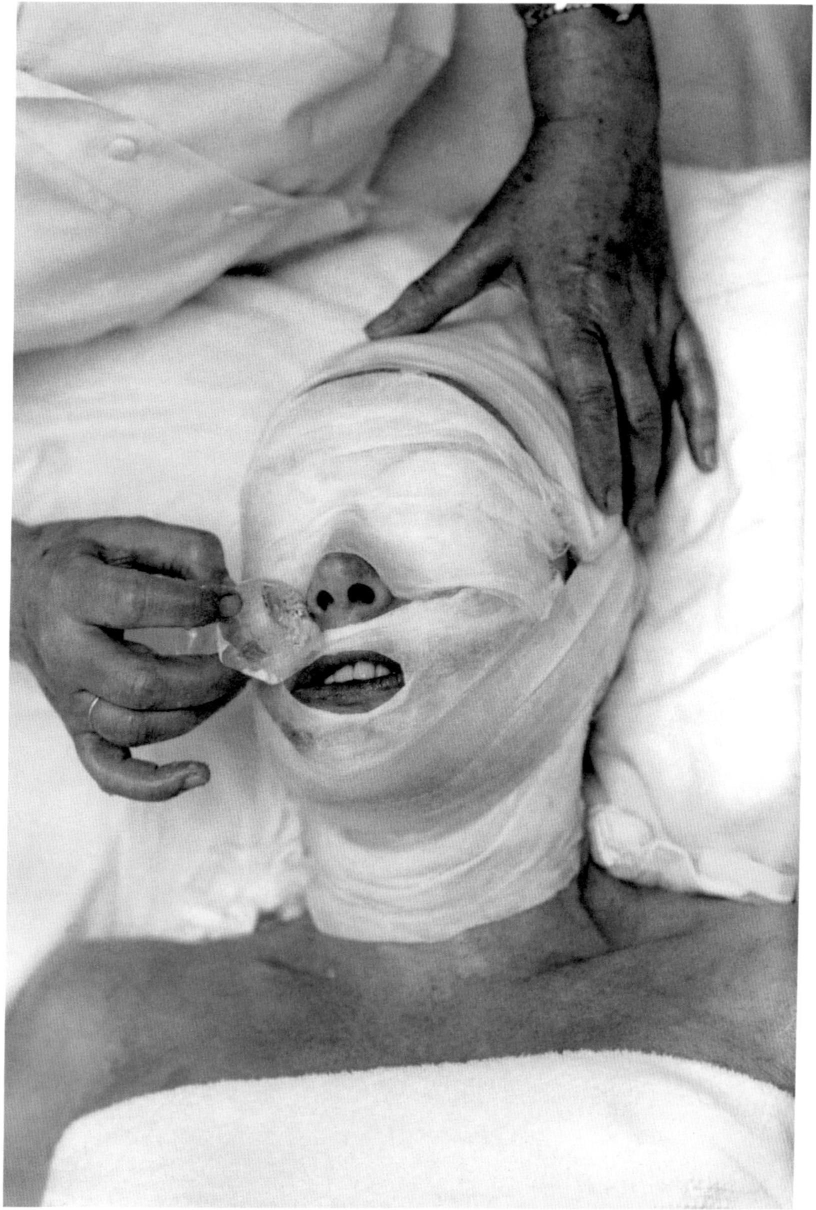

—
Eve Arnold, Actress Marilyn Monroe
[L'actrice Marilyn Monroe], **Los Angeles, 1960.**
—

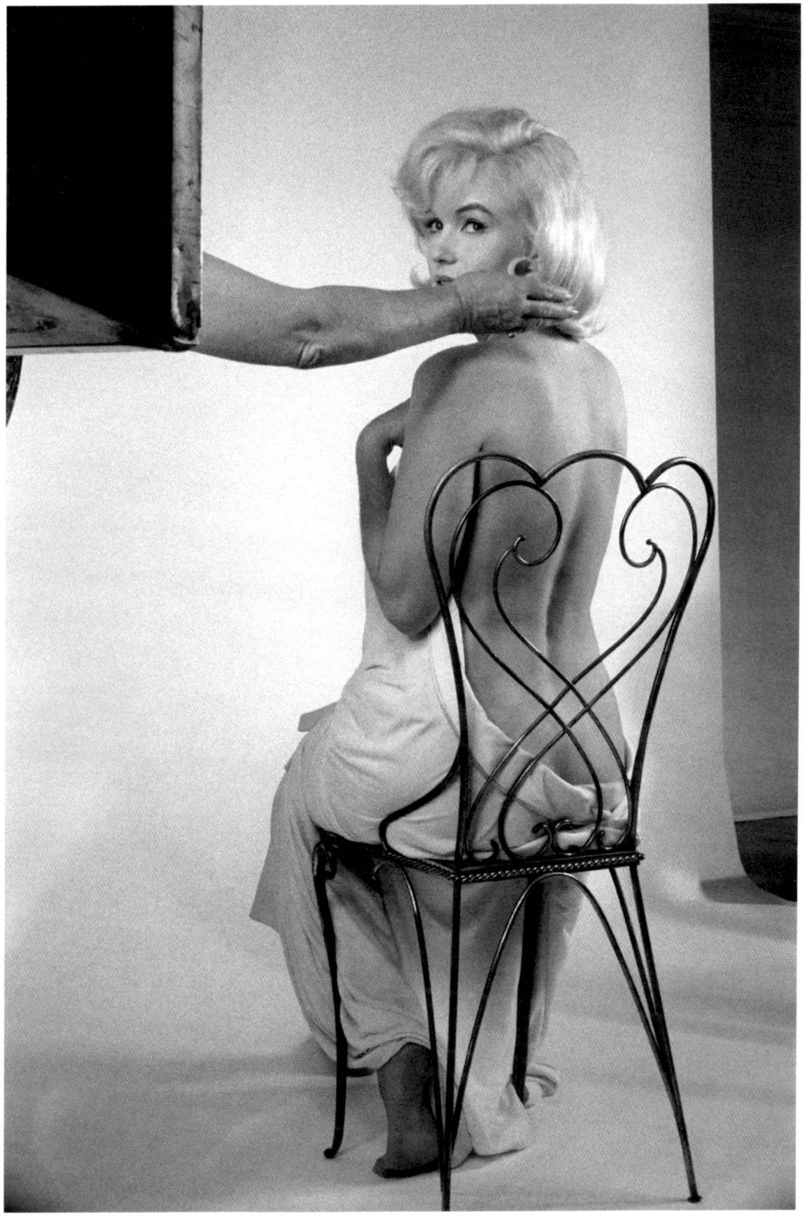

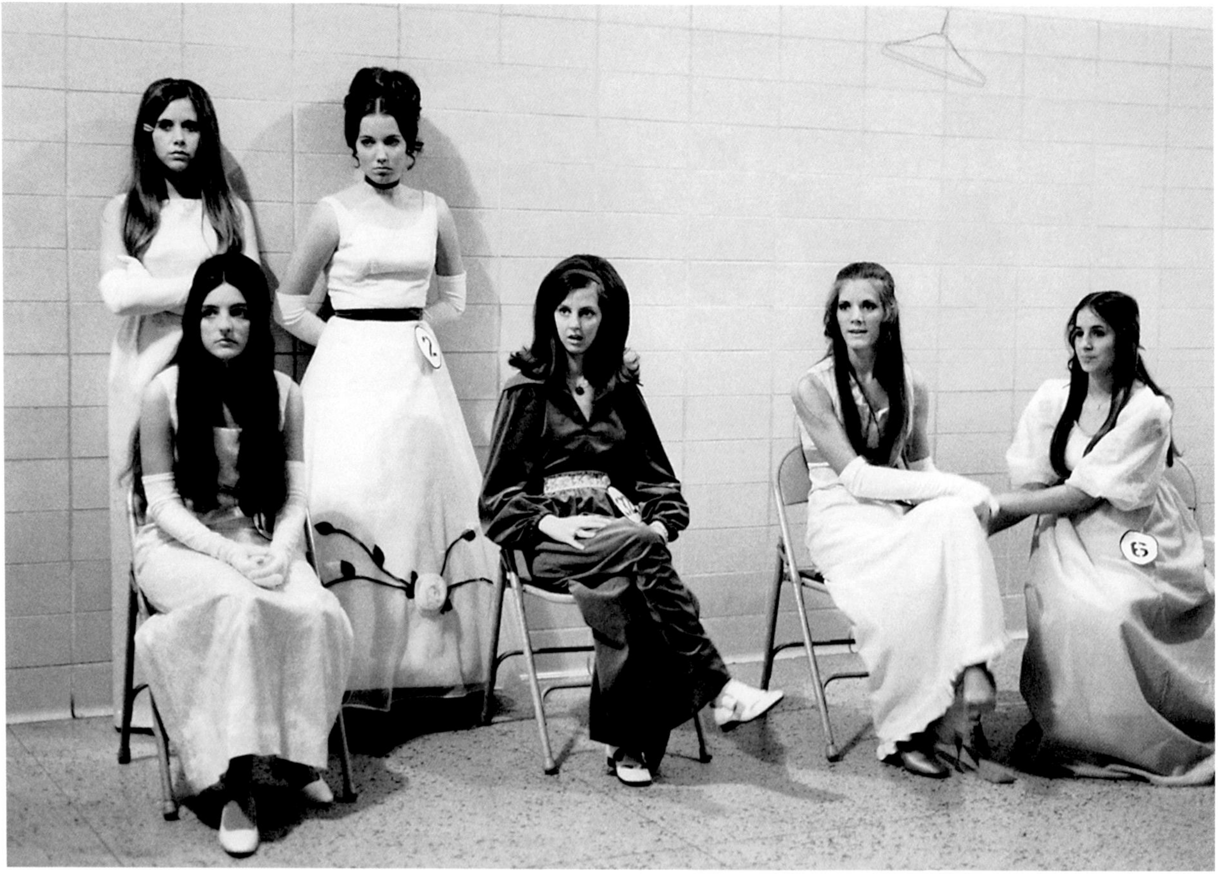

—

Abigail Heyman, Houma Teenage Beauty Contest, Louisiana
[Concours de beauté pour adolescentes à Houma, Louisiane], 1971.

—

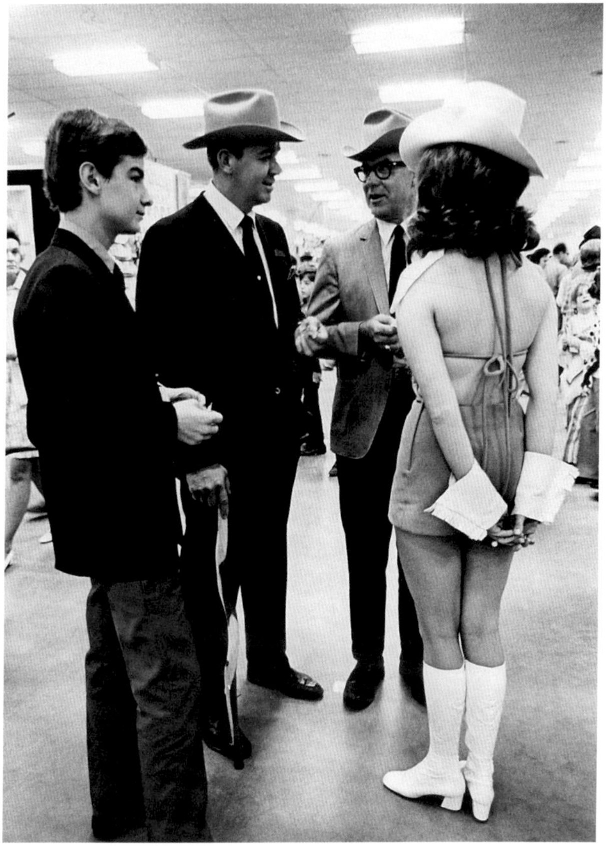

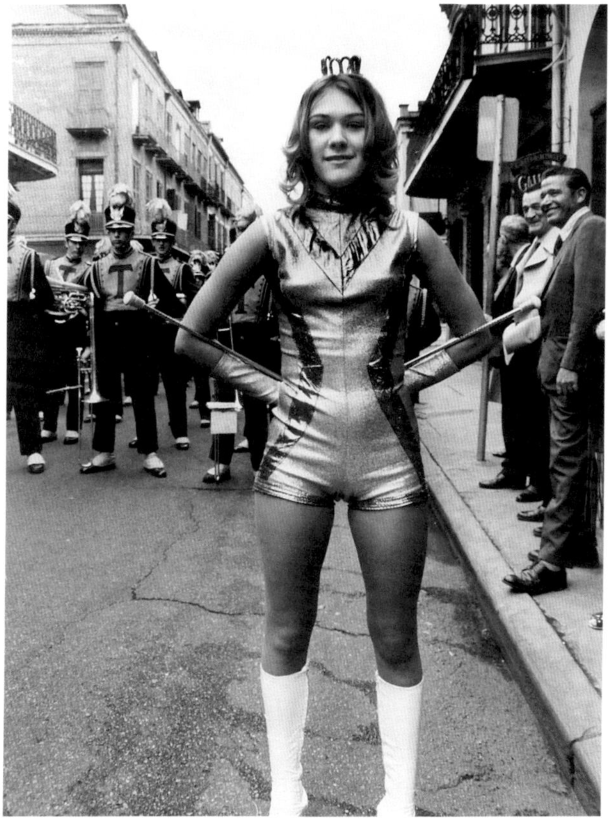

↑
Abigail Heyman, Houston Livestock Fair
[Foire au bétail de Houston], **1970.**
—

←
Abigail Heyman, Baton Twirler
[Majorette], **1971.**
—

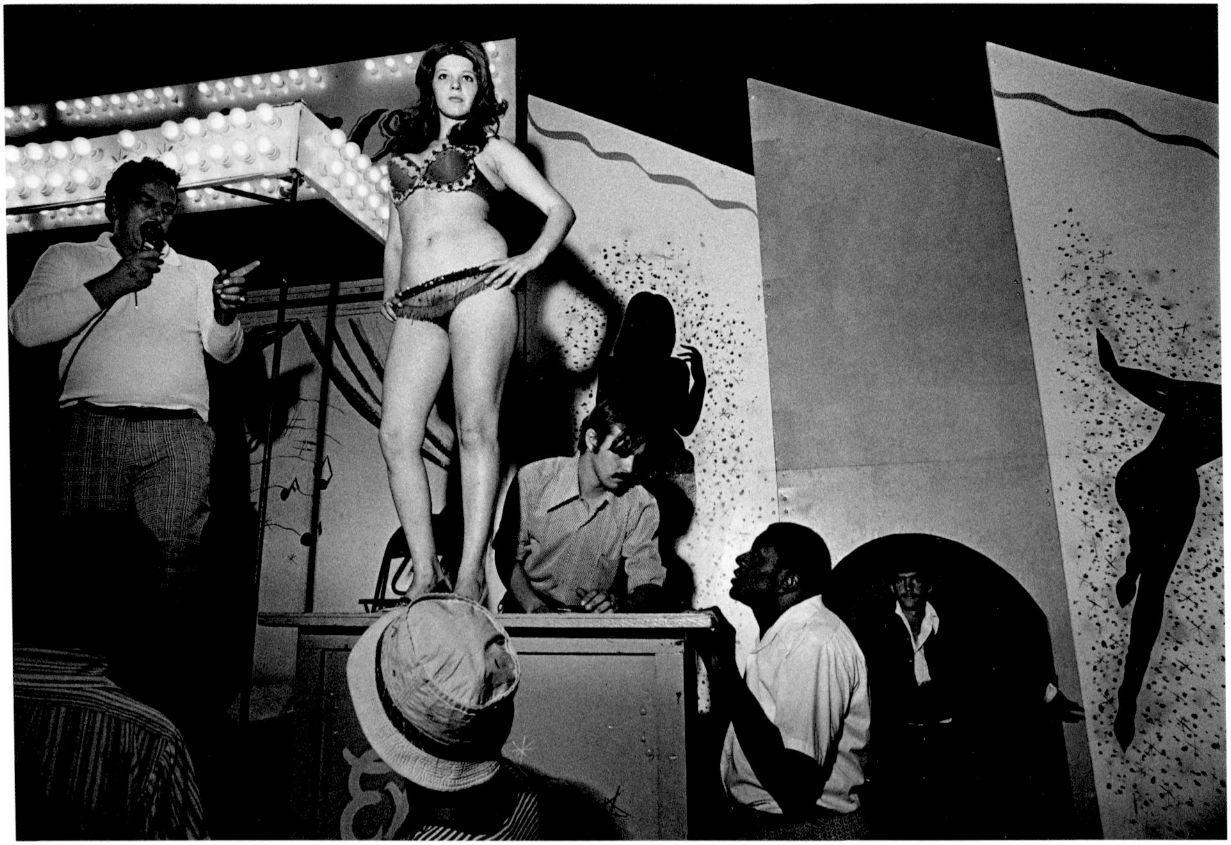

—

Susan Meiselas, Lena on the bally box [Lena sur le podium], **Essex Junction, Vermont, 1973.**

—

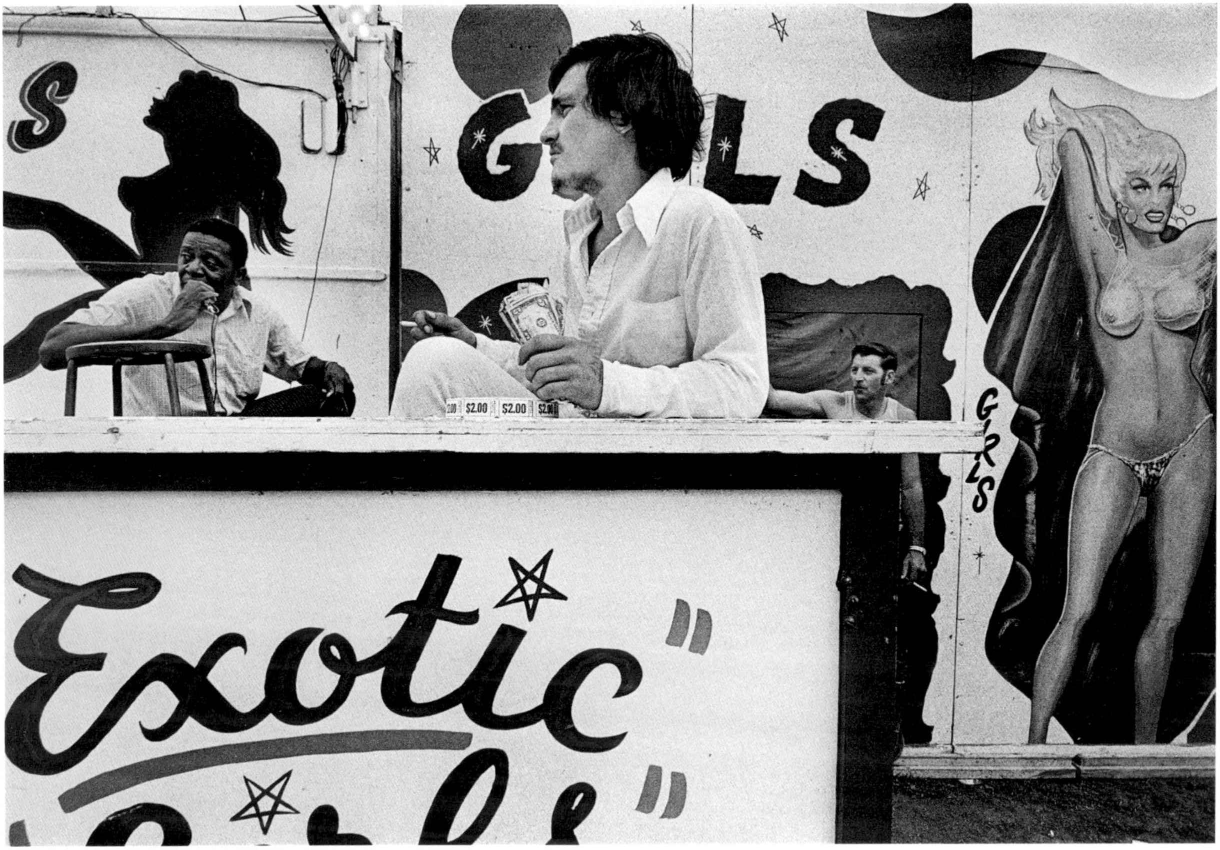

—

Susan Meiselas, The managers [Les managers],
Essex Junction, Vermont, 1974.

—

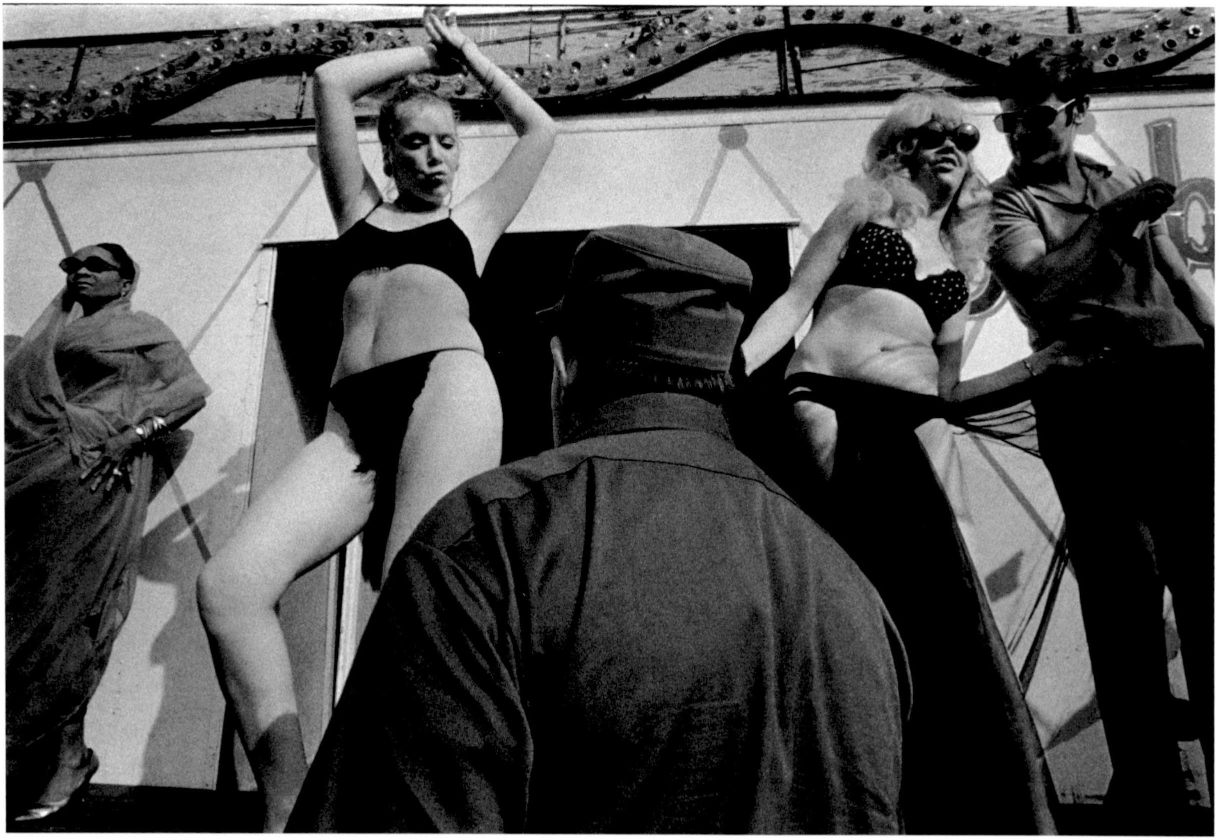

—
Susan Meiselas, The bally call
[Le rabattage], Tunbridge, Vermont, 1974.
—

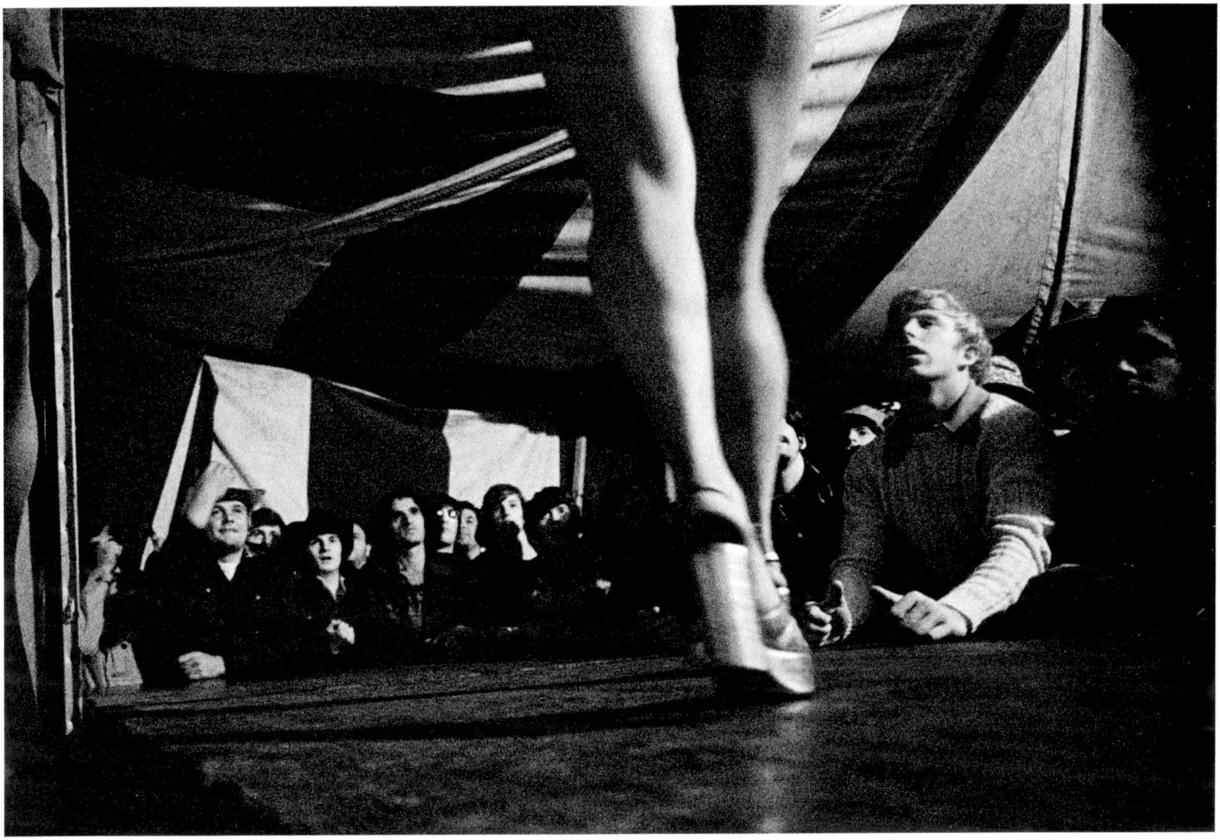

Susan Meiselas, Tunbridge, Vermont, 1974.

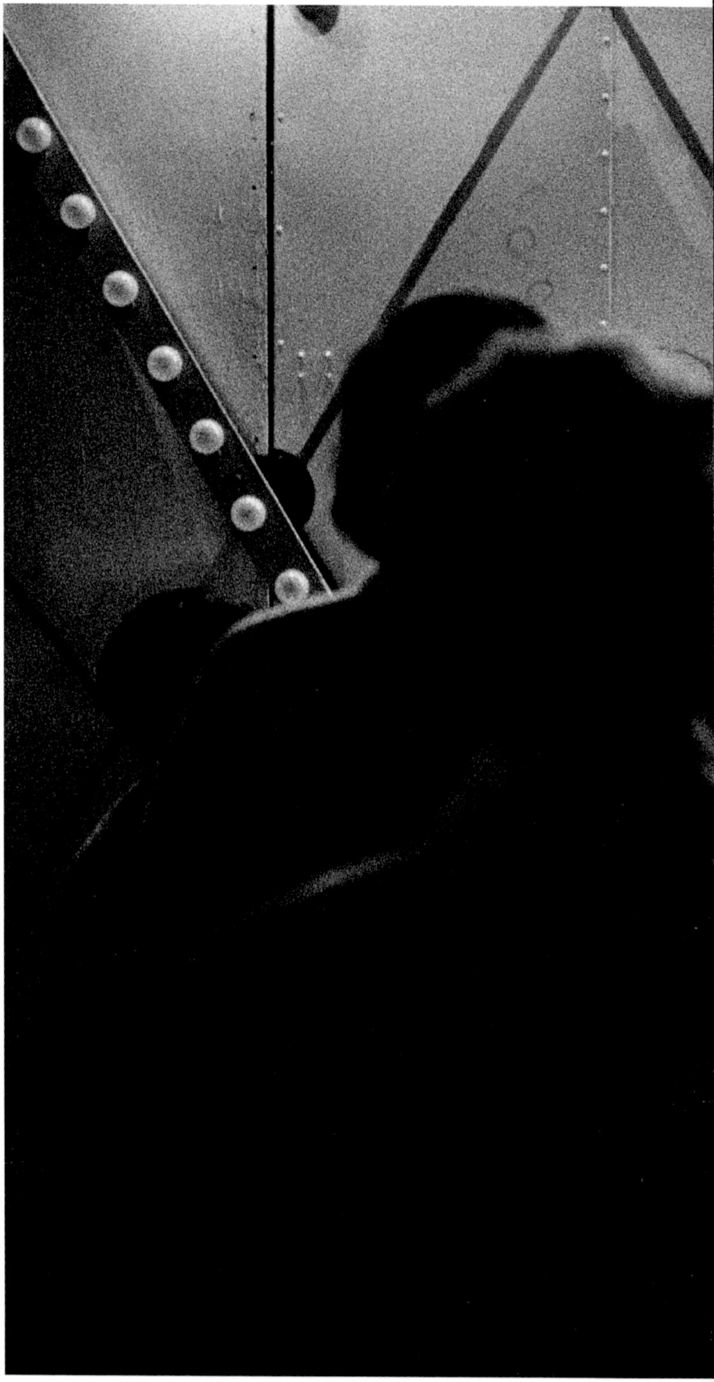

Susan Meiselas, Lena, Barton, Vermont. 1974.

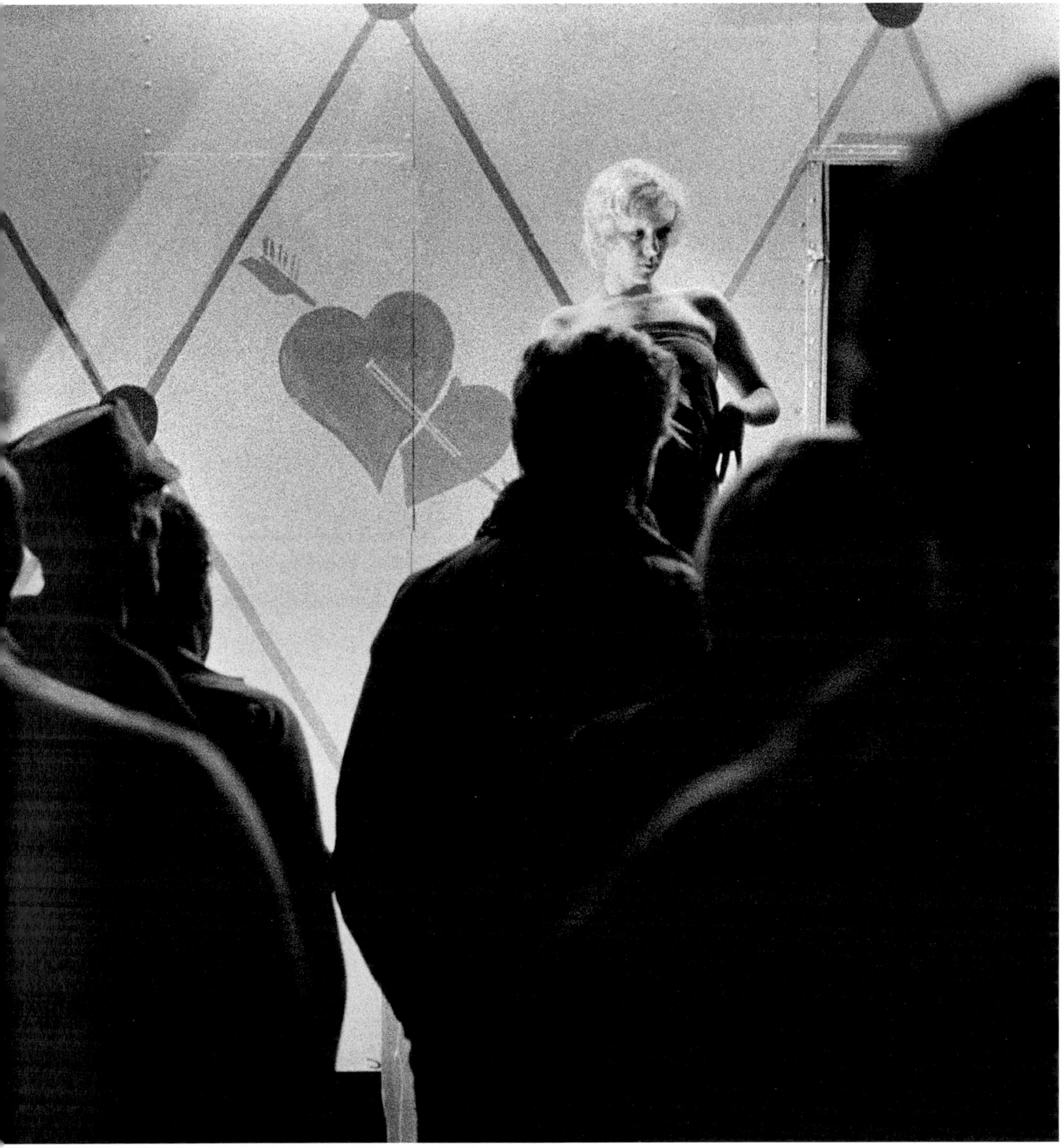

Corps intimes
Intimate bodies

Susan Meiselas saisit les moments insoupçonnés où les corps des strip-teaseuses, sans fard ni pose, apparaissent dans la crudité du quotidien, entre deux passages sur scène. Loin du prisme de la séduction, c'est une vision inédite des femmes nues qui se dessine, empreinte de prosaïsme.

Abigail Heyman dévoile également cette relation intime des femmes à leur propre corps, jusque dans ses autoportraits. En 1972, elle photographie ainsi son avortement : au premier plan apparaissent ses jambes écartées et violemment éclairées pour permettre au corps médical d'intervenir. “Rien ne m'a fait plus ressentir mon statut d'objet sexuel que l'expérience de vivre un avortement seule”, écrit-elle dans *Growing Up Female*. Si la légalisation de l'avortement représente une avancée pour les féministes, celles-ci continuent de critiquer les rapports de pouvoir opposant patientes démunies et soignants tout-puissants, et tentent de proposer des alternatives. La photographe documente ainsi les activités d'un groupe d'auto-examen gynécologique : des femmes se rassemblent pour examiner leur propre corps et s'émanciper par la connaissance, collectivement.

Susan Meiselas captured the unguarded moments when strippers, without wearing make-up or posing, appear between shows in the gritty reality of daily life. Far from the lens of seduction, a prosaic, unprecedented vision of nude women emerges.

Even in her self-portraits, Abigail Heyman reveals women's intimate relationship with their bodies. In 1972, she photographed her abortion: in the foreground her legs are spread apart, harshly lit for the medical intervention. “Nothing ever made me feel more like a sex object than going through an abortion alone”, she wrote in *Growing Up Female*. The legalization of abortion was a step forward for women's rights, but feminists still criticized the power relationships pitting defenseless patients against almighty doctors and experimented with alternatives. Heyman documented the activities of a gynecological self-examination group: women coming together to examine their own bodies and collectively emancipate themselves through knowledge.

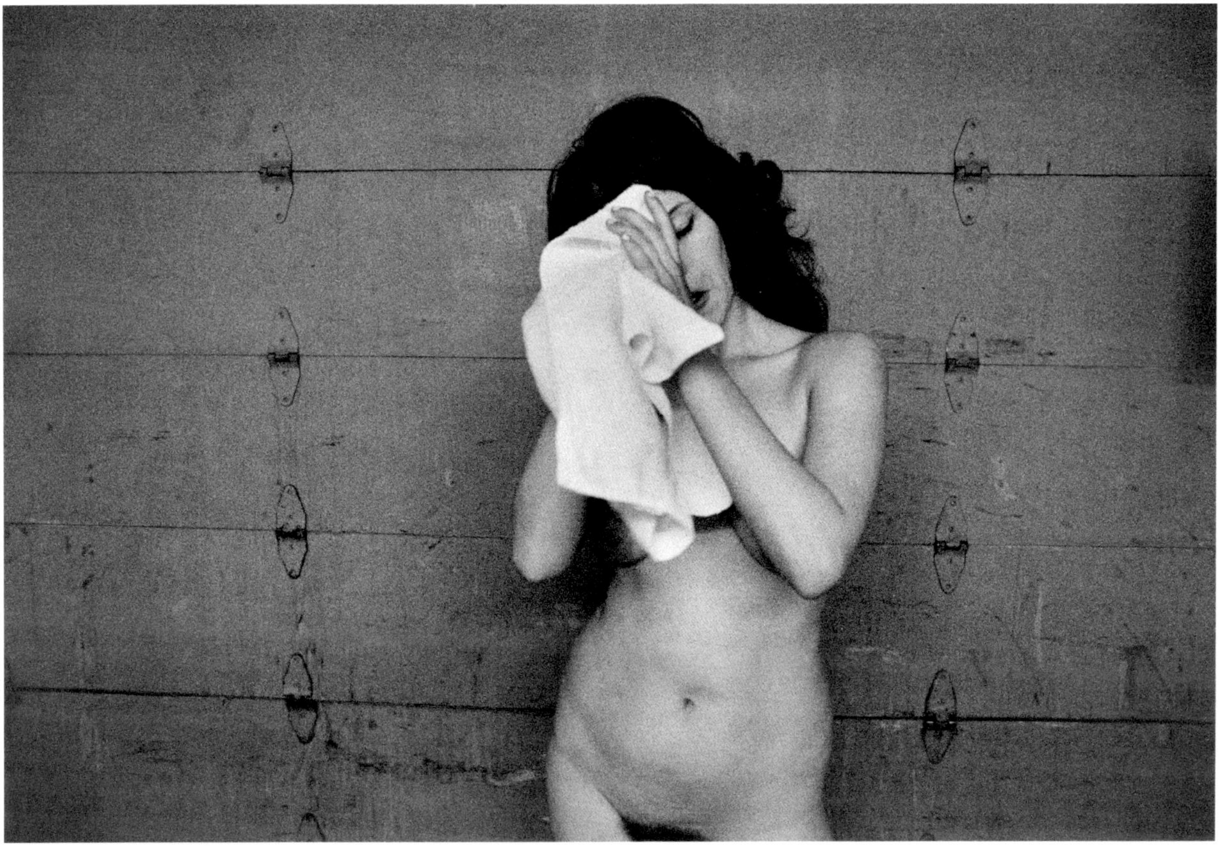

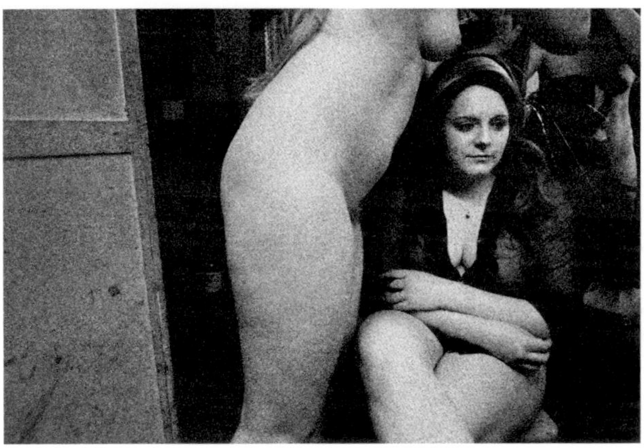

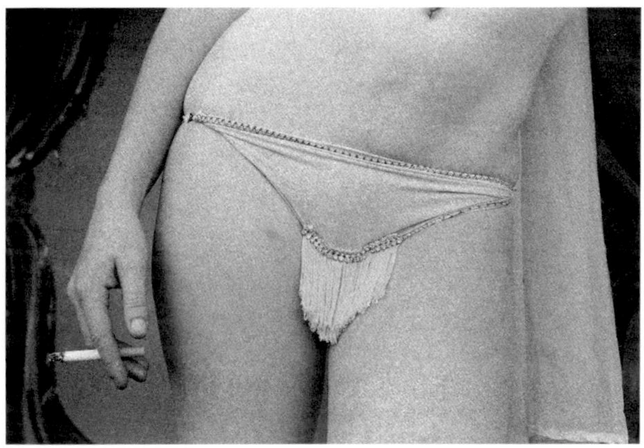

↑
Susan Meiselas, Lena after the show
[Lena après le spectacle], Essex Junction, Vermont, 1973.
—

↖
Susan Meiselas, Between shows
[Entre deux spectacles], Fryeburg, Maine, 1975.
—

↗
Susan Meiselas, Shortie on the bally
[Shortie sur le podium], Barton, Vermont, 1974.
—

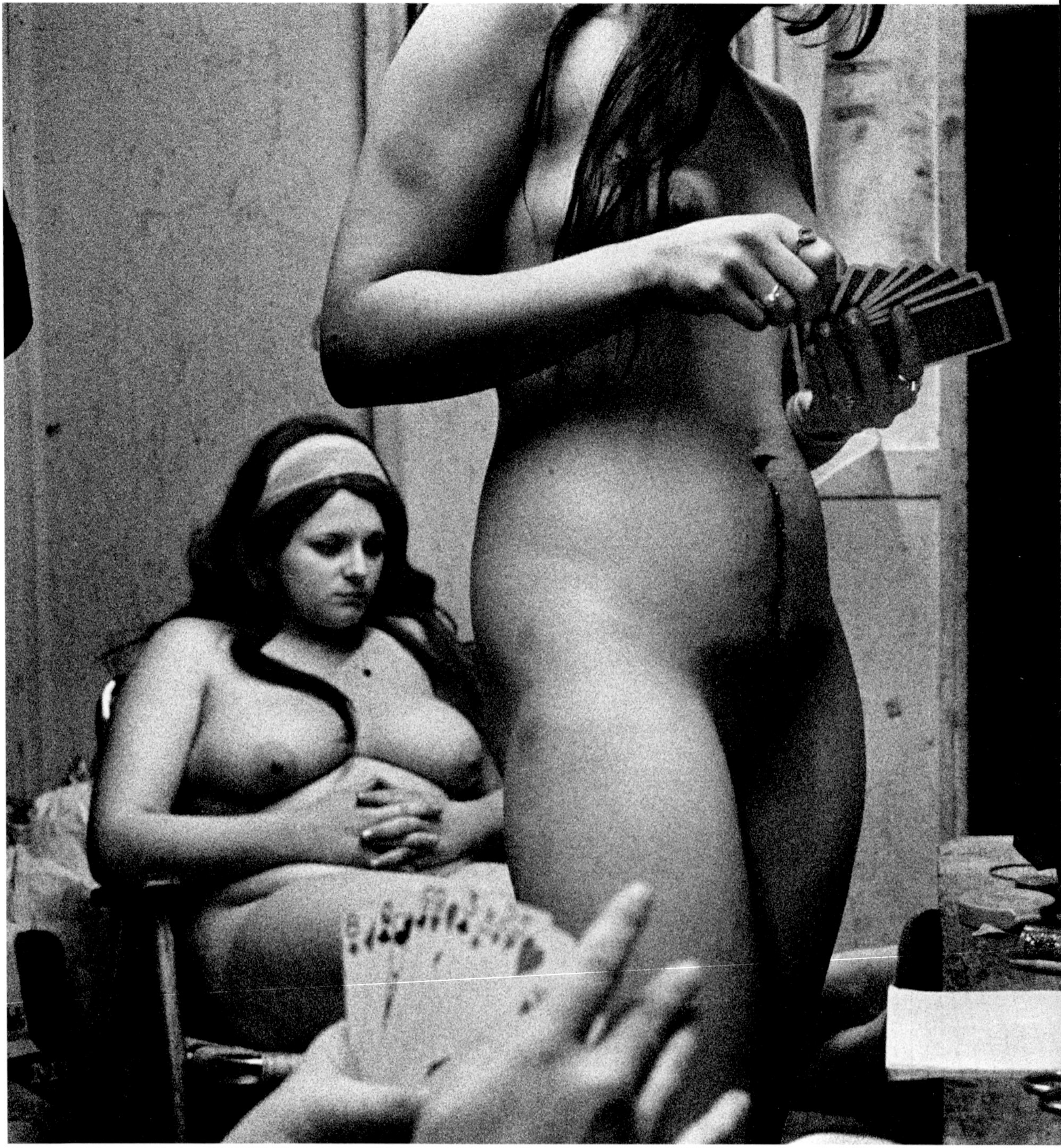

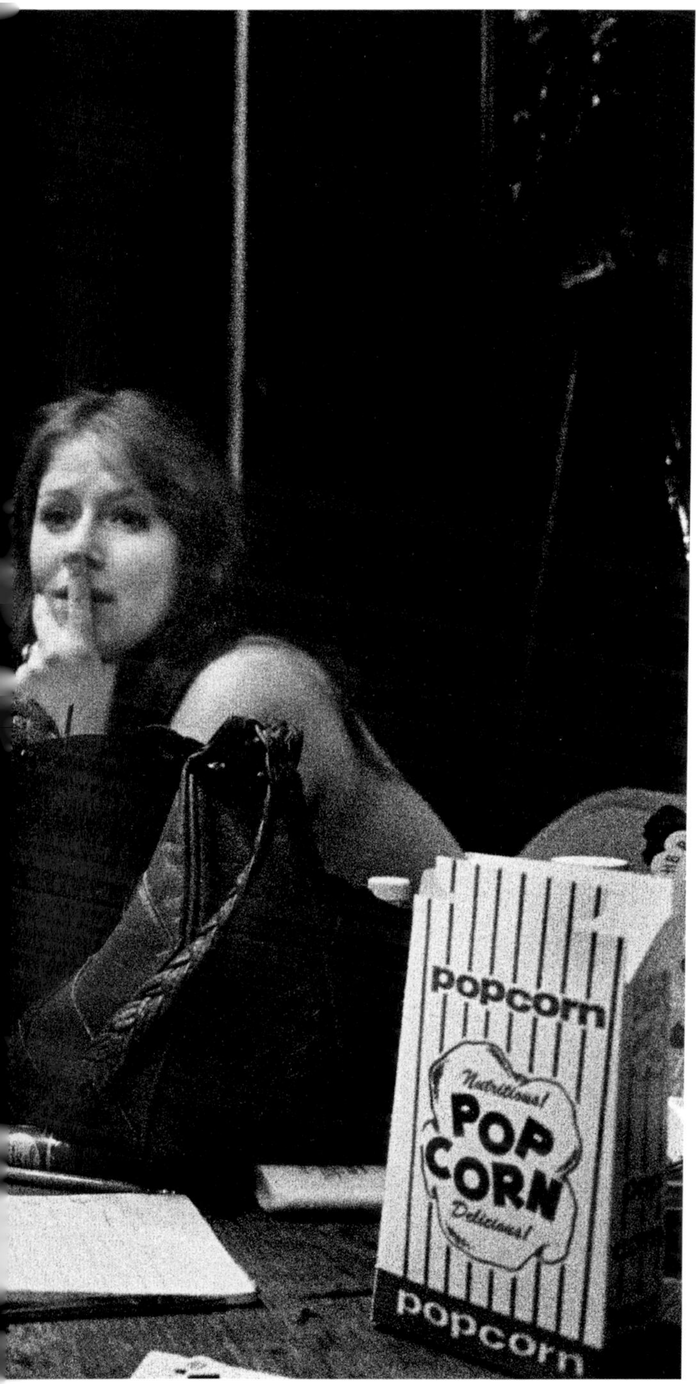

—
Susan Meiselas, The dressing room [Le vestiaire], **Fryeburg, Maine, 1975.**
—

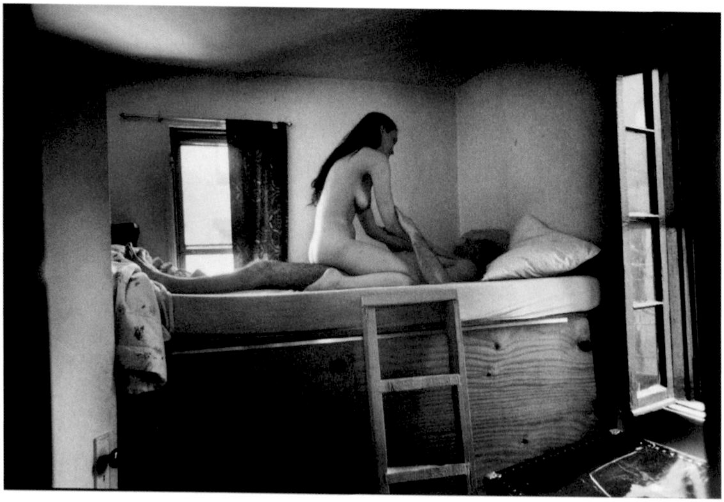

←
Abigail Heyman, Making love
[Faire l'amour], 1973.
—

↓
Abigail Heyman, Watkins Glen automobile race track
[Circuit automobile de Watkins Glen], 1973.
—

→
Abigail Heyman, Self-help Demo
[Démonstration d'auto-examen gynécologique], 1972.
—

↘
Abigail Heyman, Abortion
[Avortement], 1972.
—

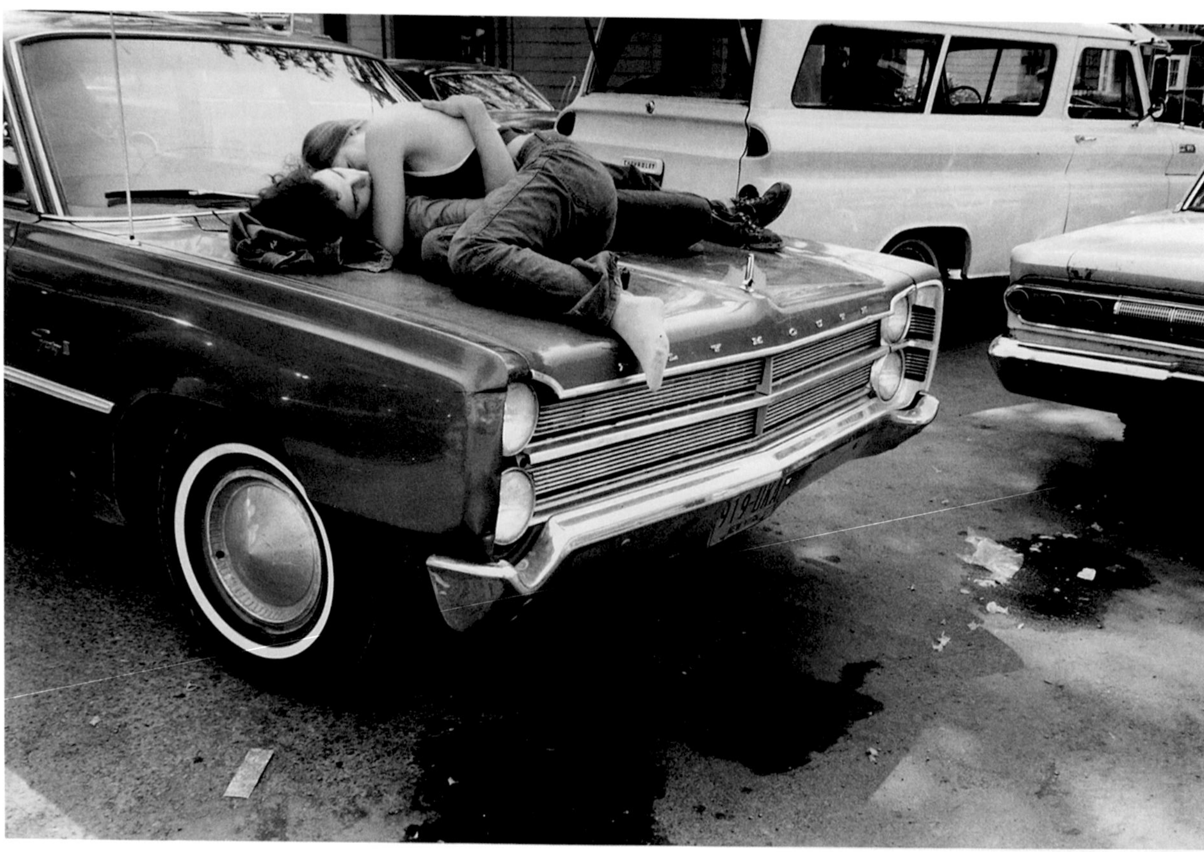

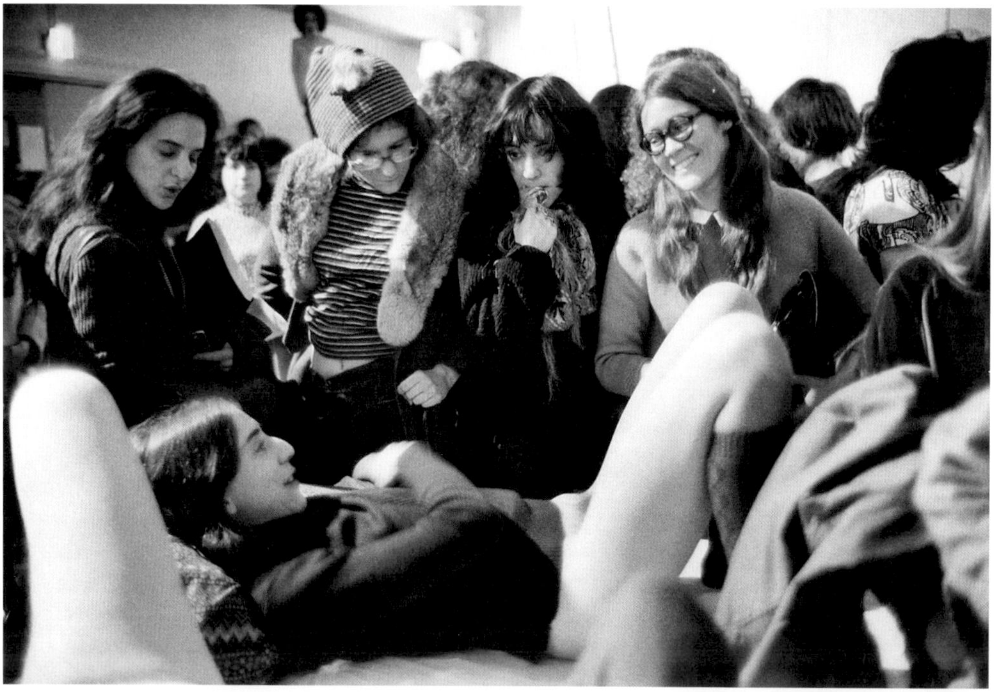

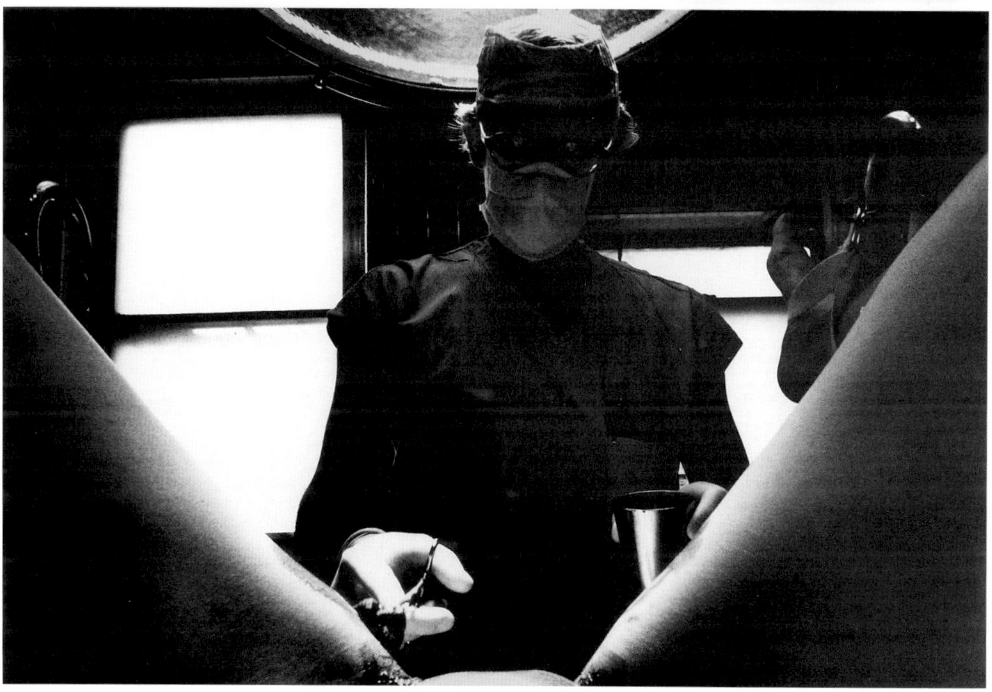

Les conventions sociales démasquées
Unmasking social conventions

Eve Arnold et Abigail Heyman débusquent les normes et les conventions qui régissent la vie sociale et enferment les femmes dans des rôles stéréotypés, notamment dans le cadre domestique. Elles documentent le travail invisible des courses, du ménage et de la lessive, des “non-sujets” désormais étalés au grand jour. Elles jettent un regard lucide sur la place des femmes au sein de la famille, avec les enfants ou dans l’institution du couple, jusqu’au travail de représentation officielle des épouses de politiciens. Plusieurs images respirent l’ennui ; parfois, la franchise d’un visage semble déborder le cadre figé de la normalité.

Eve Arnold and Abigail Heyman exposed the norms and conventions regulating social life and confining women to gender roles, especially in the home. They documented the invisible work of shopping, housecleaning and washing, bringing “non-subjects” out into the open. They cast a clear-eyed gaze on women’s place in the family, with children, in the institution of marriage and even in the official representation of politicians’ wives. Several images are the picture of boredom. Sometimes, the openness of a face seems to overflow the frozen frame of normality.

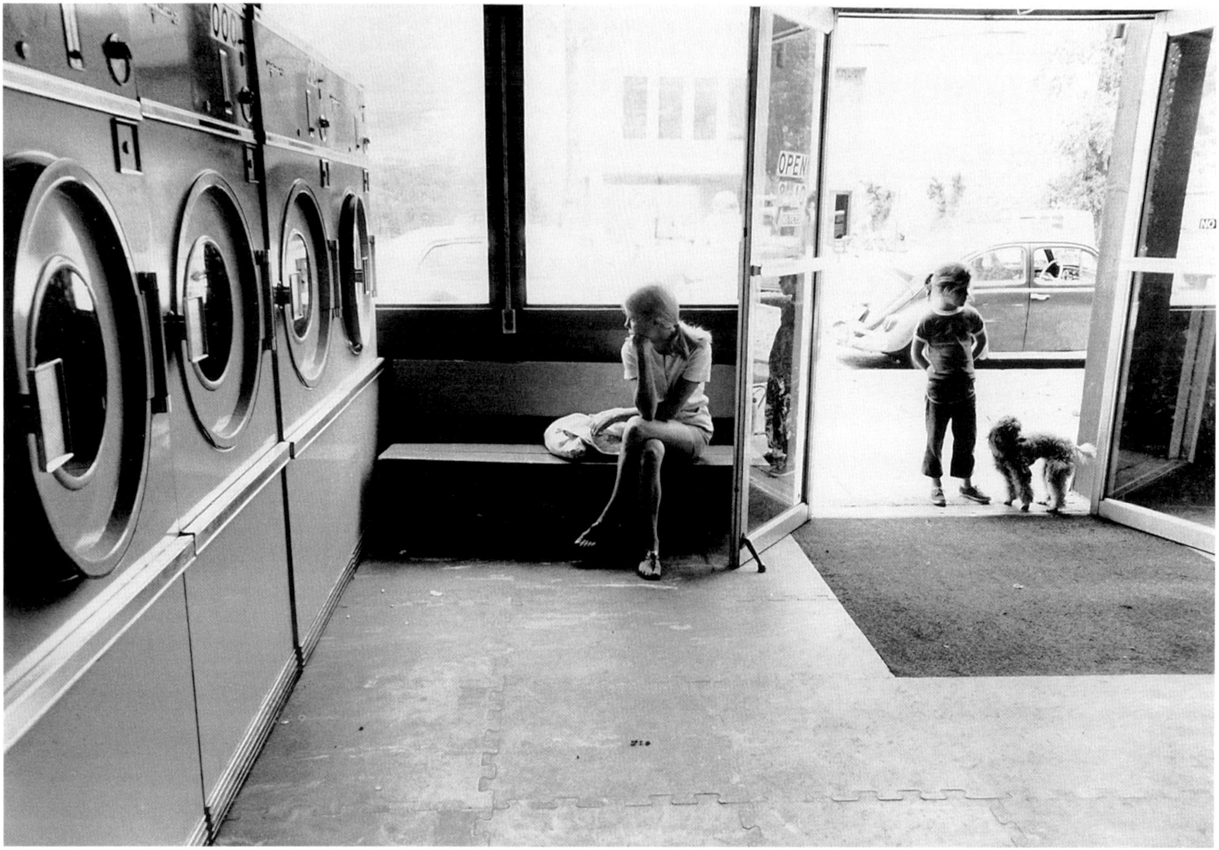

—
Abigail Heyman, Laundromat
[Laverie automatique], 1971.
—

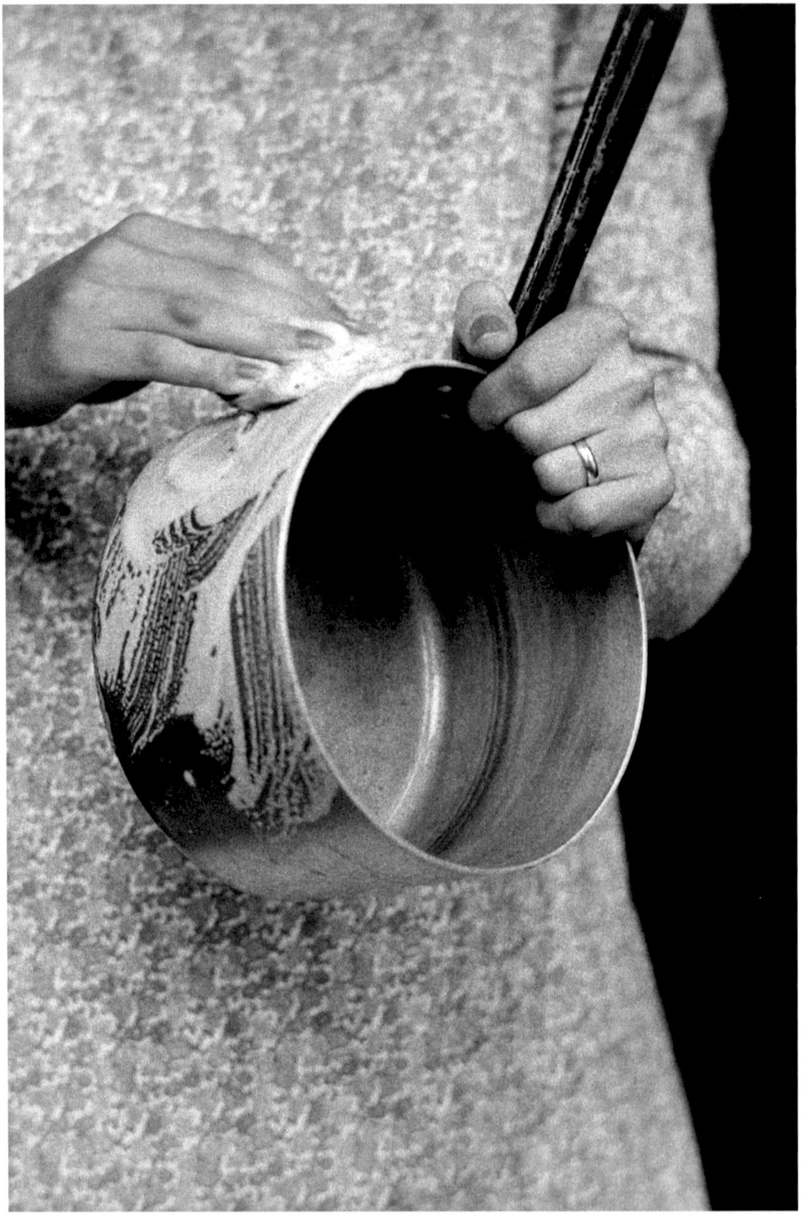

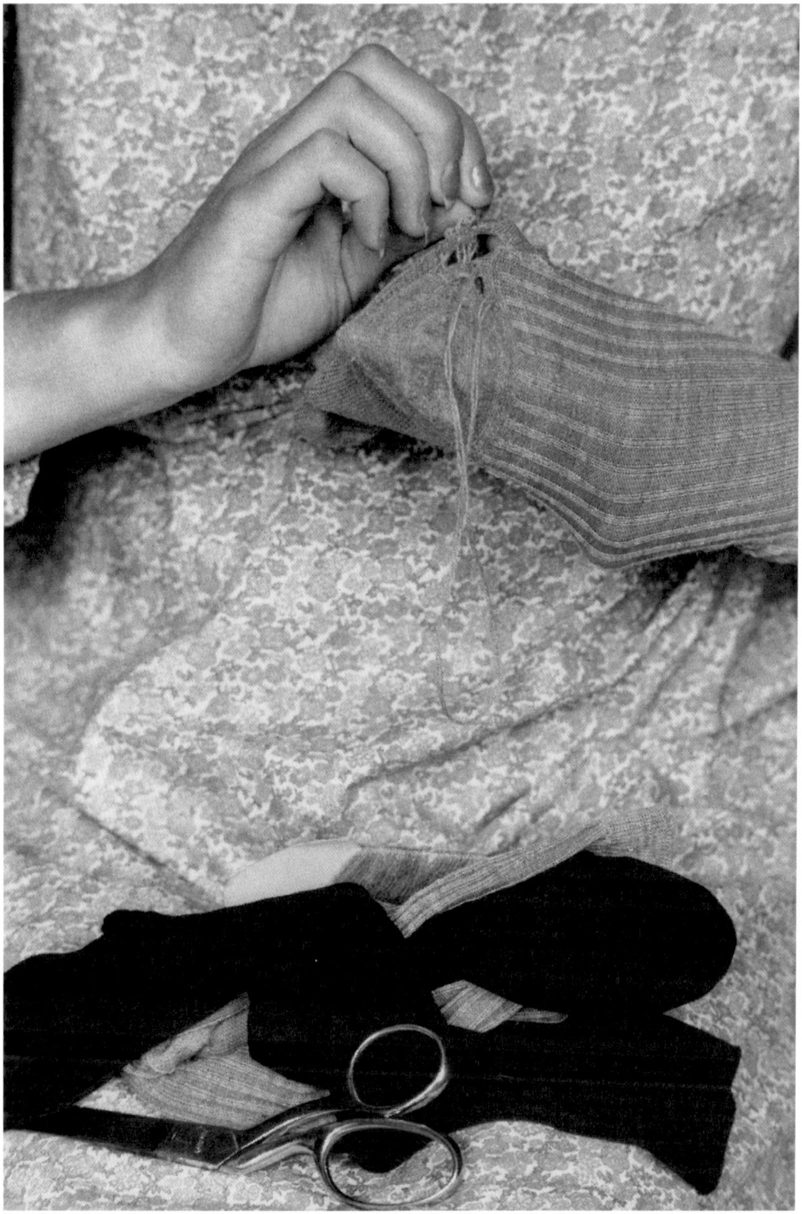

—

Eve Arnold, "Frantic housewife", series on the everyday work of a housewife in London
["Femme au foyer frénétique", série sur le travail quotidien d'une femme au foyer, Londres], **1971.**

—

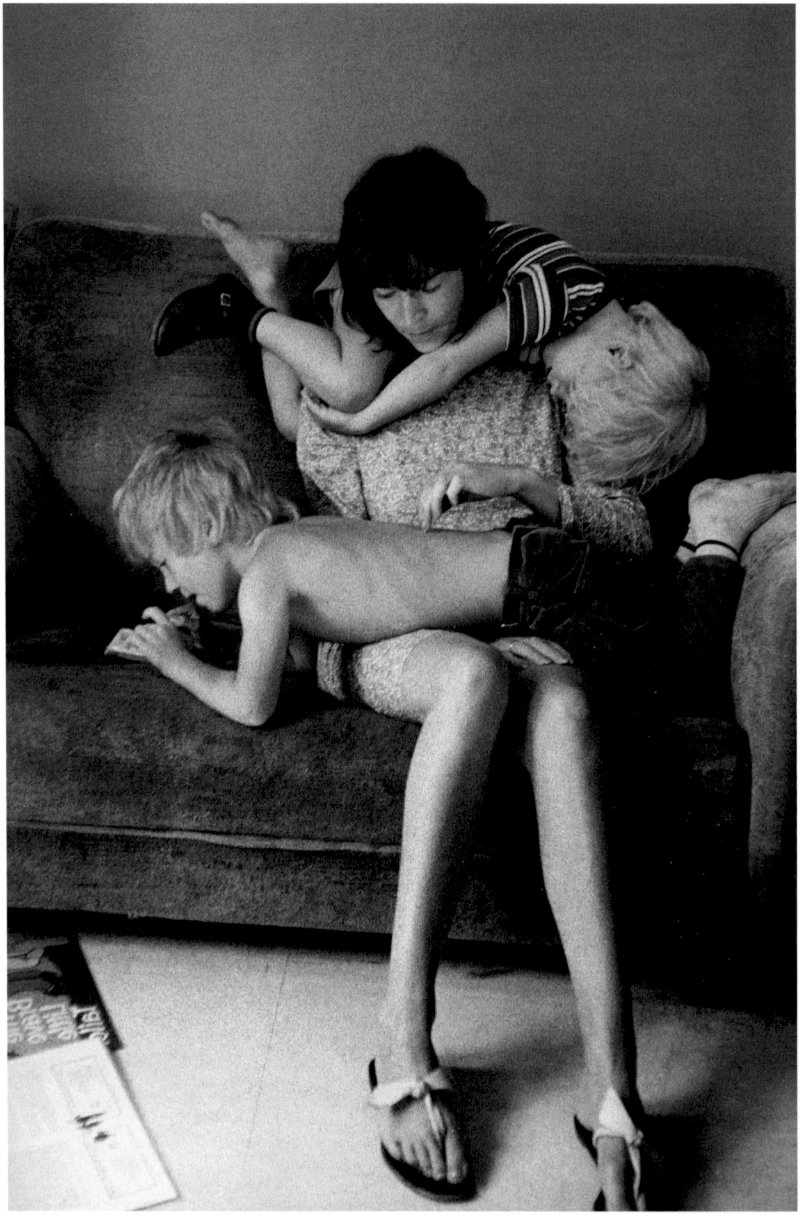

—

Eve Arnold, "Frantic housewife", series on the everyday work of a housewife in London
["Femme au foyer frénétique", série sur le travail quotidien d'une femme au foyer, Londres], **1971.**

—

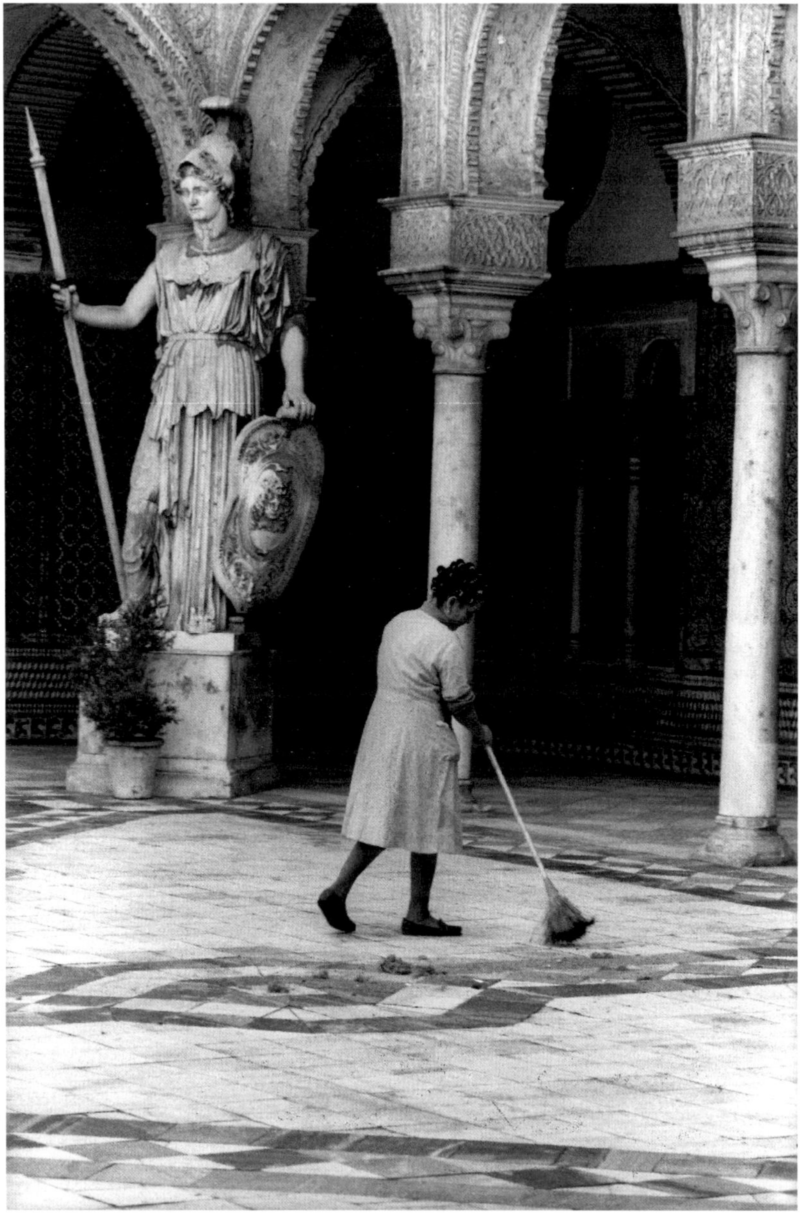

—

Eve Arnold, Sweeping up at the castle
of Medinaceli, Spain
[Balayage au château de Medinaceli, Espagne],
1966.

—

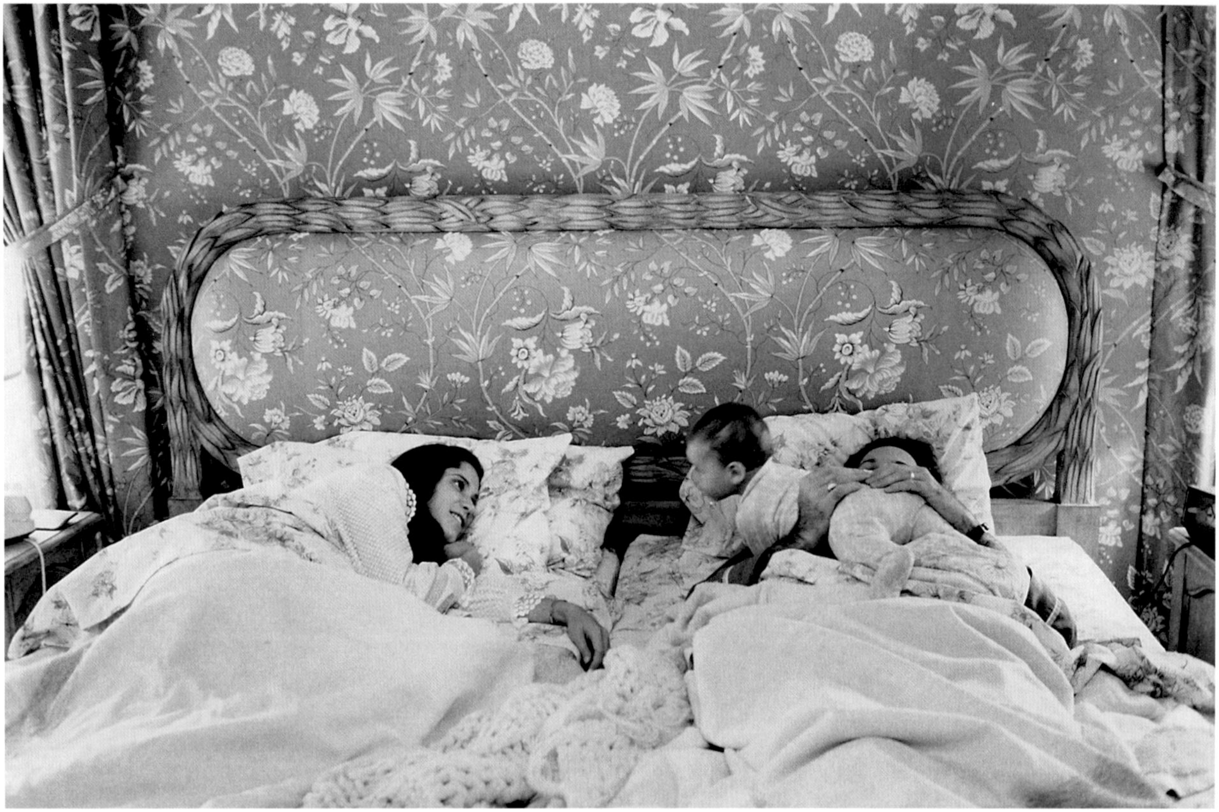

—
Abigail Heyman, Sam and Ronnie
[Sam et Ronnie], **1972.**
—

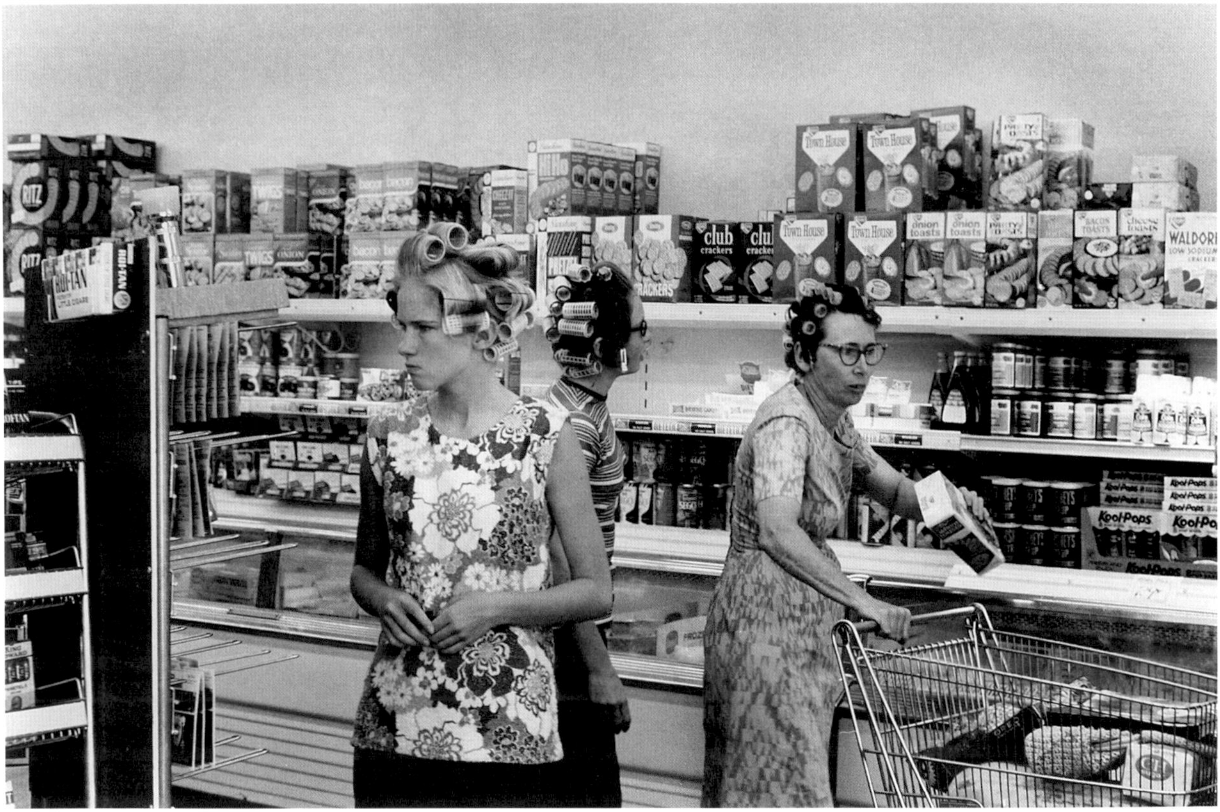

—
Abigail Heyman, Supermarket
[Supermarché], 1971.
—

—
Abigail Heyman, Grandmother
[Grand-mère], 1971.
—

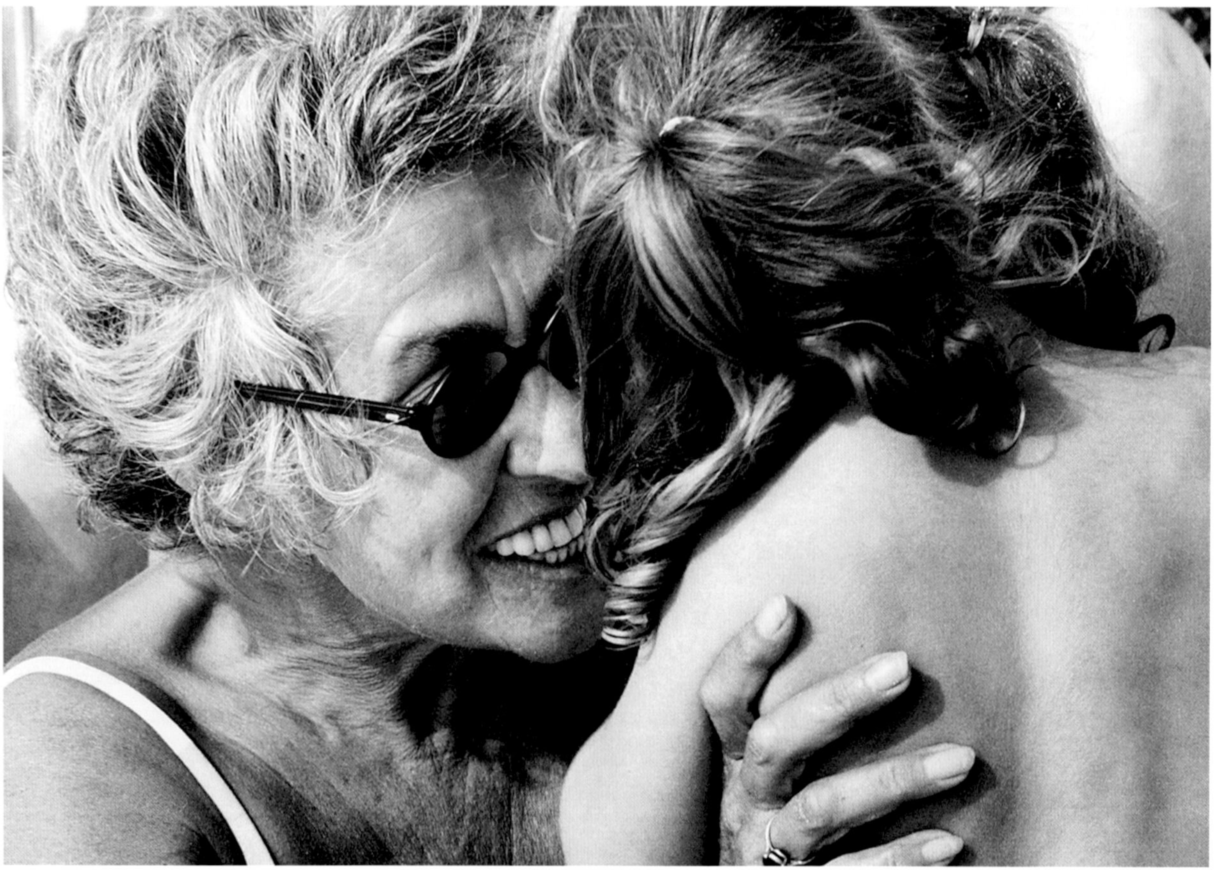

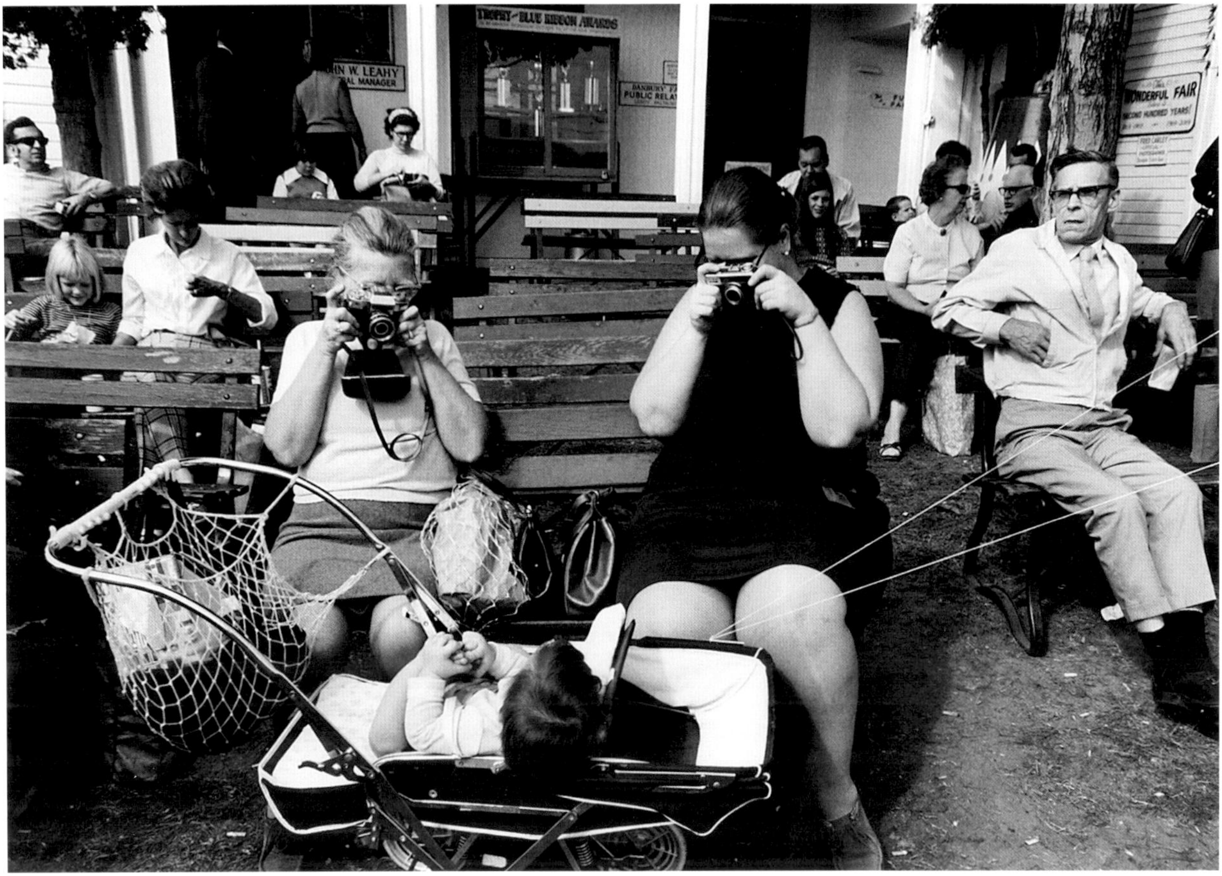

—
Abigail Heyman, Snapshot [Instantané], 1970.
—

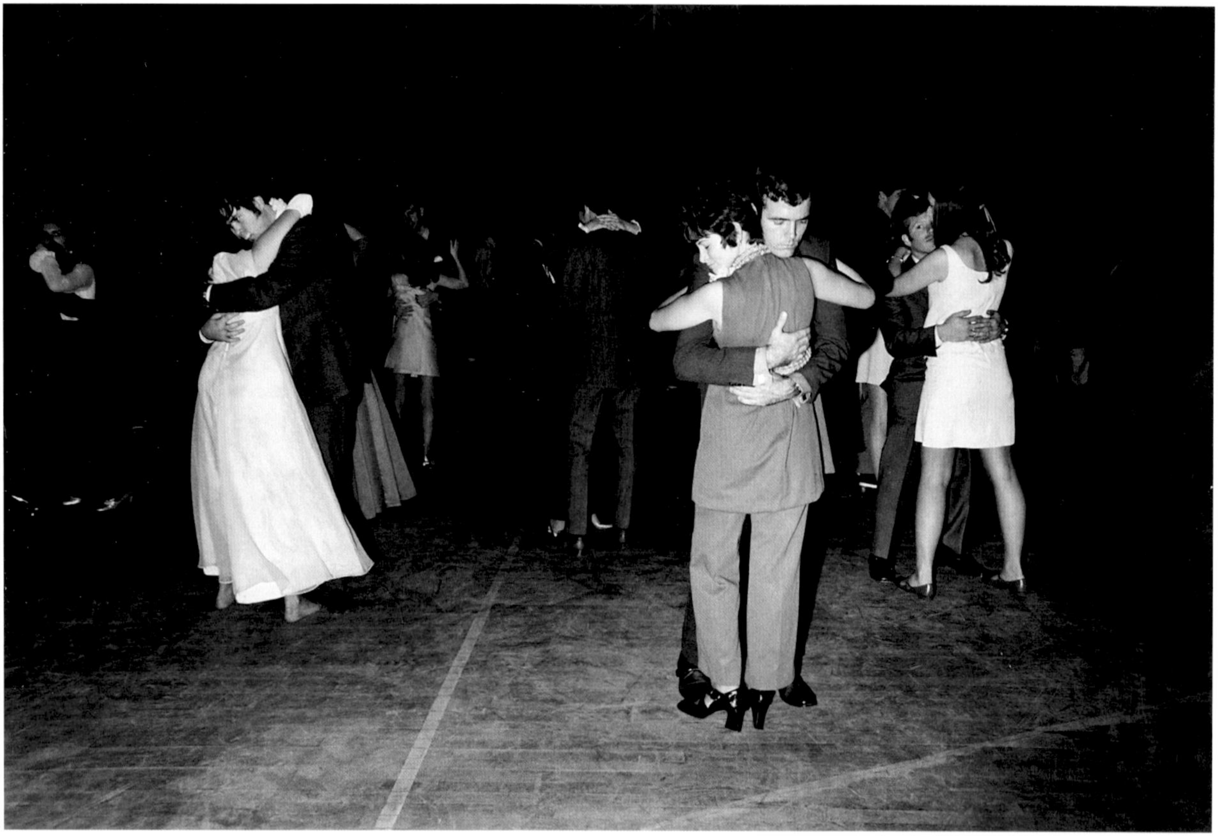

—
Abigail Heyman, Dance
[Danse], 1971.
—

—
Abigail Heyman, Monica and Phil
[Monica et Phil], 1968.
—

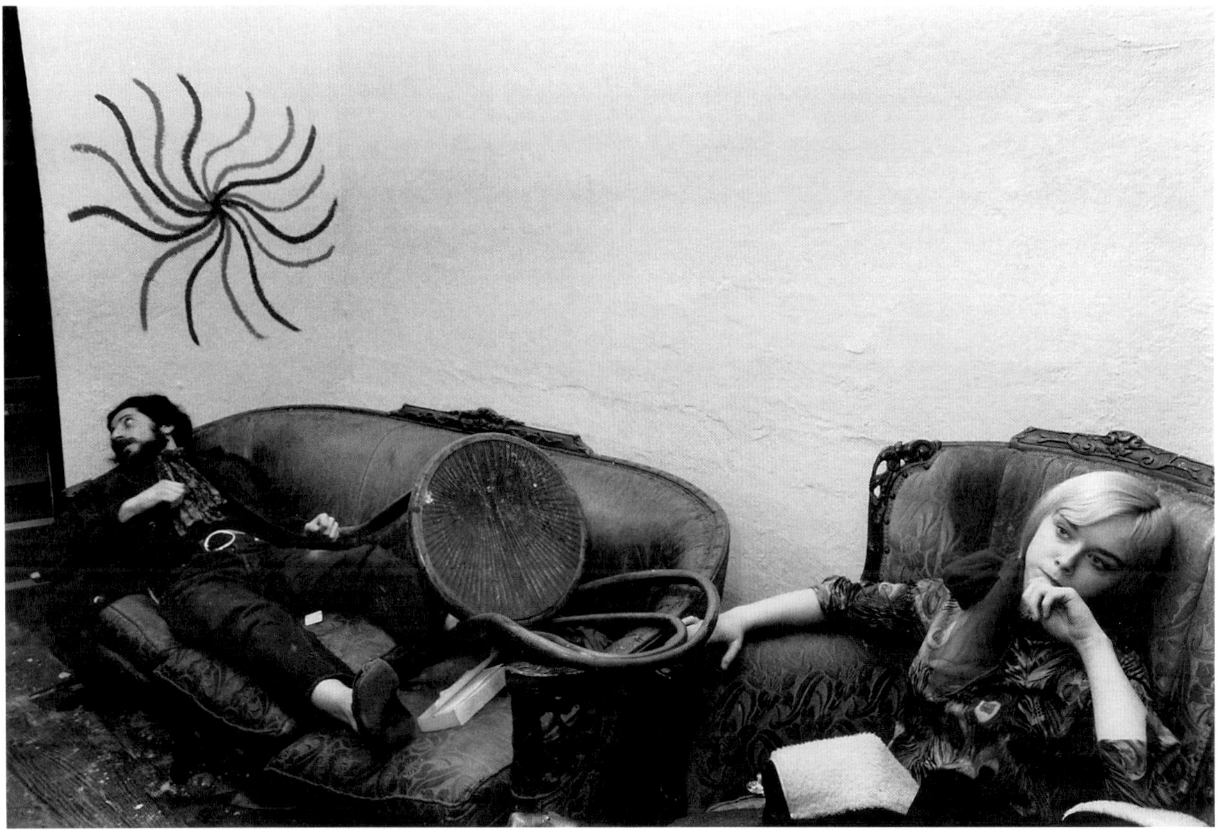

—

Eve Arnold, Susan Goldwater promotes her husband Barry Goldwater's candidacy for the President of the United States at the Republican Convention [Susan Goldwater fait la promotion de la candidature de son mari Barry Goldwater pour représenter le parti républicain lors de la campagne présidentielle américaine], San Francisco, 1964.

—

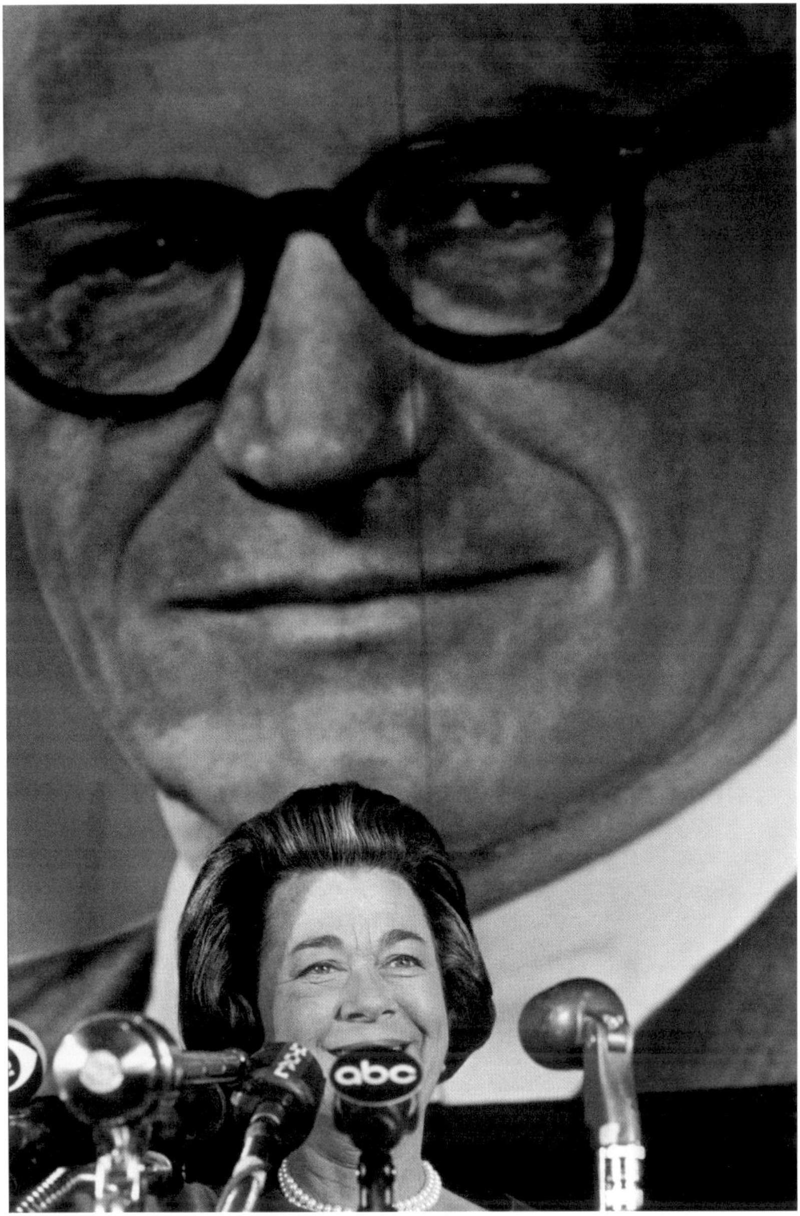
abc

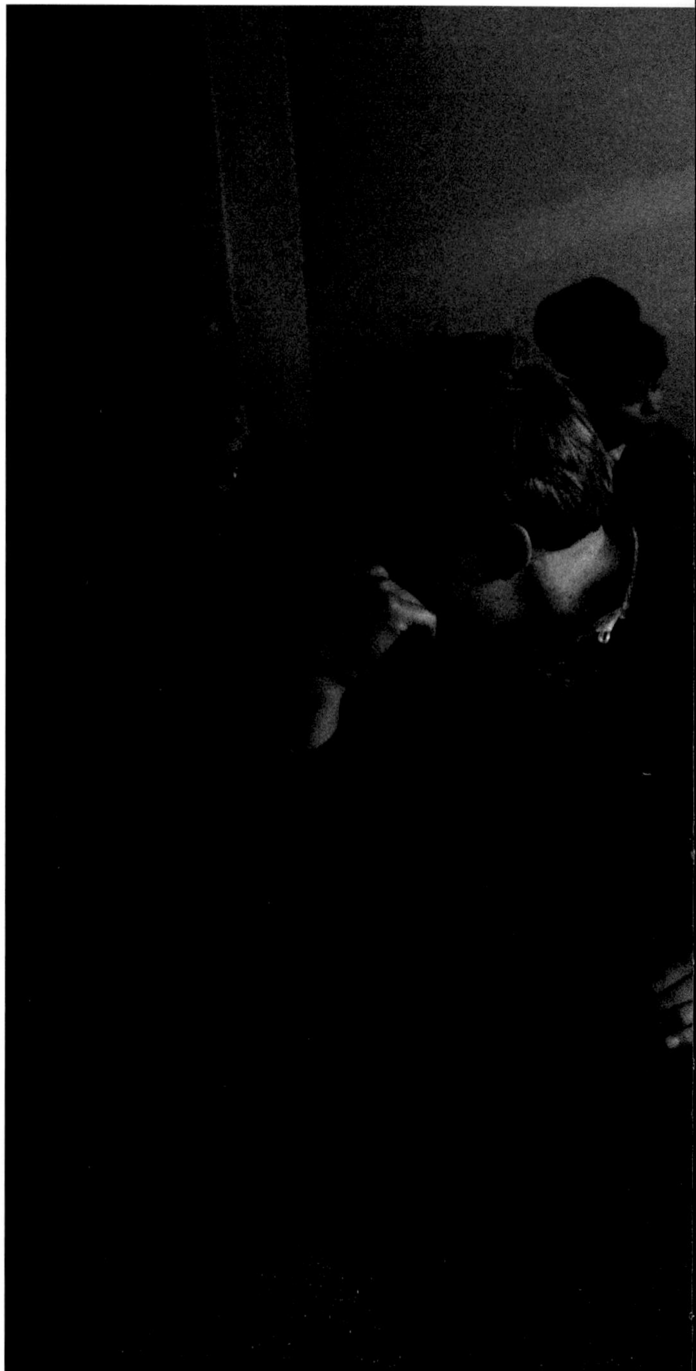

—
Eve Arnold, Divorce, Moscow
[Divorce, Moscou], **1966.**
—

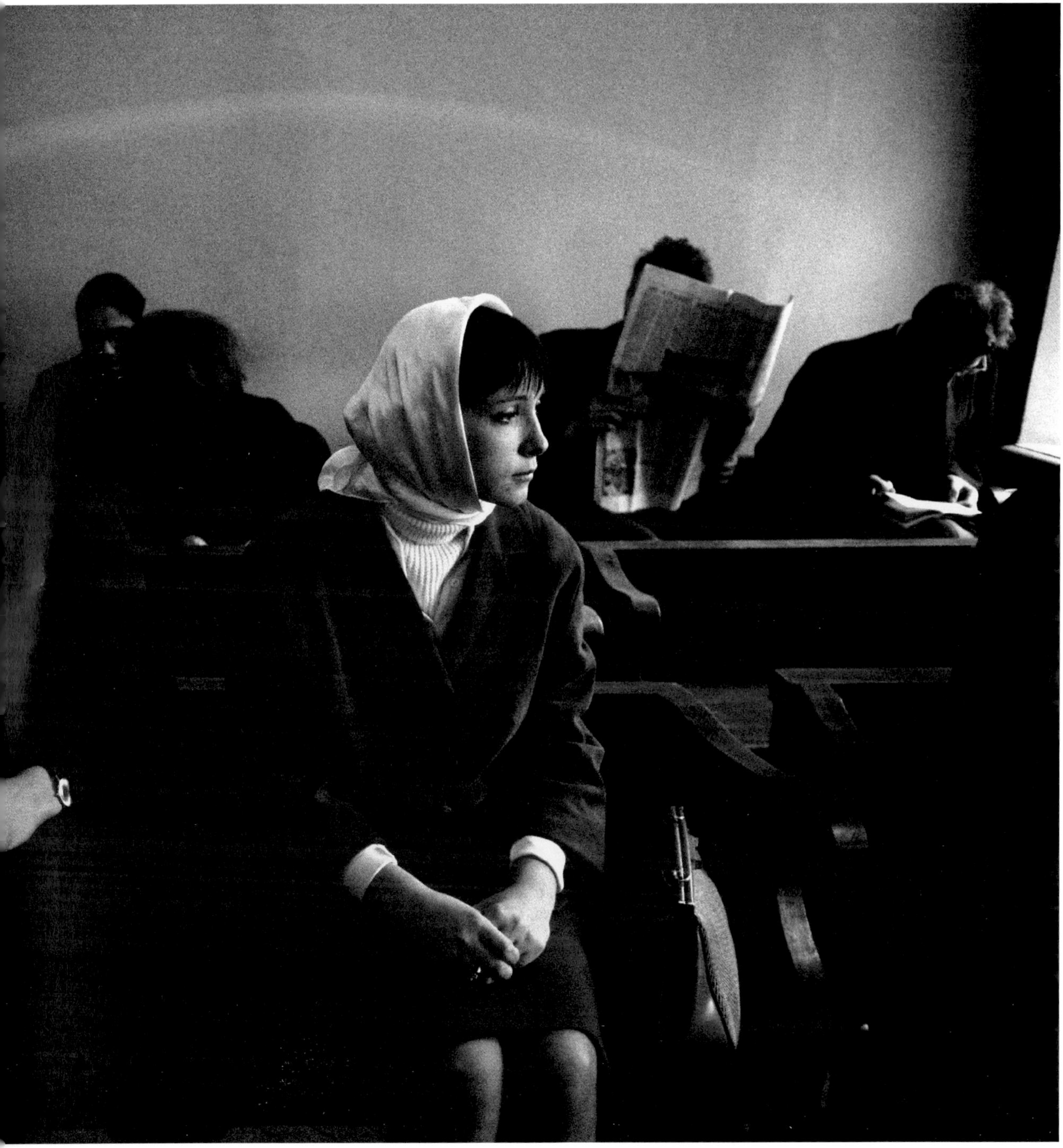

Femmes à l'œuvre
Women at work

Ces livres fourmillent de portraits de femmes actives, absorbées dans diverses entreprises, de la musique au sport en passant par le saut en hauteur. Loin d'être des objets de contemplation, elles apparaissent comme des sujets à l'œuvre dans leur travail comme dans leurs loisirs. Concentration, professionnalisme, endurance, virtuosité, engagement, fierté : ces images sont toutes placées sous le signe de l'indépendance. Susan Meiselas réalise, à la demande des strip-teaseuses, des portraits à la chambre où elles posent le front haut, regardant droit dans l'objectif. Ces femmes dont le métier est de se conformer à une image, celle de la pin-up séduisante, deviennent alors maîtresses du jeu des représentations, libres de se montrer comme elles le souhaitent.

These books teem with portraits of active women engaging in various activities, from fencing to playing music and high-jumping. Far from being objects of desire, they appear as subjects in charge of their lives. Focus, professionalism, endurance, virtuosity, commitment, pride: all these images are a sign of independence. At the strippers' request, Susan Meiselas portrayed them posing with their heads high, staring straight into the lens. These women, whose job is to conform to an image, that of the alluring pin-up, take control of how they are represented, freely showing themselves as they see fit.

—

Eve Arnold, Model Charlotte Stribling aka 'Fabulous', backstage of a fashion show of clothes designed and made in the Harlem community
[Le mannequin Charlotte Stribling, surnommée "Fabuleuse", coulisses d'un défilé de mode de vêtements réalisés par la communauté de Harlem], **1950.**

—

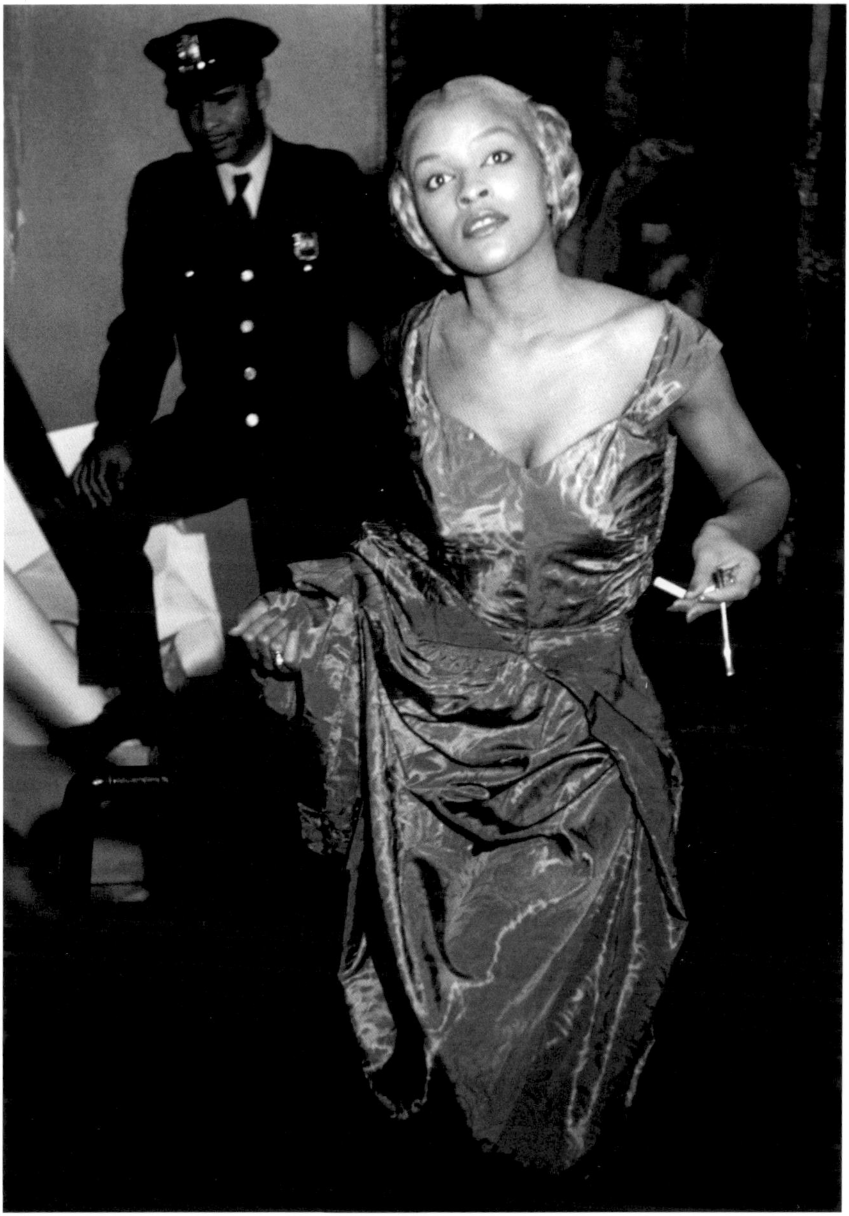

—

Eve Arnold, Actress Marlene Dietrich at Columbia Records studio
[L'actrice Marlene Dietrich dans les studios de Columbia Records], **New York, 1952.**

—

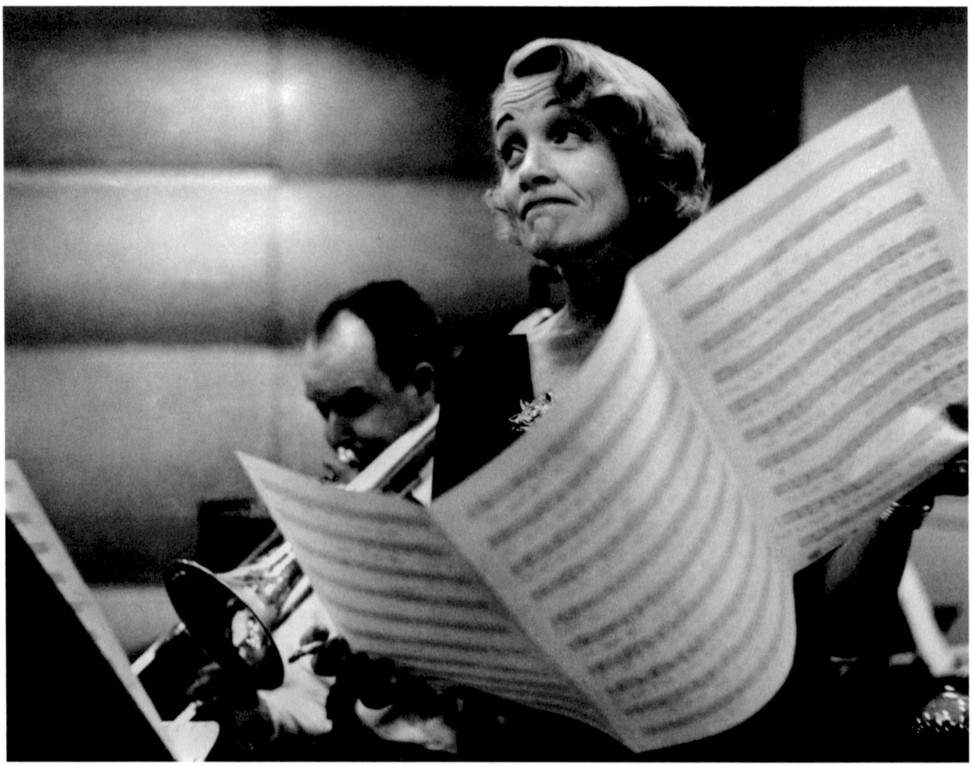

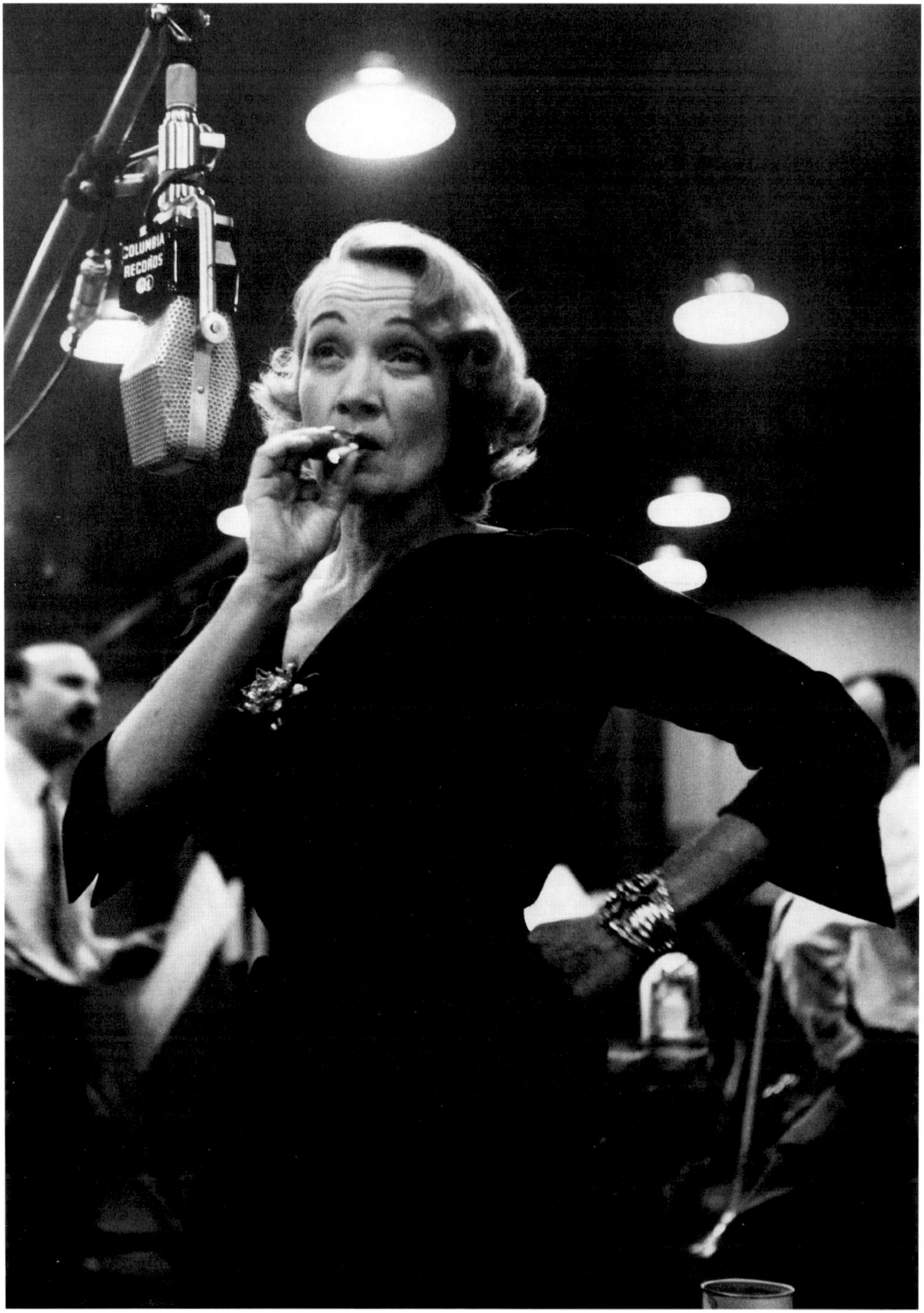
COLUMBIA
RECORDS

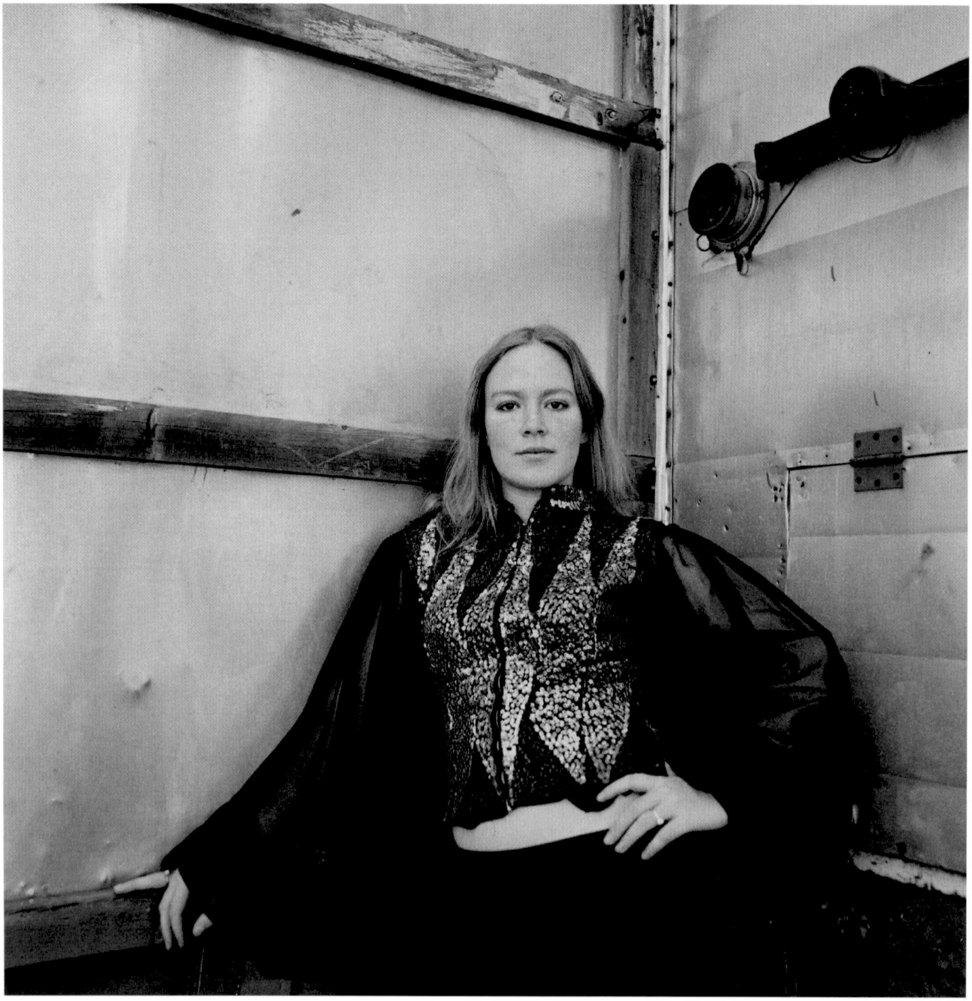

—
Susan Meiselas, Laurie, Fryeburg, Maine, 1975.
—

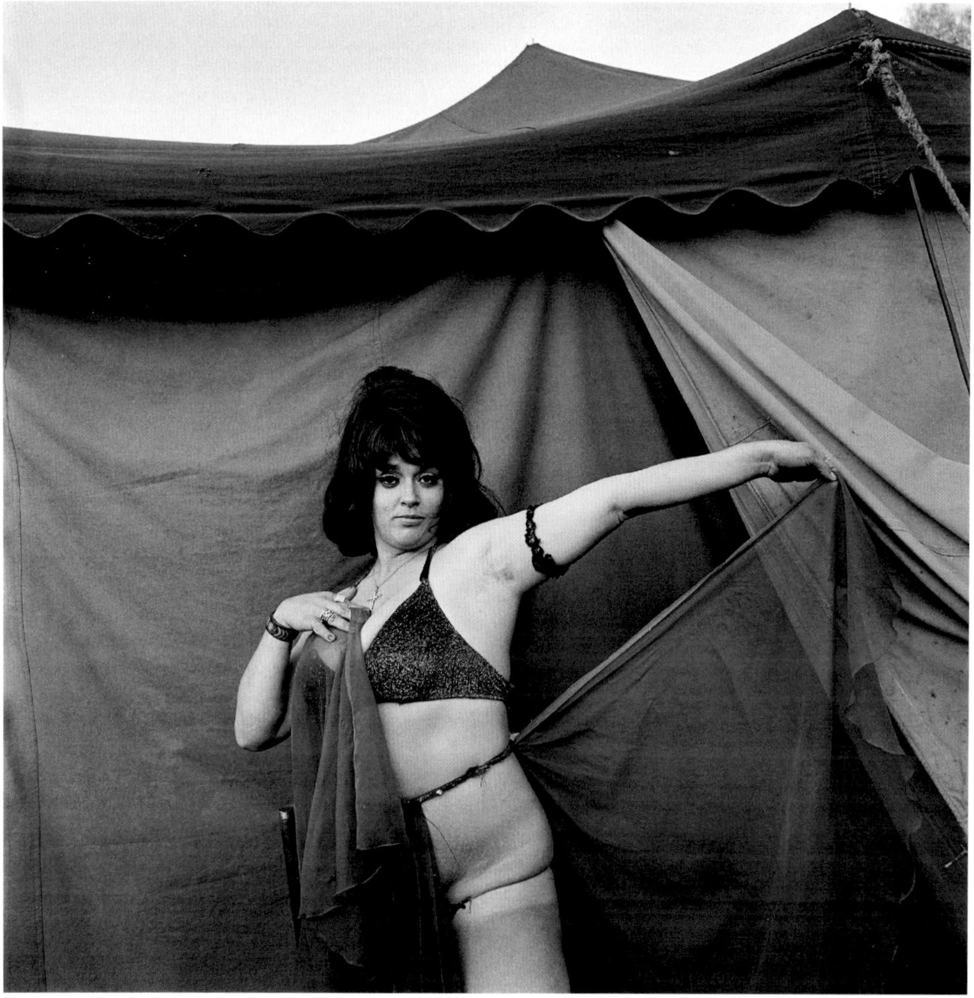

—
Susan Meiselas, The Star [La star], Tunbridge, Vermont, 1975.
—

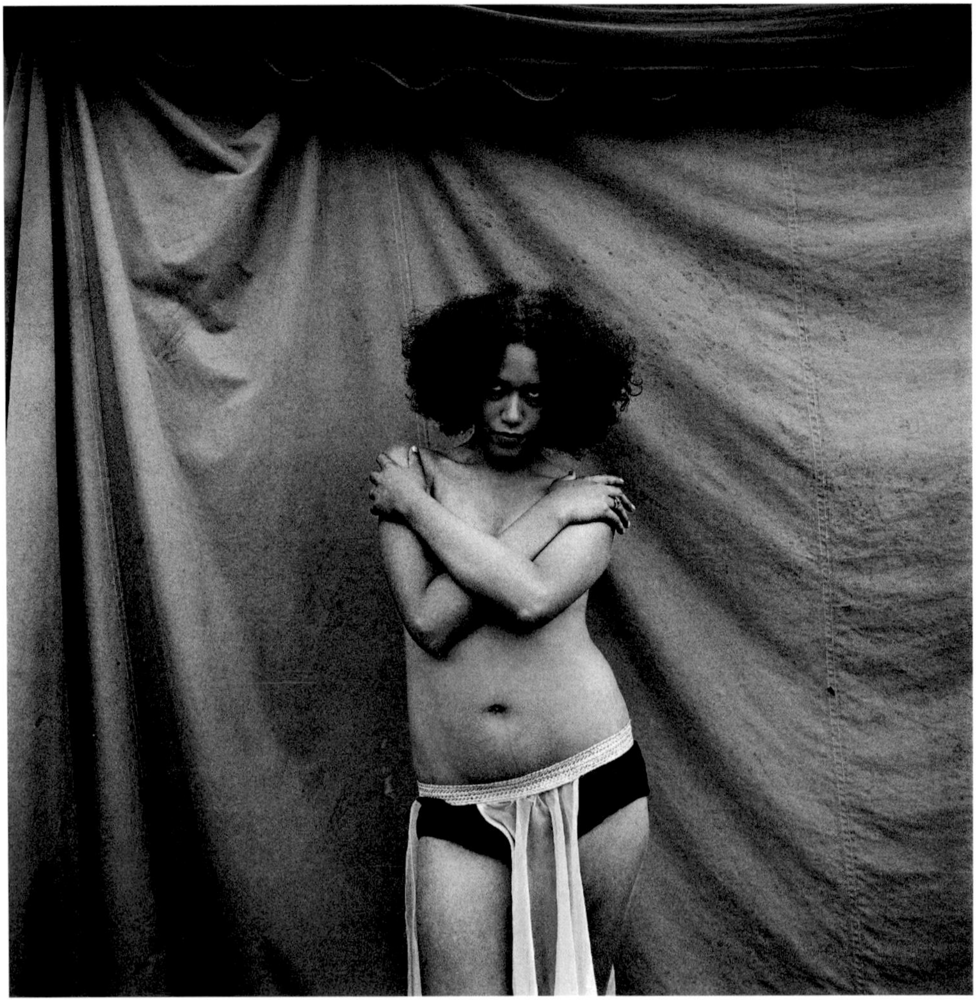

—
Susan Meiselas, New Girl
[Nouvelle fille], Tunbridge, Vermont, 1975.
—

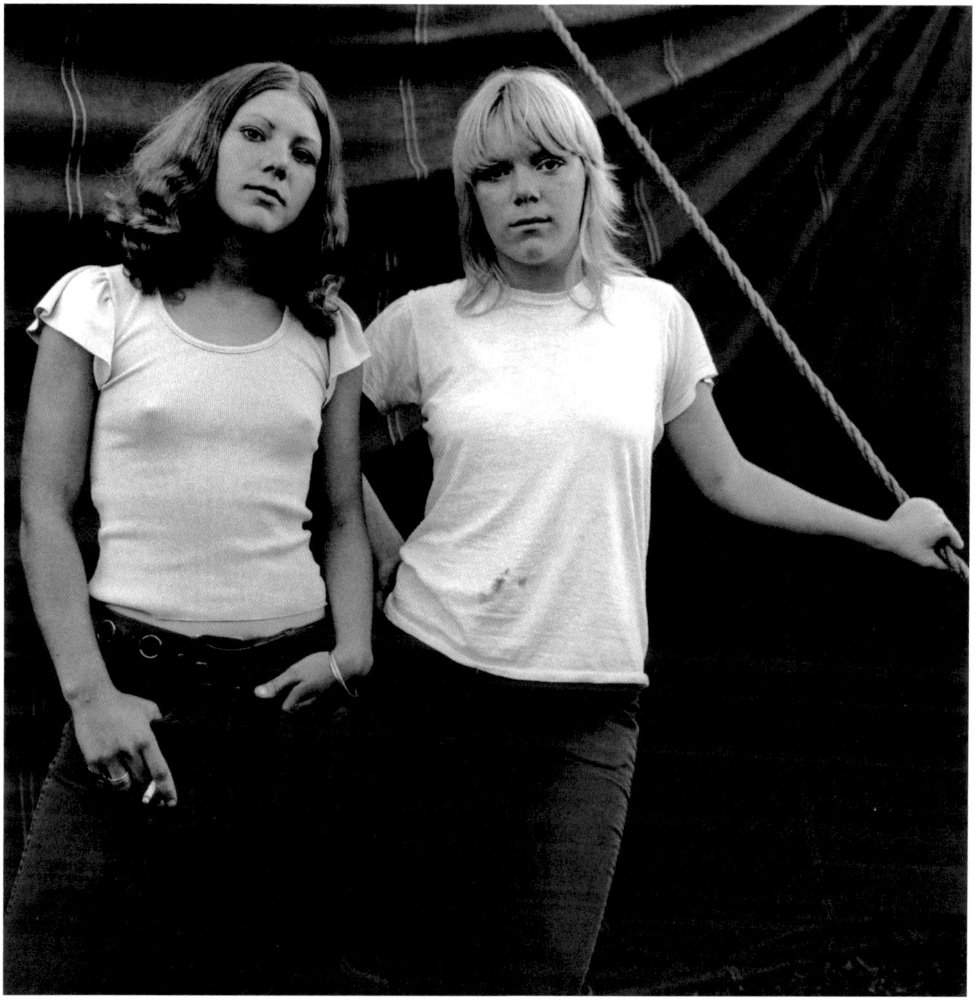

—
Susan Meiselas, Debbie and Renee
[Debbie et Renee], **Rockland, Maine, 1972.**
—

—

Abigail Heyman, Hurdling Athlete, 1977, from the children book *Butcher, Baker, Cabinetmaker : Photographs of Women at Work*, New York, Crowell, 1978
[Athlète, course de haie, 1977, extrait du livre pour enfants *Bouchère, boulangère, ébéniste : photographies de femmes au travail*, 1978].

—

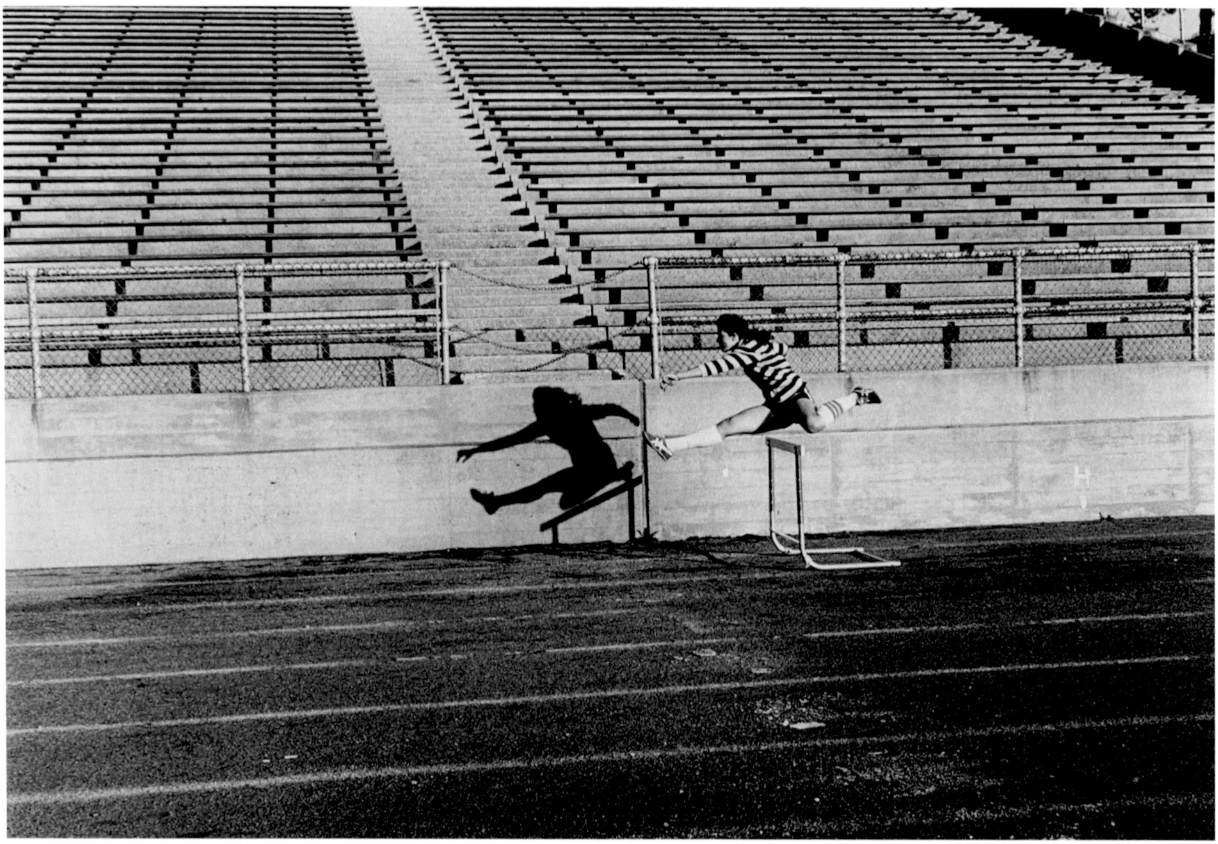

—
Eve Arnold, Fencing mistress,
Wycombe Abbey girls school, England
[Professeure d'escrime, école pour filles de
Wycombe Abbey, Angleterre], **1961.**
—

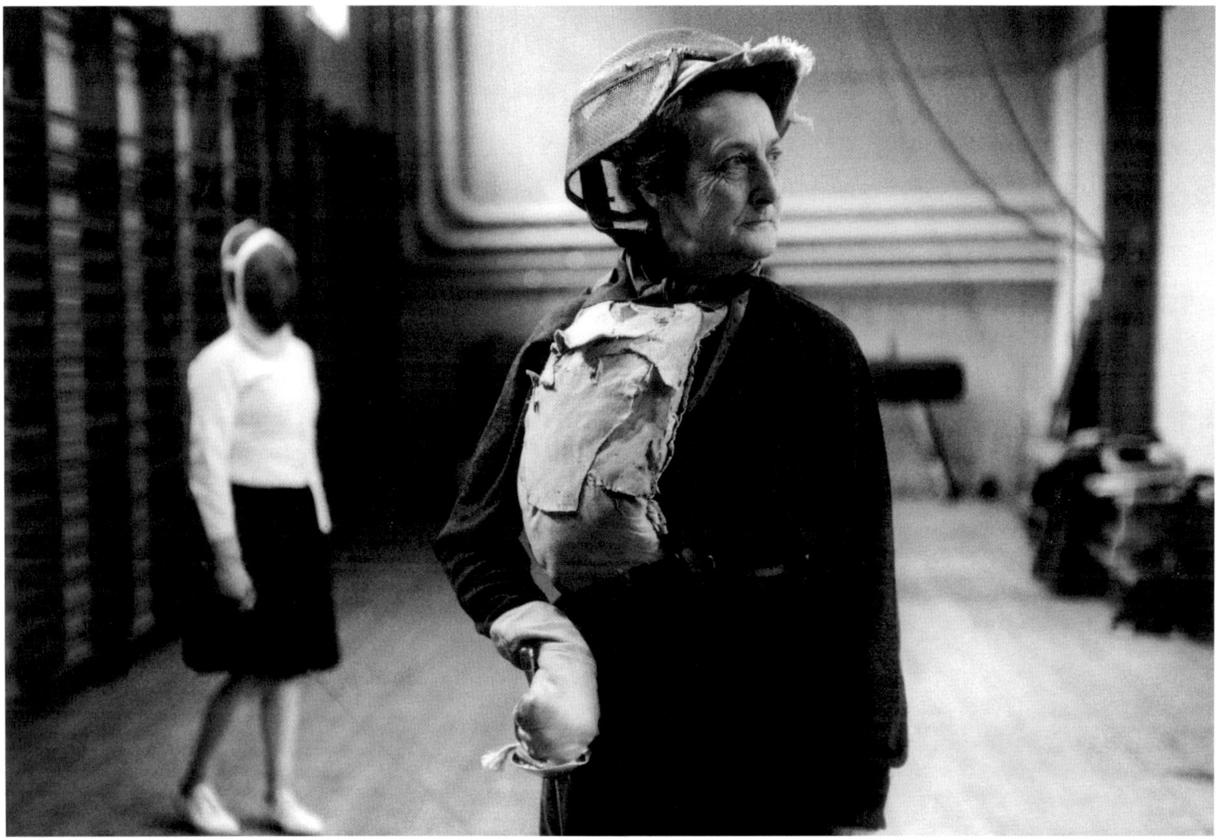

—

Abigail Heyman, Football player
[Joueuse de football américain], **1972.**

—

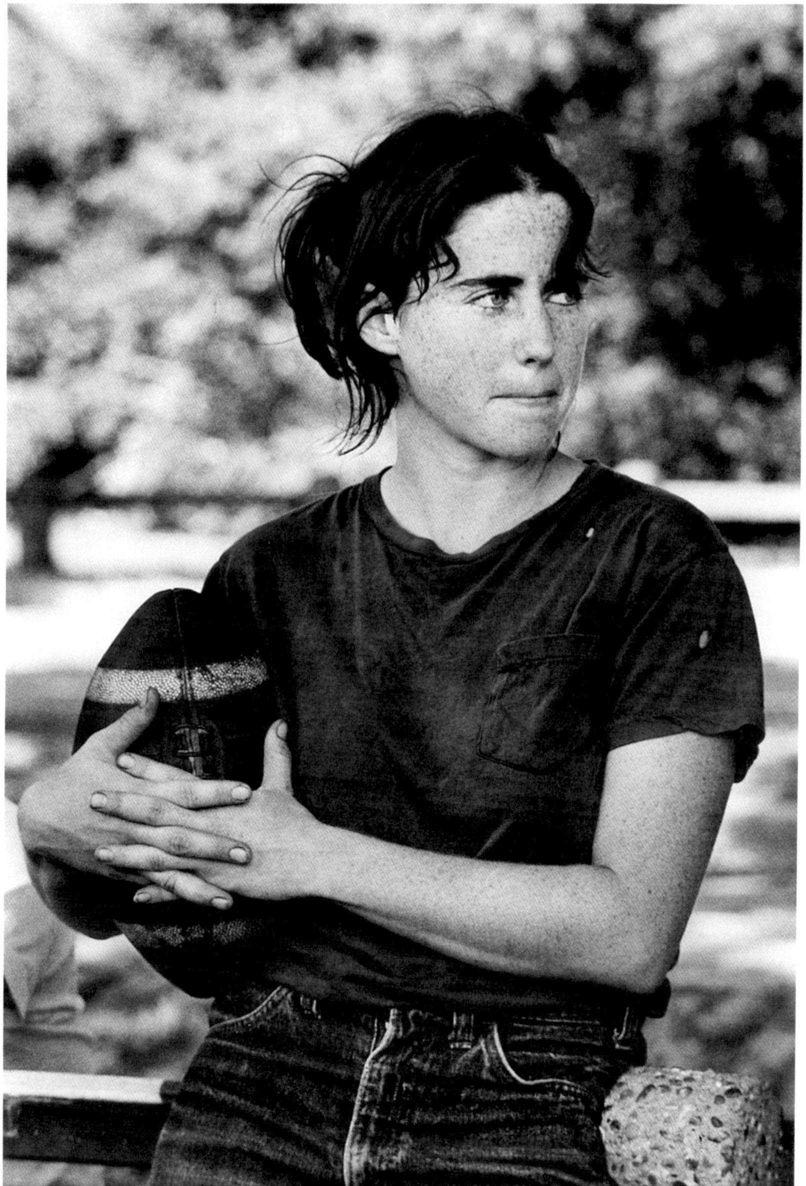

Une image à soi
Clara Bouveresse

Au cours des années 1970, Eve Arnold, Abigail Heyman et Susan Meiselas travaillent toutes à l'agence Magnum. Membre associée dès 1951, Eve Arnold est une pionnière qui a imposé sa signature de photojournaliste dans un monde majoritairement masculin. Abigail Heyman entre à Magnum avec le statut de photographe nominée en 1974, l'année où elle publie *Growing Up Female*. Susan Meiselas est accueillie dans le club prestigieux deux ans plus tard, grâce à son travail sur le strip-tease forain qui impressionne favorablement ses collègues. Pour ces deux jeunes photographes, la publication d'un livre et l'entrée dans l'agence représentent une forme de consécration. Eve Arnold, qui a déjà une longue carrière derrière elle, est engagée dans une série de projets rétrospectifs. À la parution de leur livre respectif, Magnum diffuse des reportages et des séries d'images qui en sont extraits, assurant leur visibilité auprès de la presse internationale. Les trois photographes sont d'ailleurs formées à séquencer les images et à utiliser textes et légendes pour former un récit, dans la tradition de l'essai photographique revendiquée par leur coopérative. Magnum est une école du regard et un lieu de débats sur la profession de photographe, où chaque membre déploie une écriture qui lui est propre, affirmant son regard subjectif.

Mais l'agence compte peu de femmes et n'est pas épargnée par le machisme, répandu dans l'univers du photojournalisme[1]. Ses figures tutélaires sont des héros masculins, à commencer par son fondateur Robert Capa. "Rivalisant avec les hommes au plus haut niveau", Eve Arnold déplore ainsi d'être "regardée comme carriériste là où ses collègues masculins ne le sont pas[2]". Elle soutient l'entrée de femmes dans l'agence et fait campagne pour Susan Meiselas[3]. En 1999, elle est à l'initiative d'une exposition collective consacrée au travail des femmes membres de la coopérative. Elle qui veut échapper à l'étiquette réductrice de "femme photographe" se résout à mettre en lumière ses consœurs face à une situation de sous-représentation chronique. Elle ne se décrit pas comme une "féministe radicale", mais s'inquiète des "problèmes et des inégalités inhérents à la

1- Voir, du même auteur, *Histoire de l'agence Magnum. L'art d'être photographe*, Flammarion, Paris, 2017.

2- Barry von Bellow, "Eve's pictures tell the honest story", *The Star*, 23 novembre 1977, Eve Arnold Papers, Yale Collection of American Literature, Beinecke Rare Book and Manuscript Library, ci-après Eve Arnold Papers, boîte 1, correspondance des années 1970 (5/5). Pour les citations originales, se reporter à la version anglaise de ce texte.

3- Réponses d'Eve Arnold à des questions de Susan Meiselas, 22 octobre 2002, Eve Arnold Papers, boîte 14, "Writings by Eve".

4- Barry von Bellow, *op. cit.*

5- Retranscription d'un entretien, *ca.* 1989, Eve Arnold Papers, boîte 13.

6- Susan Meiselas a déjà publié en 1975 avec la fondation Polaroid un guide pour utiliser la photographie en contexte éducatif (*Learn to See: a Sourcebook of Photography Projects by Teachers and Student*, 1975).

7- Entretien avec Susan Meiselas, New York, 23 avril 2018.

8- Avec un prix de vente de 9.95 dollars en version couverture souple et 20 dollars pour l'ouvrage relié. Lettre d'Eve Arnold à Baney Wan, 2 octobre 1976, Eve Arnold Papers, boîte 2, correspondance des années 1970 (2/2).

9- Paul Vitello, "Abigail Heyman, Feminist Photojournalist, Dies at 70", *The New York Times*, 8 juin 2013.

condition féminine[4]". Eve Arnold se préoccupe notamment des écarts de salaire persistants entre les hommes et les femmes, et souligne les difficultés de celles qui doivent gérer de concert leurs vies professionnelle et familiale, un sujet abordé dans son livre[5]. Susan Meiselas et Abigail Heyman, qui n'ont qu'une trentaine d'années, ont quant à elles étudié dans les années 1960 ; marquées par l'essor du féminisme aux États-Unis, elles sont familières des débats sur la place, les représentations et le corps des femmes. Toutes abordent donc leur sujet à partir de leur expérience personnelle, dans un contexte d'effervescence culturelle et politique.

Pour chacune d'entre elles, ces volumes représentent un premier ouvrage personnel consacré à leur seul travail[6]. La publication d'un recueil est une étape importante dans la carrière d'un photographe, gage de prestige et de sérieux qui offre l'occasion d'imposer une signature personnelle. Elles bénéficient d'un tirage conséquent : environ 25 000 exemplaires pour *Carnival Strippers*[7], 30 000 pour *The Unretouched Woman*[8] et plus de 35 000 pour *Growing Up Female*[9]. Le recueil de Susan Meiselas a depuis été réédité dans une version augmentée, et jouit d'une grande reconnaissance. Il est cité comme un modèle du genre de l'essai photographique, exemplaire du regard d'auteur qui s'affirme au cours des années 1970 pour explorer les marges des sociétés occidentales. Eve Arnold fait le choix novateur de mêler couleur et noir et blanc, à une époque où les images couleur n'ont pas bonne réputation, encore trop associées à la publicité ou au sensationnalisme. Abigail Heyman imprime sa marque en optant pour une écriture manuscrite, geste politique qui manifeste l'éclosion d'une voix originale. Chacune des photographes imagine une mise en page élaborée pour construire un récit visuel où mots et images sont étroitement mêlés. Leurs textes retentissent comme autant de voix singulières, des témoignages retranscrits par Susan Meiselas aux récits à la première personne d'Eve Arnold et Abigail Heyman. La subjectivité de ces écrits, loin de verser dans l'anecdotique, fait leur force. Le mot d'ordre féministe est passé par là : "Le personnel est politique." Ces témoignages ne sont pas négligeables, ils ont une portée collective car ils expriment des expériences vécues. Chaque prise de parole est une prise de pouvoir par les mots et par l'image.

Toutes montrent les femmes sous un jour inédit. Leurs objectifs dévoilent des scènes intimes, des femmes qui s'habillent ou se maquillent, des corps nus et sans apprêts. Ces femmes apparaissent dans les moments où elles existent pour elles-mêmes et non pour séduire ou satisfaire une norme. Susan Meiselas accède à un univers clos et secret, traditionnellement associé au fantasme de la pin-up aguichante, et propose des images inattendues, faites d'instants ordinaires et d'amitiés.

Eve Arnold et Abigail Heyman érigent au rang de sujet digne d'intérêt des tâches quotidiennes nécessaires mais rarement représentées, comme le ménage ou les courses. Donner à voir ces activités, c'est leur rendre une existence publique, faire émerger le continent oublié des efforts menés dans l'ombre et sans gratification. Toutes deux documentent également des accouchements, sans éluder la douleur ni l'appareil médical[10] (p. 128-132). Là aussi, elles exposent une expérience commune qui n'est pas pour autant partagée et qui n'a pas d'existence visuelle car elle relève de la sphère privée. Cet intérêt pour la santé rejoint les réflexions des groupes féministes américains, qui veulent donner aux femmes la connaissance de leur propre corps pour les émanciper. Le succès de *Our Bodies, Ourselves*, un recueil sur la santé et la sexualité publié en 1971 par un collectif de Boston, témoigne de l'actualité de ces questions.

Pour faire émerger ces sujets inédits, chacune des photographes adopte une démarche originale. Susan Meiselas et Eve Arnold s'appuient sur un dialogue avec les personnes photographiées, qui participent pleinement à la prise de vue. Eve Arnold définit ainsi ses images comme le fruit d'une

10- En 1973 pour Abigail Heyman, et à plusieurs reprises pour Eve Arnold, qui photographie la naissance de sa nièce en 1952. En 1959, année où elle fait une dépression à la suite d'une fausse couche et une opération de l'appareil reproducteur, elle photographie des accouchements au Mather Hospital de Long Island, près de New York. Le magazine *Life* publie "A Baby's Momentous First Five Minutes", un reportage comprenant l'une de ses images les plus diffusées, où l'on voit les mains d'une mère et de son enfant (p. 24). En 1968, elle documente enfin l'utilisation de la méthode Lamaze pour un accouchement sans douleur à Londres.

11- Eve Arnold dans Geoffrey Baines, *Eve Arnold, The Unretouched Woman*, documentaire de la BBC, 1977.

12- Livre d'or d'une exposition du travail d'Abigail Heyman au Public Theater, New York, 1972, archives privées.

"coopération" : "Lorsque le photographe donne, la personne de l'autre côté de l'appareil donne deux fois plus", résume-t-elle[11]. Abigail Heyman, de son côté, marie images documentaires et autobiographiques, brouillant les genres pour imaginer une écriture hybride, entre analyse sociologique et récit subjectif.

Le manifeste autobiographique d'Abigail Heyman

En 1974, l'année où paraît *Growing Up Female*, Abigail Heyman a trente-deux ans. Elle a déjà exposé son travail au Public Theater de New York deux ans plus tôt et recueilli des réactions éclectiques. Dans le livre d'or de l'exposition, on peut lire des commentaires laudatifs quand à la qualité technique, la beauté, l'intérêt, la portée narrative ou l'humour des images. Certaines remarques les jugent au contraire "trop avant-gardistes", "grotesques", "sentimentales", "insultantes" ou "dépassées"[12].

De nombreux visiteurs notent la dimension féministe du travail, qui révèle par exemple "combien la société a dégradé les femmes", leur "passivité", et suscite le "dégoût quant à l'image de la femme-objet sexuel". Mais, note l'un des commentateurs, ce n'est pas assez : s'il faut "exposer et détruire le conditionnement" des femmes, l'objectif ultime est de s'en libérer pour créer "une exposition qui nous fera nous sentir *bien*". Plusieurs visiteuses apprécient la capacité de la photographe à faire partager l'expérience des femmes. D'autres estiment qu'elle ne montre qu'une partie limitée et réductrice de cette expérience, offrant une vision négative en éludant notamment les femmes qui travaillent et celles qui ne sont pas blanches. Les photographies sont parfois jugées trop "évidentes" dans leur critique, ou au contraire équivoques. Comment résoudre ces contradictions, proposer des images ouvertes aux interprétations sans verser dans l'ambiguïté, inviter à la réflexion sans marteler une leçon trop catégorique ? Comment livrer un portrait assez varié, à la fois critique et constructif ?

L'opus publié deux ans plus tard invente une nouvelle stratégie en combinant cette fois-ci le texte et les images. Abigail Heyman propose ainsi des interrogations très explicites sans pour autant enfermer son propos dans un cadre trop rigide. Elle ménage un suspens, des interstices où peuvent s'engouffrer les réactions de ses lectrices et lecteurs, grâce au choix d'un texte ostensiblement personnel. L'écriture manuscrite souligne cette dimension subjective, avec laquelle les lecteurs peuvent s'identifier ou à l'inverse se distancier.

Son premier projet de couverture révèle combien le recours à une écriture incarnée, recouvrant en partie l'image, permet d'affirmer le geste autobiographique (p. 21). Le titre l'atteste : ce journal sera à la fois intime, genre littéraire associé à l'espace domestique et féminin, et politique, revendication d'une vision féministe. Il doit déconstruire le "devenir femme" *(Growing Up Female),* qui façonne l'existence des petites filles puis des adolescentes, les normes et les codes structurant la société américaine. La photographe reprend en fait le nom d'un documentaire féministe réalisé en 1971[13]. Prenant pour point de départ l'expérience personnelle de six femmes d'âges différents, ce film salué par la critique est largement diffusé dans les groupes de réflexion féministes qu'elle fréquente. Au tout début de son livre, elle confronte deux images illustrant ce "devenir femme" sur un mode décalé. D'un côté, une petite fille se regarde dans le miroir d'une salle de bains, le lavabo encombré de produits cosmétiques ; en face, un autoportrait de la photographe dans la même situation, comme séparée d'elle-même par l'amoncellement des objets du quotidien (p. 12-13). Ni l'une ni l'autre ne sourient, laissant une impression d'incongruité, de cliché raté, loin des poses radieuses du portrait de studio. Cette mise en regard cristallise les décalages qui façonnent ce recueil, entre l'ordinaire et l'absurde, le familier et l'étrange, l'ironie et la tendresse.

13- Réalisé par Julia Reichert et Jim Klein, 53 min.

14- Communiqué de presse de la maison d'édition Alfred A. Knopf, 23 juin 1976, Eve Arnold Papers, boîte 1, correspondance des années 1970 (2/5).

Eve Arnold, l'odyssée d'une reporter

Par comparaison avec ce carnet de bord artisanal, l'ouvrage d'Eve Arnold s'impose comme une somme autobiographique. Au milieu des années 1970, son auteur a déjà une soixantaine d'années. Elle a voyagé dans de nombreux pays, réalisé un film sur les femmes voilées au Moyen-Orient et photographié des personnalités de renom, de Malcolm X à la reine Elisabeth II. Installée à Londres depuis 1963, elle souhaite explorer ses archives, revenir sur sa carrière et publier plusieurs monographies. *The Unretouched Woman* est le premier d'une longue série : tout au long des années 1980 et 1990, elle prépare d'autres opus sur des sujets comme la Chine, les États-Unis, le Royaume-Uni, les années 1950 ou encore Marilyn Monroe. Puisant dans les négatifs accumulés au fil de ses reportages, elle impose sa signature de photographe reconnue et de témoin majeur des évolutions de la deuxième moitié du XXe siècle[14].

En commençant par les femmes, elle choisit un thème riche et varié, représentatif de la diversité de son travail, et, surtout, un sujet qui lui permet de se démarquer. Eve Arnold n'a cessé de photographier les femmes, et elle les a dépeintes avec un regard bien singulier. Le titre de son livre l'annonce : loin des paillettes, des poses formatées et de la mise en scène, elle nous montre des femmes “non retouchées”. Même lorsqu'elle travaillait avec des célébrités, la photographe ne s'est jamais laissé enfermer dans les codes du portrait promotionnel. En studio, elle prenait toujours le temps de composer quelques vues décalées, d'instaurer un dialogue avec son sujet, de rechercher des images plus sincères et personnelles. “J'ai grandi avec les films d'Hollywood et je détestais l'image des femmes qu'ils projetaient”, explique-t-elle. Là-bas, les photographes travaillaient l'éclairage comme s'il s'agissait d'une publicité pour “un paquet de cigarettes”, en mettant en valeur “les yeux, les jambes et la poitrine”, sans jamais donner de vision d'ensemble de la personne, qui se transformait en “produit à vendre”. Les actrices devaient apprendre à se conformer à cette image lisse et photogénique, souvent au prix de nombreux efforts. Dans son reportage sur Joan Crawford, elle dévoile ainsi comment la star d'une cinquantaine d'années passait plusieurs heures à se préparer avant la moindre apparition publique (p. 65-67). Cette dernière accepte de révéler cette face cachée de sa vie d'actrice car “elle voulait montrer combien il était difficile de rester au sommet pendant trente ans. Elle était très courageuse[15]”. Le sport, le maquillage, les crèmes et les soins ne sont pas des activités frivoles, mais un véritable labeur inhérent à l'image scintillante que doivent projeter les célébrités.

Eve Arnold n'hésite pas à juxtaposer les portraits de femmes occidentales apprêtées et ceux de femmes d'autres pays, vêtues de leur costume traditionnel, montrant combien les codes et les coutumes régissent la vie des femmes en société, partout dans le monde. Ces comparaisons s'inscrivent dans l'esprit universaliste et humaniste qui prévalait à ses débuts en photographie, dans les années 1950. Au sortir de la guerre, la photographie est perçue comme un témoignage permettant aux citoyens du monde de mieux se connaître et de se comprendre, révélant une humanité commune par-delà les différences culturelles[16]. Cette optique rend possible la combinaison d'images venues d'horizons très variés, mise en exergue dès la couverture. Celle-ci représente une série de diapositives avec les noms de plusieurs pays. Il était en effet difficile de ne retenir qu'une seule image suffisamment représentative de la diversité du volume. Cette solution graphique invite à deviner la fabrique du projet et la sélection des clichés, soulignant la dimension autobiographique de l'ouvrage[17]. Pour son premier opus, Eve Arnold prend en effet la parole et raconte sa propre histoire.

Cette décision est mûrie dès les premières ébauches du projet. Eve Arnold choisit de combiner texte et photographies, car “en l'absence d'un témoignage personnel affirmé, le livre

15- Eve Arnold dans Geoffrey Baines, *Eve Arnold, The Unretouched Woman*, *op. cit*.

16- L'exposition “The Family of Man”, organisée en 1955 au Museum of Modern Art de New York par Edward Steichen, est exemplaire de cette approche. Une image d'Eve Arnold faisait partie de l'accrochage.

17- Lettre de Robert Gottlieb à Eve Arnold, 6 avril 1976, Eve Arnold Papers, boîte 1, correspondance des années 1970 (1/5).

pourrait se transformer en simple catalogue d'images". Influencée par ses années de reporter, elle éprouve l'importance de l'écrit et souhaite proposer des séries narratives s'appuyant sur des légendes en parallèle des images isolées, qui fonctionnent indépendamment. "Je sais qu'il est à la mode pour les photographes de penser que leurs images n'ont pas besoin de mots, et même si je suis d'accord pour dire qu'une photographie puissante se passe d'explications, cela peut être un plus lorsque le lecteur se sent invité à découvrir les coulisses de la prise de vue avec le photographe." Certains s'imaginent les reporters comme des "voyeurs", des "historiens de la société" ou encore de "grands aventuriers" : "C'est peut-être un peu de tout cela, écrit Eve Arnold. Je n'en suis pas sûre, et je préférerais ne pas être cataloguée. Je souhaiterais prendre le lecteur avec moi pour lui permettre de se faire sa propre idée[18]." L'écriture personnelle apparaît en outre comme l'unique façon de relier de façon intime les deux thèmes du recueil, les femmes et la photographie[19]. L'autobiographie finit par s'imposer comme une évidence car "mes photographies sont vraiment moi-même", conclut-elle[20].

Pour autant, "les photographies doivent dicter la forme[21]", et tout commence donc par le séquençage visuel, qui se fait indépendamment du texte[22]. Au printemps 1975, elle effectue de nombreux tirages dans un studio de fortune installé dans son salon[23]. Abandonnant l'idée de travailler avec un laboratoire extérieur, elle se charge elle-même de ce travail pour obtenir la qualité souhaitée et "pour faire le livre au fil des tirages, en ajoutant et soustrayant et en formant des idées", une méthode tout à la fois "gratifiante et épuisante[24]". Ce "voyage à l'intérieur de mon propre travail et de moi-même" est "à la fois difficile et exaltant", explique-t-elle[25]. Elle rencontre des phases de stagnation, "une situation à la Alice au Pays des Merveilles qui consiste à avancer deux fois plus vite tout en restant à la même place[26]". Même si elle racontera "avoir des sueurs froides" à la simple pensée d'écrire[27], elle s'attelle dans un second temps à cette tâche difficile, cherchant le bon ton : "Je ne voulais pas

18- Lettre d'Eve Arnold à Tony Mathews, 27 février 1974, Eve Arnold Papers, boîte 2, correspondance des années 1970 (2/2).

19- Lettre d'Eve Arnold à Glades, 20 novembre 1975, Eve Arnold Papers, boîte 2, correspondance des années 1970 (2/2).

20- Lettre d'Eve Arnold à Lillian Weitzner, 15 janvier 1975, Eve Arnold Papers, boîte 2, correspondance des années 1970 (2/2).

21- Lettre d'Eve Arnold à Tony Mathews, *op. cit.*

22- Lettre du 27 novembre 1975, destinataire inconnu, Eve Arnold Papers, boîte 2, correspondance des années 1970 (2/2).

23- Lettre d'Eve Arnold à Marcia, 21 mars 1975, Eve Arnold Papers, boîte 2, correspondance des années 1970 (2/2).

24- Lettre d'Eve Arnold à Gladys, 21 mars 1975, Eve Arnold Papers, boîte 2, correspondance des années 1970 (2/2).

25- Lettre d'Eve Arnold à Humphrey Burton, 13 juin 1975, Eve Arnold Papers, boîte 1, correspondance des années 1970 (4/5).

26- Lettre d'Eve Arnold à Glades, 7 septembre 1975, Eve Arnold Papers, boîte 1, correspondance des années 1970 (3/5).

27- Lettre d'Eve Arnold à Lee Jones, 7 mai 1977, Eve Arnold Papers, boîte 1, correspondance des années 1970 (2/5).

paraître vantarde ni petite fleur fragile, il me fallait trouver une façon de me regarder qui ne me mettrait pas mal à l'aise[28]."

Eve Arnold peut compter sur le soutien de son éditeur et ami proche, Robert Gottlieb, président de la maison new-yorkaise Alfred A. Knopf, et obtient un résultat dont elle se dit fière et qui suscite l'enthousiasme de ses amis. Elle doit pourtant encore faire face à un retard dans l'impression du livre, les formules des encres allant jusqu'à être perdues en chemin. Finalement, l'imprimeur choisit de faire de cet opus un modèle exemplaire de son travail à montrer à ses clients et donc de concentrer tous ses efforts sur le projet, sauvant la mise de la photographe[29].

Une dernière épreuve l'attend, la réalisation par la BBC d'un documentaire sur son travail, qui lui impose des conditions d'exercice pour le moins inhabituelles. "Une équipe de cinq hommes me filme de toutes parts en gros plan, raconte-t-elle, avec des lumières éclatantes, on me colle un micro de la taille d'un énorme pénis, et moi je suis censée faire ma photographie intime : je dois paraître discrète et effacée, fabriquant de petits chefs-d'œuvre[30]." Eve Arnold n'apprécie pas de se retrouver de l'autre côté de l'objectif, où elle se dit "coincée entre mon inhibition et mon envie de diriger le film moi-même[31]".

Le documentaire permet néanmoins de faire la publicité de l'ouvrage, dont la publication est bien relayée dans la presse. En 1977, le magazine sud-africain *Fair Lady* publie ainsi un portfolio d'images qui en sont tirées. Parmi celles-ci, l'actrice Vanessa Redgrave en train de s'habiller sur un tournage, de dos. Le magazine est censuré à cause de cette nudité, créant le débat. Pour Eve Arnold, cette décision est d'autant plus "stupide" que ses images d'enfants sud-africains dénutris, d'une obscénité bien plus réelle selon elle, n'ont suscité aucune réaction, alors qu'il s'agit là d'un véritable problème pour l'ensemble du pays[32]. Cette controverse, finalement, alimente l'intérêt pour son travail.

28- Lettre d'Eve Arnold à Glades, 20 novembre 1975, *op. cit.*

29- Lettre d'Eve Arnold à Baney Wan, *op. cit.*

30- Lettre d'Eve Arnold à Gertrude, 7 juin 1976, Eve Arnold Papers, boîte 2, correspondance des années 1970 (2/2).

31- Lettre d'Eve Arnold à Wendy, 5 mai 1976, Eve Arnold Papers, boîte 2, correspondance des années 1970 (2/2).

32- Lettre d'Eve Arnold à John, 20 novembre 1977, Eve Arnold Papers, boîte 1, correspondance des années 1970 (5/5).

33- D'après la légende du site de l'agence Magnum.

34- Lettre de Shari Carroll à Eve Arnold, 30 août 1979, Eve Arnold Papers, boîte 2, correspondance des années 1970 (2/2).

35- Lettre de B. Kurtz à Eve Arnold, 26 mai 1977, Eve Arnold Papers, boîte 1, correspondance des années 1970 (2/5).

36- Lettre d'Eve Arnold à B. Kurtz, 26 juin 1977, Eve Arnold Papers, boîte 1, correspondance des années 1970 (2/5).

D'autres images du livre font polémique : celles dépeignant une cérémonie de mariage lesbien à Londres en 1965. Le mariage des personnes de même sexe n'est officiellement autorisé au Royaume-Uni qu'en 2013, il s'agit donc d'un rituel symbolique. Deux femmes fouettent un homme allongé au sol parce qu'il a "insulté" l'une d'entre elles "en tombant amoureux d'elle[33]". Cette offense appelle une "punition" qui passe par "se faire marcher sur le ventre avec de hauts talons". Cette histoire surprenante évoque un jeu sadomasochiste et fait l'amalgame entre homosexualité féminine et haine des hommes, renvoyant une vision biaisée et réductrice. Elle suscite la colère d'une lectrice qui dénonce un "portrait très négatif et erroné" des communautés lesbiennes, renforçant les "stéréotypes" contre lesquels elles luttent[34].

Eve Arnold reçoit néanmoins des commentaires enthousiastes de certains lecteurs pour le reste de son ouvrage. Une travailleuse sociale lui raconte ainsi l'avoir utilisé pour dialoguer avec des patientes souffrant de difficultés psychologiques : l'une d'entre elles, "commença grâce au livre et pour la première fois à vraiment comprendre ce qui lui arrivait en tant que femme sans pouvoir[35]". Pour la photographe, "le fait de savoir que mon travail a touché des gens donne toute sa valeur à l'entreprise", en particulier lorsqu'il s'agit d'inconnus[36]. Cette expérience l'encourage à s'engager dans d'autres projets de publication. Le recueil publié la même année par Susan Meiselas va jouer un rôle comparable de moteur dans la carrière de la photographe, lui gagnant l'estime des membres de Magnum et lui permettant de s'imposer dans le monde professionnel de la photographie.

Susan Meiselas, polyphonies du strip-tease forain

Susan Meiselas commence à s'intéresser au monde des fêtes foraines itinérantes en 1972, alors qu'elle n'a que vingt-quatre ans. Elle découvre cet univers à la faveur d'un voyage avec son compagnon, le cinéaste et documentariste Richard P. Rogers. Elle est intriguée par les expériences des strip-teaseuses, qui font écho aux débats féministes de l'époque et à ses interrogations sur son propre positionnement de femme[37]. Elle qui s'habille plutôt comme un garçon manqué est fascinée par leur assurance sur scène. Elle est aussi marquée par la différence de classe qui la sépare de ces femmes de milieu modeste. Ces dernières reconnaissent qu'elles sont exploitées mais voient dans ce travail une étape pour atteindre leurs propres objectifs, comme Ginger, qui veut poursuivre ses études à l'université[38]. Susan Meiselas passe du temps avec les strip-teaseuses, gagne leur confiance et tisse des liens d'amitié avec certaines d'entre elles, photographiant leurs numéros et leur vie en coulisse. Dès 1972, elle utilise une centaine de rouleaux de négatifs et continue à un rythme comparable jusqu'en 1975[39]. Elle va jusqu'à se déguiser en homme pour photographier la scène du point de vue des spectateurs et, à une occasion, elle monte sur scène, vêtue d'un simple imperméable, qu'elle ouvre quelques instants face au public[40]. Elle vit ainsi une fraction du quotidien des strip-teaseuses et gagne un peu plus leur estime.

La saison des fêtes foraines s'interrompt l'hiver, ce qui lui permet de mener d'autres projets. Entre 1972 et 1974, elle travaille avec la fondation Polaroid et expérimente l'utilisation de la photographie à des fins éducatives, publiant un manuel sur le sujet et conseillant des écoles publiques de New York. Elle est ensuite artiste invitée en Caroline du Sud, où elle enseigne la photographie dans des communautés rurales, avec lesquelles elle réalise une série de portraits et une exposition sur la ville de Lando. Ces projets hybrides, entre documentation, reportage et ethnographie, font de l'image un outil pour échanger et dialoguer avec les personnes rencontrées, une approche qu'elle adopte également pour le strip-tease forain. Chaque semaine, elle développe ses négatifs et montre ses planches-contacts aux strip-teaseuses pour recueillir leur avis[41]. À leur demande, elle réalise des portraits à la chambre, qu'elles sélectionnent pour les

37- Entretien avec Susan Meiselas, New York, 23 avril 2018.

38- Susan Meiselas, entretien avec Kristen Lubben, *In History* (voir bibliographie), p. 15.

39- Quatre-vingt-neuf rouleaux en 1973, 124 en 1974 et 74 en 1975.

40- Sylvia Wolf, "Behind the Ballyhoo", *in* Susan Meiselas, *Carnival Strippers*, 2003 (voir bibliographie), p. 146 et 148.

41- *En première ligne* (voir bibliographie), p. 22-27.

conserver ou les offrir à leurs proches[42]. Elle enregistre enfin des heures de témoignages audio, retranscrits et envoyés aux strip-teaseuses, qui les éditent et les amendent. Dans un enregistrement, l'une d'entre elles commente par exemple une série d'images : "Il faut que tu mettes cette photo quoi qu'il arrive, c'est génial, c'est excellent. [...] Je me demande ce que veut dire l'expression de mon visage[43]."

Les photographies sont montrées pour la première fois au public dans le cadre d'une exposition collective près de Boston en 1974[44]. S'ensuit une série d'expositions associant photographies et extraits sonores ou citations écrites[45]. En 1975, une critique note que cette présentation marie "les questions sociopolitiques du féminisme et la fascination voyeuriste pour ce que l'on n'est pas censé voir, réussissant cette combinaison dans une atmosphère générale pleine d'affection pour les êtres humains". Loin du sensationnalisme, ce travail révèle "la contradiction entre l'exploitation et le glamour, la jubilation surhumaine de la scène et la marchandisation inhumaine de la chair[46]".

Susan Meiselas s'engage ensuite dans la préparation de son livre, menant un travail de sélection des textes et des images titanesque, toujours en collaboration avec les strip-teaseuses. Elle utilise des fiches cartonnées pour organiser les témoignages et tisser un "récit parallèle" à celui des photographies[47] (p. 131). L'objectif est de donner la parole aux strip-teaseuses : "Je défends la dignité des femmes impliquées, explique-t-elle. Elles ont dû prendre des décisions difficiles. C'est facile de les voir comme des personnes mauvaises qui ne se respectent pas ; mais elles sont véritablement engagées dans une lutte pour changer leurs vies. [...] Une femme m'a dit qu'elle ne voyait pas la différence entre être strip-teaseuse et femme au foyer[48]." Cette comparaison rappelle les termes des débats féministes. Les activistes dénoncent la marchandisation du corps des femmes-objets, de la prostitution à la réclame publicitaire, mais aussi l'enfermement des femmes

42- Entretien avec Susan Meiselas, New York, 23 avril 2018.

43- Retranscription d'un enregistrement audio, "Lena with Caroline (mother) looking at photos", 15 janvier 1974, archives de Susan Meiselas.

44- "Daredevils and showgirls", exposition au Brockton Art Center, 23 mai-7 juillet 1974 ; critique de Deac Rossell, "People – for the record", *The Boston Globe*, 4 juin 1974, p. 20. Une série d'images de Richard P. Rogers montre un homme jouant dans un spectacle de moto acrobatique et Susan Meiselas présente les photographies de la strip-teaseuse avec laquelle il a une histoire. Sont également exposées les photographies de Roswell Angier sur les spectacles de strip-tease de Boston et de Mark Silber sur des courses de moto.

45- Parmi les premières expositions, on peut citer : "Carnival Strippers", Cepa Gallery, juin 1975 ; "Wellesley Conference on Women in the Arts", Wellesley College, 15-17 octobre 1976 ; "Susan Meiselas: Carnival Strippers", AM Sachs Gallery, New York, 30 octobre-24 novembre 1976 ; Washington Project for the Arts (WPA), 1977 ; Canon Photo Gallery, Genève, février 1978 ; Marcuse Pfeifer Gallery, Philadelphie, 1979. Également (dates inconnues) : Maison de la Photographie de Chalon-sur-Saône ; Galerie 218, Memphis, Tennessee.

46- "Carnival Strippers: A Very Human Essay", *Buffalo Evening News*, 4 juin 1975.

47- Entretien avec Susan Meiselas, New York, 23 avril 2018.

48- "Carnie' art", *Photography*, décembre 1976.

dans la sphère domestique et leur dépendance financière envers leurs maris.

Dans les années 1970, le monde des fêtes foraines, qui attire 85 millions de visiteurs par an, intéresse aussi les sociologues, qui y voient un univers régi par des codes et un langage propres[49]. Les spectacles de strip-tease fascinent car ils sont entourés d'une aura de tabou et de mystère : il est interdit de les photographier et seuls les hommes peuvent y accéder. La presse locale attise cette curiosité, comme en 1973 lorsqu'un journal envoie une femme reporter déguisée en homme pour raconter ce qui se trame sous ces tentes bien gardées, jouant la carte de l'exclusivité[50]. Les journalistes se font aussi l'écho des controverses entourant ces spectacles, parfois fermés par les autorités locales. En 1975, un article décrit ainsi sous un jour très positif le quotidien des strip-teaseuses, peut-être pour défendre le maintien de leur activité : elles sont "parfois empoignées par des spectateurs trop zélés, mais cela ne les gêne pas. Elles disent qu'elles peuvent gérer la situation, et il semble que ce soit le cas. Elles aiment se produire, et si elles reconnaissent que les hommes viennent là pour voir des femmes nues, elles pensent aussi que si elles font un bon numéro cela sera apprécié[51]". Même s'ils comptent leurs adeptes et leurs défenseurs, les spectacles de strip-tease forain disparaissent à la fin des années 1970, à la suite des interdictions et de la concurrence des cassettes pornographiques[52].

Le livre de Susan Meiselas, publié au début de leur déclin, marque par sa franchise et sa brutalité, loin des clichés romancés et de la séduction. Il se différencie ainsi, notent plusieurs critiques, d'un autre ouvrage de photographie publié la même année par Roswell Angier, qui travaille sur un quartier de Boston connu pour ses spectacles d'effeuillage[53]. Le regard "lisse" du photographe "dégrade ses sujets, clairement et simplement". Il montre les femmes "comme si elles étaient toujours en scène", posant sous son flash "voyeur", là où Susan Meiselas travaille en

49- En 1973, le *Journal of Popular Culture* consacre un numéro spécial au sujet, cité dans "The Carnie and the Mark", *Time*, 28 mai 1973, p. 86-88.

50- Nan Byam, "Woman Reporter Disguised as Man Sees 'Girlie Show'", *Rutland Daily Herald*, 20 septembre 1973, p. 8.

51- Richard W. Griffith, "Fair Strippers Converse, Naked Truth Is Revealed", *Rutland Daily Herald*, 6 septembre 1975, p. 9.

52- Sur les transformations de l'imagerie pornographique, voir Deirdre English, "Stripped Bare: Nude Girls and Naked Truths", *in* Susan Meiselas, *Carnival Strippers*, *op. cit.*, p. 153-159 ; Rachel Shteir, *Strip-tease. The Untold History of the Girlie Show*, Oxford University Press, Oxford, 2004.

53- *A Kind of Life: Conversations in the Combat Zone*, Addison House, Danbury, 1976.

lumière naturelle[54]. Cette dernière propose des images plus intimes, “mal dégrossies, tactiles”, “au grain prononcé, floues, impressionnistes et, curieusement, extrêmement personnelles”. Un journaliste s’interroge : “Le point de vue de femme de Susan Meiselas lui donne-t-elle une empathie intuitive qu’Angier ne peut posséder[55] ?”

Ce point de vue ne convainc néanmoins pas tous les lecteurs. L’un d’entre eux tranche avec mépris, estimant étrangement qu’il maîtrise mieux le sujet que la photographe : “Je ne lui tiens pas rigueur du fait qu’elle est une femme, dans le sens où cela pourrait être vu comme un atout lorsque l’on travaille en coulisse avec des femmes qui sont souvent nues. Mais le fait qu’elle a eu accès à des espaces qu’un homme aurait eu des difficultés à explorer n’apporte rien de spécial ni de nouveau.” D’après lui, son travail confirme “ce à quoi l’on pouvait s’attendre” : “la vulgarité du style musée des horreurs et cirque aux animaux”, la “solitude” de ces femmes, “l’ennui et la langueur de leur spectacle et de leurs clients[56]”. Une autre critique déplore la “tristesse infinie” du sujet, car la photographe a “délimité sa recherche à ce qu’il y a de plus minable dans le genre[57]”. Ailleurs, on relève les conséquences de la “misère sexuelle qui sévit” aux États-Unis, “face à l’avilissement qui l’atteint dans tout son être, le désespoir, le suicide, la drogue, l’alcool… constituent bien souvent le seul refuge de la strip-teaseuse[58]”. Pour *Le Nouvel Observateur*, Susan Meiselas fait le portrait d’“effeuilleuses pathétiques[59]”. Dénuées de toute aura de glamour et de séduction, ses photographies paraissent sordides, voire insupportables. Le magazine pornographique *Screw* avertit ses lecteurs qu’ils ne trouveront pas dans ces pages d’images excitantes, même si ce livre au “réalisme poignant” peut “susciter une sensation à la fois lubrique et érotique[60]”.

Les lectures misérabilistes de *Carnival Strippers*, cependant, ne font pas l’unanimité. Le jugement moral qui enferme le sujet dans les ruines de la désolation est d’abord une projection de certains

54- Charles Sawyer, *“Photography books in brief”*, non daté.

55- *Art Direction*, date inconnue, p. 76

56- *Photo Review. A Critical Newsletter Published by the Midtown Gallery Edited by Larry Siegel*, vol. I, n° 4, octobre 1976, p. 3.

57- “Aux cimaises genevoises. Images d’un univers affligeant”, *Tribune de Genève*, 6 février 1978, p. 11.

58- Abel-Marc Xénar, “Le monde sordide du strip-tease forain. Une enquête de Susan Meiselas, photographe anglaise”, *Rouge*, n° 315, p. 11.

59- *Le Nouvel Observateur*, 11 avril 1977, p. 14.

60- “Chilly Carny Con”, *Screw*, 17 janvier 1977.

lecteurs. Parcourant ces pages à travers le prisme de leurs propres préjugés, ils sont aveugles à la singularité des récits retranscrits. Mais pour d'autres, ce recueil a le mérite de dévoiler la réalité de "l'exploitation sexuelle[61]" *(sexploitation)*. Là où l'activité des strip-teaseuses n'est traditionnellement pas perçue comme un travail honnête, Susan Meiselas montre que ces femmes – "après tout, qui nous ressemblent beaucoup, des êtres humains avec leurs vertus et leurs fautes" – sont méprisées et ignorées car elles n'ont pas emprunté un chemin respectable. Elle livre un portrait divers et nuancé, "mélange de frustration et de désespoir, de gaieté et de joie, de résignation et de conviction inflexible[62]", "de bravade et d'amertume[63]".

L'ouvrage résonne en effet des voix singulières des femmes photographiées, dont l'épaisseur dépasse largement le drame "pathétique" retenu par certains critiques. Cette polyphonie se prête tout particulièrement à la transposition théâtrale. Dès 1977, plusieurs photographies sont utilisées dans une pièce de théâtre documentaire et immersif reprenant *Hello from Bertha*, un texte de Tennessee William sur une prostituée. Une critique remarque que, "loin de pontifier, elles paraissent souvent déroutantes faute d'adhérer à une ligne politique". Comme le livre de Susan Meiselas, cette pièce abandonne toute forme de "patine glamour ou de pathos" pour jeter un nouveau regard sur le quotidien des femmes[64]. Deux autres projets, cette fois-ci en France, s'inspireront directement des textes retranscrits par la photographe. Le premier d'entre eux, au milieu des années 1980, n'aboutit pas, mais une pièce est créée en 1991 par une jeune troupe à Belleville[65]. Paradoxalement, les strip-teaseuses, qui pour certaines rêvaient de devenir actrices ou comédiennes, voient leur destin incarné sur les planches respectables du théâtre contemporain.

Après la publication du recueil, Susan Meiselas et Richard P. Rogers souhaitent réaliser un film sur le strip-tease forain qui serait centré sur le personnage de Frenchie Davis, un gérant de

61- Maggie Berkvist, *"Meiselas: 'Carnival Strippers'"*, *Photograph*, vol. 1, n° 3, 1977.

62- Critique d'Yvette E. Benedeck, *Popular Photography*, novembre 1977.

63- Maggie Berkvist, *op. cit.*

64- Ann-Sargent Wooster, *"1 Out of 83 Women: Prostitution Won't Go Away", The Soho Weekly News*, 23 juin 1977.

65- Projet de Francis Auvray et de l'actrice Ophélie Soutra en 1986 ; la troupe Sentimental Bourreau, composée de Sylvain Cartigny, Mathieu Bauer, Joachim Lartajet, Martin Selze, Julien Bureau, Judith Henry, Judith Depaule, Laurence Hartenstein et François Delaive, présente un "strip-tease forain" dans "un cinéma pourri de Belleville", "Suzanne par Issy, Sentimental par là", *Libération*, 15 février 1991.

spectacle. Leur but est de refléter “les difficultés, la misère et les rêves entravés qui sous-tendent la bravade, l’ostentation et les paillettes[66]”. Le projet évolue ensuite pour aborder “la recherche d’indépendance” des strip-teaseuses, mais il ne voit pas le jour[67]. Le déplacement du propos, néanmoins, reflète le parti pris de Susan Meiselas, qui s’intéresse d’abord aux strip-teaseuses en tant que personnes agissantes, capables de prendre la parole et de s’exprimer pour elles-mêmes.

***

Par-delà leurs différences, ces livres offrent des regards nouveaux sur les femmes, leur corps et ses représentations, ouvrant des questions qui sont encore aujourd’hui d’une grande actualité. Comment se transmettent, se transforment et s’incarnent les normes et les stéréotypes changeants qui définissent le “féminin” ? Comment dénoncer les carcans entravant les femmes tout en proposant des voies alternatives ? Comment exposer les rouages de la discrimination sans verser dans le fatalisme ? Comment trouver sa place lorsque l’on est une femme sans se voir enfermée dans un rôle genré ? Eve Arnold, Abigail Heyman et Susan Meiselas proposent chacune des pistes de réflexion, avec éloquence et franchise, comme autant de voies pour partager des expériences et faire rayonner les mots et les visages des femmes.

66- “The best shot. A documentary film about carnival strippers”, Richard P. Rogers et Susan Clay Meiselas, archives de Susan Meiselas.

67- Lettre de Richard P. Rogers à Christian Blackwood, 4 février 1977.

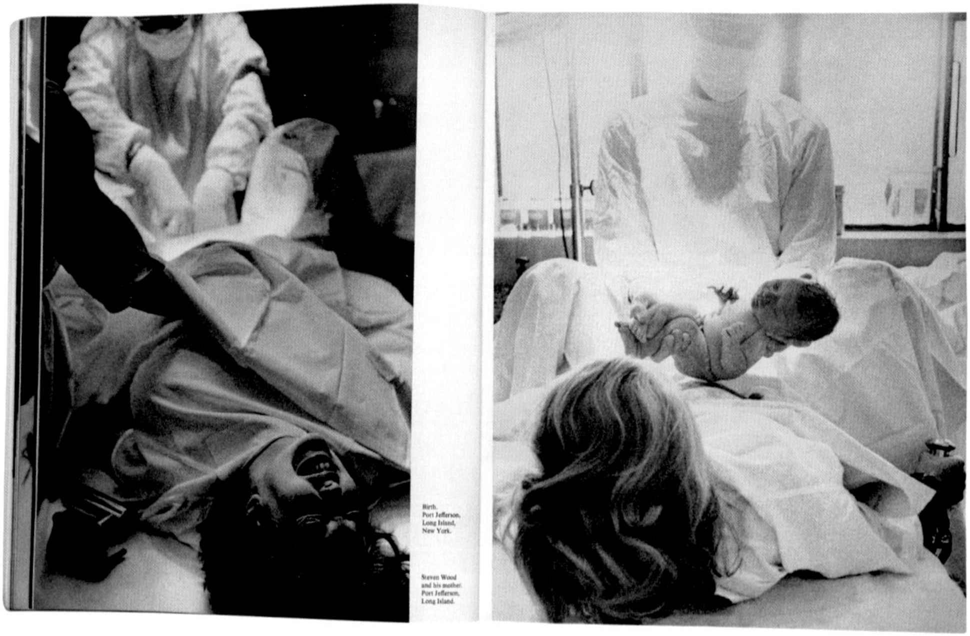

—

Eve Arnold, *The Unretouched Woman*, p. 30-31 : Birth, Long Island, New York [Naissance, Long Island, New York], 1959.

—

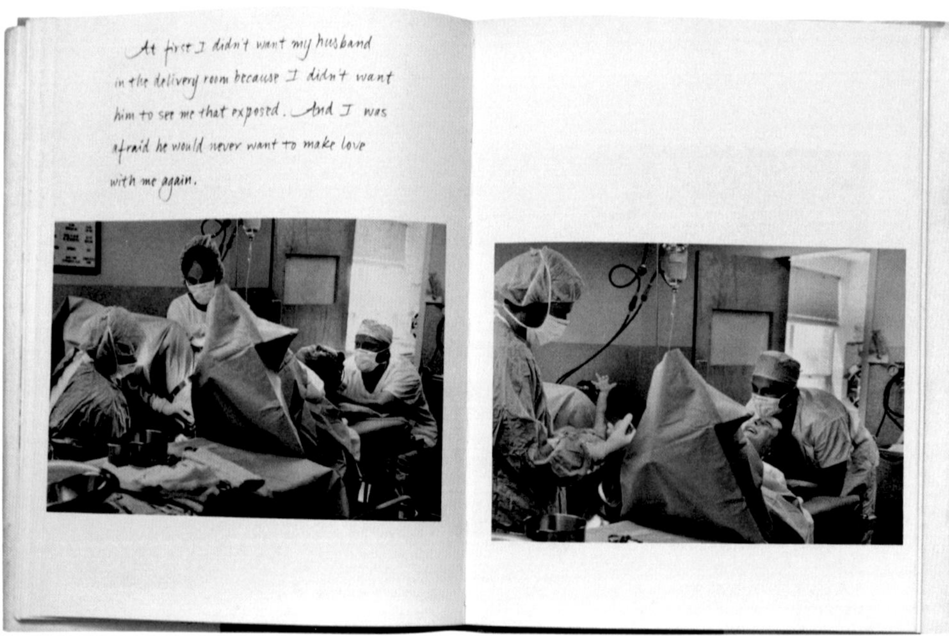

—

Abigail Heyman, *Growing Up Female*, p. 68-69 : Birth [naissance], 1969.

—

["Au début je ne voulais pas que mon mari soit présent dans la salle d'accouchement car je ne voulais pas qu'il me voie si exposée. Et j'avais peur qu'il ne veuille plus jamais faire l'amour avec moi après."]

—

—
Eve Arnold, Contact sheet,
woman in labor
[Planche-contact, accouchement], 1968.
—

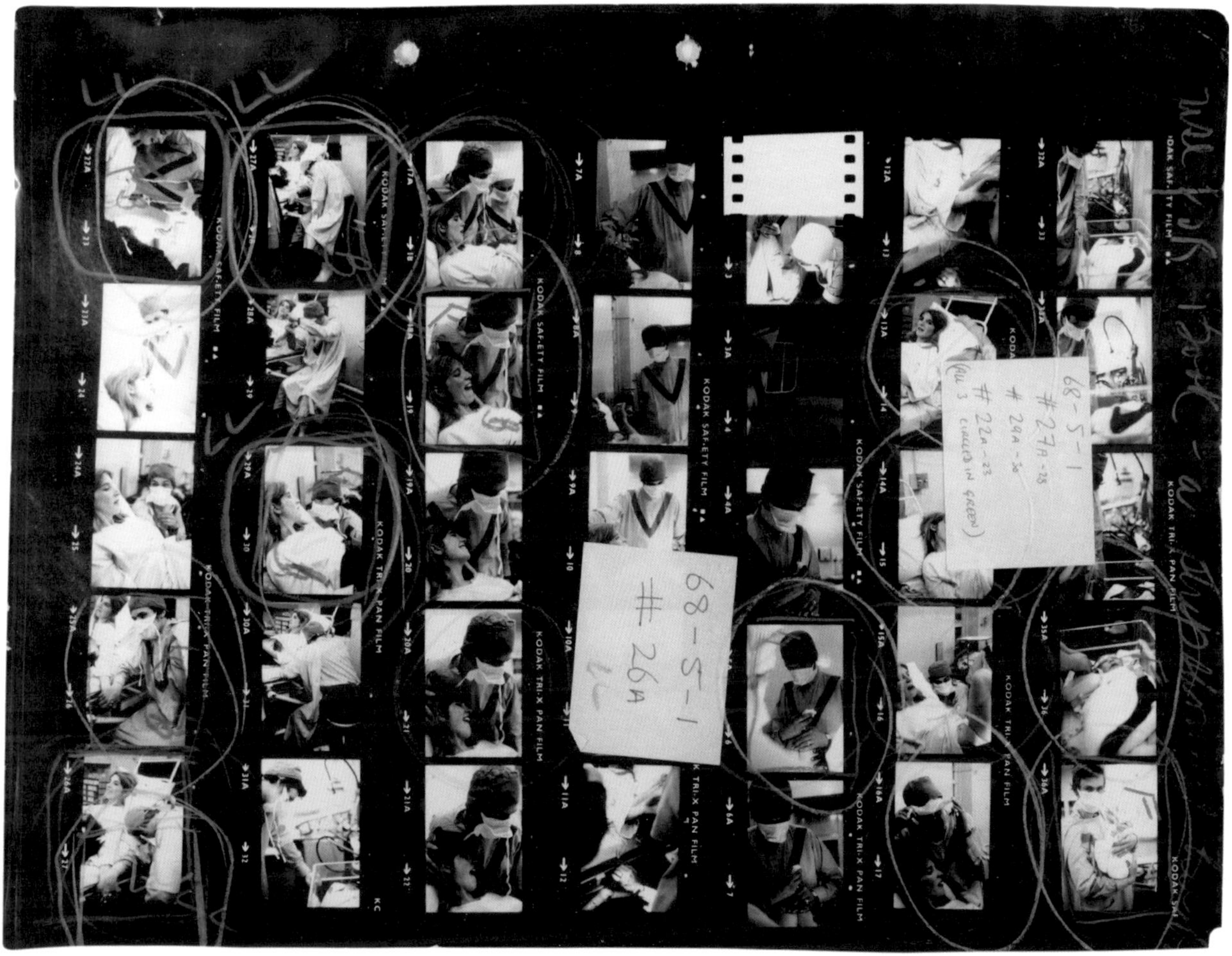

—

Eve Arnold, "The First Five Minutes of a Baby's Life" ["Les cinq premières minutes de la vie d'un bébé"], *Woman's Illustrated*, 23 July 1960.

—

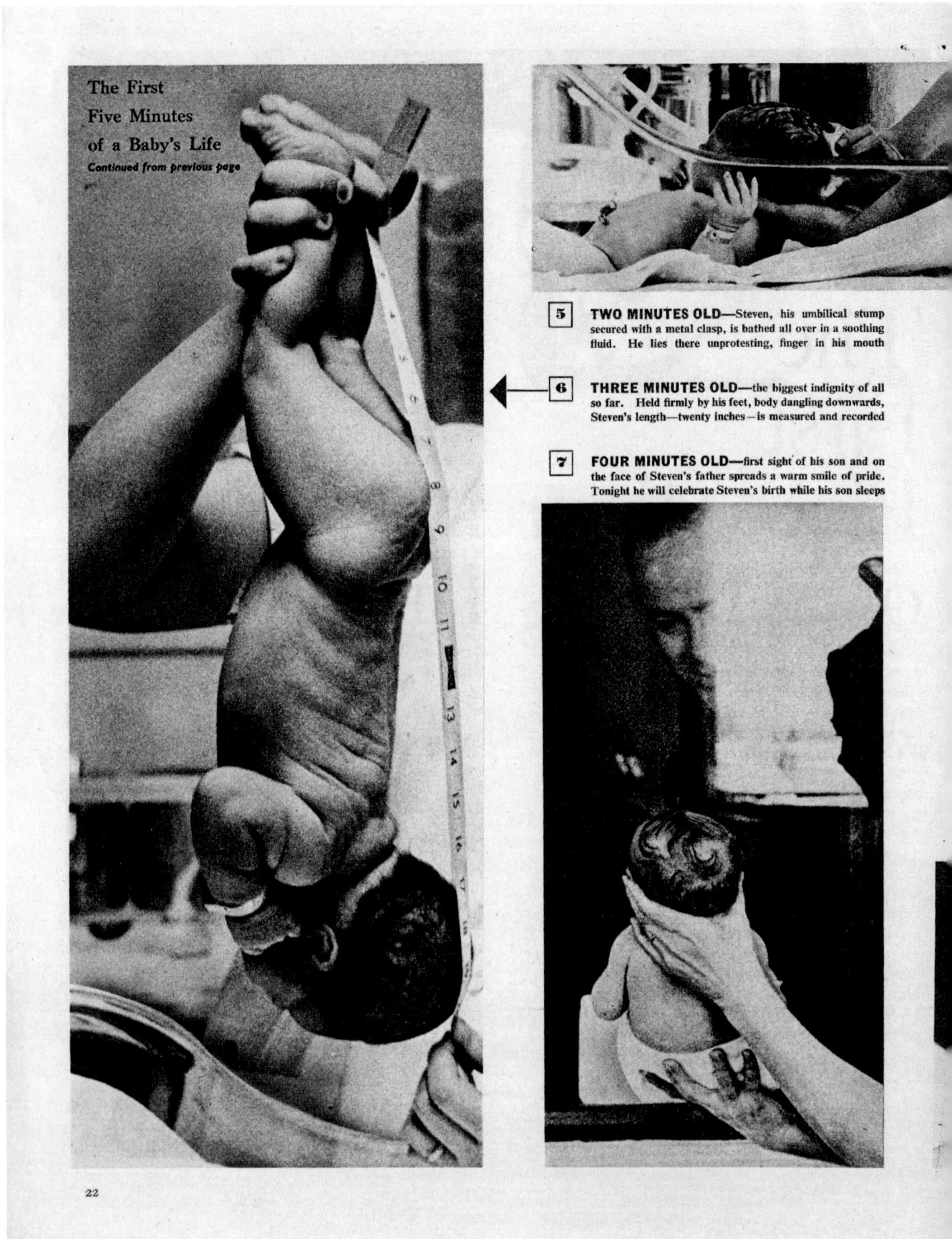

The First Five Minutes of a Baby's Life

Continued from previous page

5 **TWO MINUTES OLD**—Steven, his umbilical stump secured with a metal clasp, is bathed all over in a soothing fluid. He lies there unprotesting, finger in his mouth

6 **THREE MINUTES OLD**—the biggest indignity of all so far. Held firmly by his feet, body dangling downwards, Steven's length—twenty inches—is measured and recorded

7 **FOUR MINUTES OLD**—first sight of his son and on the face of Steven's father spreads a warm smile of pride. Tonight he will celebrate Steven's birth while his son sleeps

22

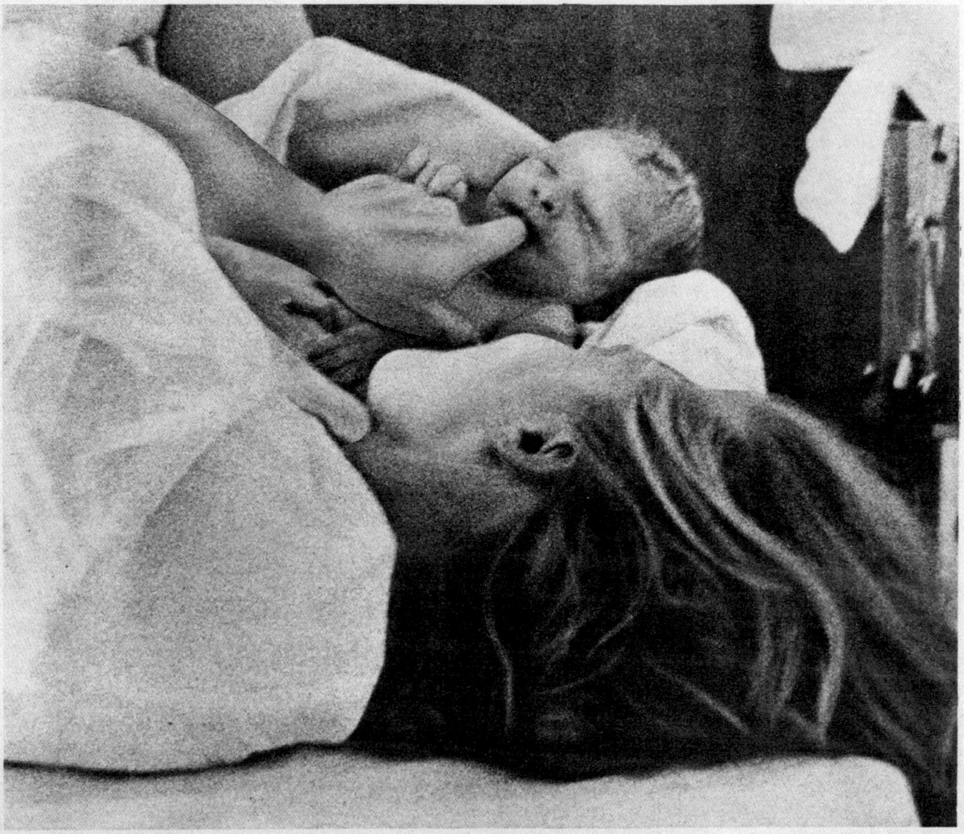

8 **FIVE MINUTES OLD**—Steven lies for the first time in the arms of his mother. There will be many times in their lives when she will hold him in her arms, but she will never forget this moment of joy

Photographs by Eve Arnold

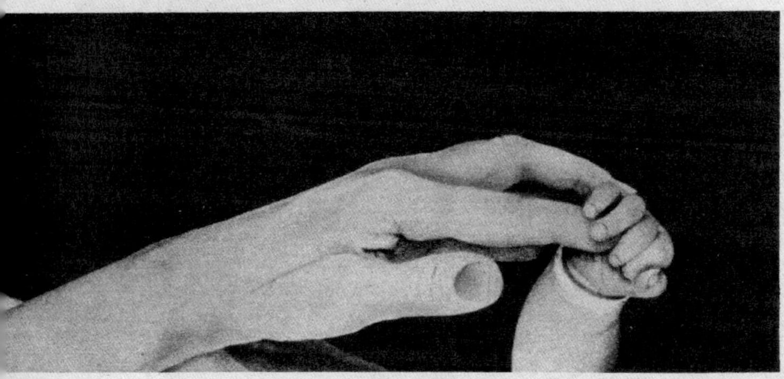

Steven's tiny hand
closes around his
mother's finger
in a gesture
that is timeless

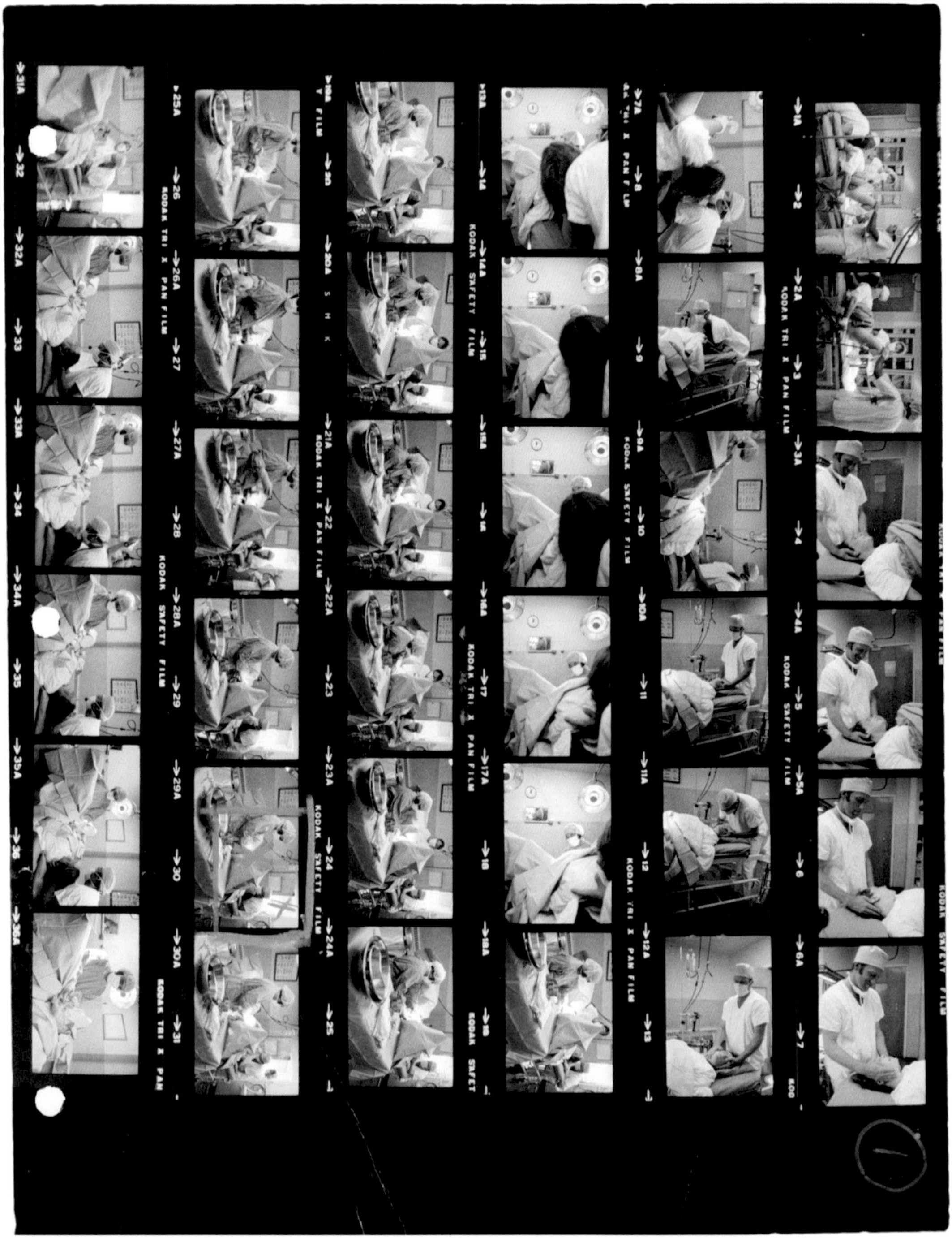

—
Abigail Heyman, Contact sheet, woman in labor
[Planche-contact, accouchement], 1969.
—

—
Susan Meiselas, Index card with a transcript of Lena's testimony, undated
[Fiche cartonnée avec la retranscription du témoignage de Lena, non datée].
—

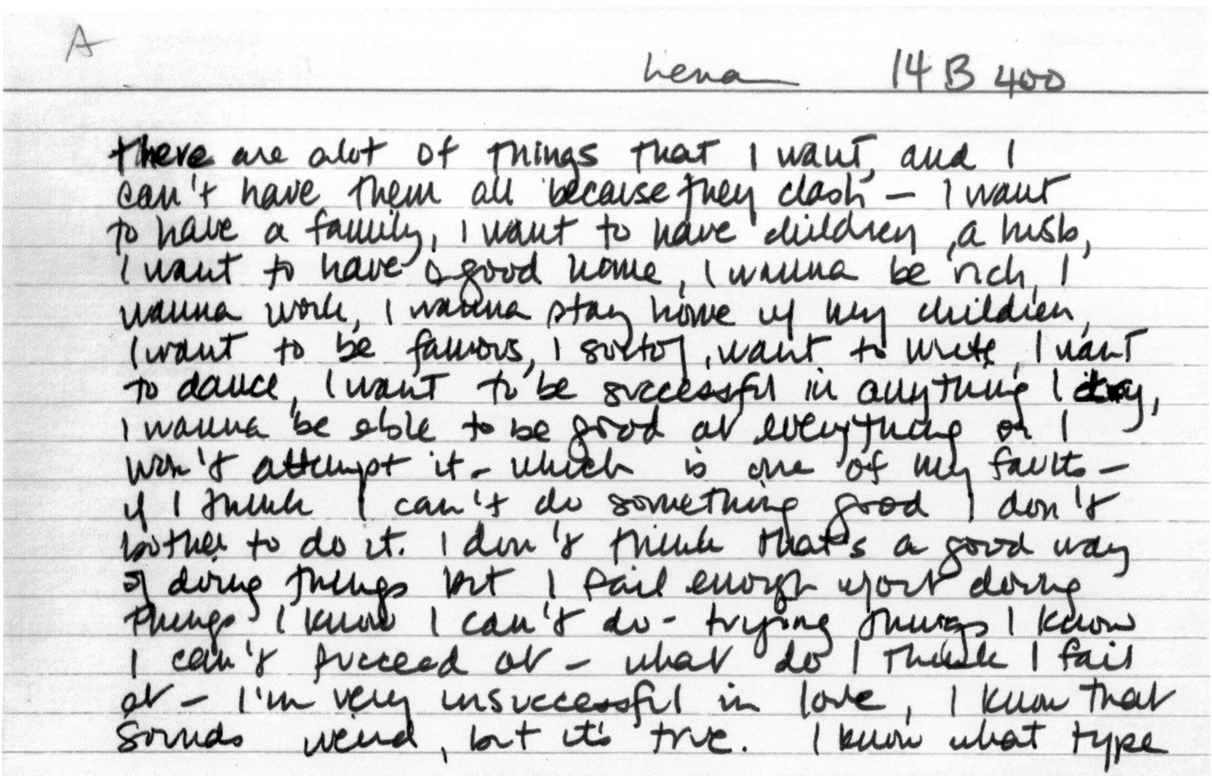
A
Lena 14 B 400

there are alot of things that I want, and I can't have them all because they clash – I want to have a family, I want to have children, a husb, I want to have a good home, I wanna be rich, I wanna work, I wanna stay home w/ my children, I want to be famous, I sort of want to write, I want to dance, I want to be successful in anything I try, I wanna be able to be good at everything or I won't attempt it – which is one of my faults – if I think I can't do something good I don't bother to do it. I don't think that's a good way of doing things but I fail enough w/out doing things I know I can't do – trying things I know I can't succeed at – what do I think I fail at – I'm very unsuccessful in love, I know that sounds weird, but it's true. I know what type

An Image of One's Own
Clara Bouveresse

Eve Arnold, Abigail Heyman and Susan Meiselas all worked with Magnum Photos agency in the 1970s. An associate member since 1951, Eve Arnold was a pioneer, making a name for herself as a photojournalist in a male-dominated field. Abigail Heyman joined Magnum as a nominee in 1974, the year she published *Growing Up Female*. Susan Meiselas entered the prestigious cooperative two years later, thanks to her work on carnival strippers, which impressed her colleagues. For these two young photographers, publishing a book and joining the agency represented a form of "consecration." Eve Arnold, who already had a well-established career behind her, was engaged in a series of retrospective projects. When their respective books were published, Magnum distributed corresponding stories and series of pictures, making them visible in the international press. All three photographers were used to sequencing images, relying on texts and captions to create narratives in the tradition of the photographic essay claimed by their cooperative. Magnum was a school to train one's eye and a place to debate on the professional challenges within photography, where members were expected to develop a personal approach, affirming their subjective vision.

Yet the agency gathered few women and was not spared by machismo, widespread in the field of photojournalism.[1] Its models were male heroes, starting with founding member Robert Capa. "A woman competing with men at the highest level," Eve Arnold regretted being "looked upon as a 'career lady' [when her male colleagues] were not regarded as 'career men.'"[2] She supported other women joining Magnum and campaigned for Susan Meiselas.[3] In 1999, she initiated a collective exhibition dedicated to female members of the cooperative. Even though she sought to avoid the reductive label "woman photographer," she resolved to bring her female colleagues to light in the face of their chronic under-representation. She did not define herself as "a radical feminist," but worried about "the problems and the inequities of being a woman."[4] She felt especially concerned by the persisting wage gap between men and women, and stressed the difficulties

1- Clara Bouveresse, *Histoire de l'agence Magnum. L'art d'être photographe* (Paris: Flammarion, 2017).

2- Barry von Bellow, "Eve's Pictures Tell the Honest Story," *The Star*, November 23, 1977: Eve Arnold Papers, Yale Collection of American Literature, Beinecke Rare Book and Manuscript Library, hereinafter Eve Arnold Papers; box 1, 1970s correspondence (5/5).

3- Eve Arnold's answers to Susan Meiselas questions, October 22, 2002: Eve Arnold Papers, box 14, "Writings by Eve."

4- Von Bellow, "Eve's Pictures Tell the Honest Story."

5- Transcript of an interview, c. 1989, Eve Arnold Papers, box 13.

6- In 1975, Susan Meiselas had already published a guidebook on how to use photography in educational contexts with the Polaroid Foundation (*Learn to See: A Sourcebook of Photography Projects by Teachers and Student*, 1975).

7- Interview with Susan Meiselas, New York, April 23, 2018.

8- With a retail price of $9.95 for the softcover and $20 for the hardcover. Letter from Eve Arnold to Baney Wan, October 2, 1976, Eve Arnold Papers, box 2, 1970s correspondence (2/2).

9- Paul Vitello, "Abigail Heyman, Feminist Photojournalist, Dies at 70," *The New York Times*, June 8, 2013.

of those who had to simultaneously manage their professional and family lives, a topic addressed in her book.[5] Susan Meiselas and Abigail Heyman were in their late twenties and early thirties, they had studied in the 1960s; marked by the spread of feminism in the United States, they were familiar with ongoing debates on women's roles, representations and bodies. They all approached their subject starting from their personal experience, in a context of cultural and political effervescence.

For each of them, these books represented a first personal publication, dedicated solely to their work.[6] Publishing a book was an important step in the career of a photographer, a mark of recognition and professionalism offering the opportunity to define a personal signature. They benefited from substantial print runs: about 25,000 copies for *Carnival Strippers*,[7] 30,000 for *The Unretouched Woman*,[8] and more than 35,000 copies for *Growing Up Female*.[9] Susan Meiselas's opus has since been republished in an extended version, and is recognized as a classic. It is quoted as a model of the genre of the photographic essay and an example of the authorial vision flourishing in the 1970s to explore the margins of Western societies. Eve Arnold made the groundbreaking decision of combining color and black-and-white, at a time when color photographs did not have a good reputation, being too closely associated with advertising and sensationalism. Abigail Heyman left her imprint with the choice of a handwritten text, a political gesture to voice her personal and original insight. Each photographer imagined an elaborate design to build a visual narrative intricately weaving words and pictures. Their texts resonated as many singular voices, from Susan Meiselas's transcribed testimonies to first-person accounts by Eve Arnold and Abigail Heyman. The subjectivity of these writings, far from falling into the anecdotal, gave them strength. The feminist motto was not far: "The personal is political." Instead of being trivial, these testimonies had a collective significance as they expressed genuine experiences. Giving voice to such experiences amounted to an empowerment through words and images.

All three photographers showed women in a new light. Their cameras revealed intimate scenes, women dressing or making up, naked and unadorned bodies. Women appeared in moments when they existed for themselves and not to charm or comply with a norm. Susan Meiselas gained access to an enclosed and secret world, usually associated with the fantasy of tantalizing pin-ups, and offered unexpected pictures, grounded in ordinary moments and friendships.

Eve Arnold and Abigail Heyman transformed into a subject worthy of interest, everyday life tasks that are necessary but rarely represented, such as cleaning and shopping. By showing these activities, they gave them a public existence, enabling the forgotten continent of efforts done in the shadows and with little recognition to come to the surface. They also documented childbirth, eluding neither labor pain nor the medical apparatus.[10] (pp. 128–132) There again, they exposed a common experience that is nonetheless rarely shared and which had no visual existence as it belongs to the private sphere. This interest in health echoed the thinking of American feminist groups, which sought to give women access to the knowledge of their own bodies as a path towards emancipation. The success of *Our Bodies, Ourselves*, a booklet on health and sexuality published in 1971 by a Boston collective, is evidence of the topicality of such questions.

To help reveal these new subjects, each photographer adopted an original approach. Susan Meiselas and Eve Arnold relied on a dialogue with the people they photographed, who fully participated in the shooting process. Eve Arnold thus defined her pictures as the result of a "cooperation": "When the photographer gives, the other person on the other side of the camera gives twice as much and that is quite remarkable."[11] Abigail Heyman, for her part, combined documentary and autobiographic images, blurring the dividing line between both genres to imagine a hybrid essay, in-between the sociological analysis and the subjective account.

10- In 1973 for Abigail Heyman, and in several instances for Eve Arnold, who photographed her niece's birth in 1952. In 1959, when she was suffering depression after a miscarriage and surgery on her reproductive system, she photographed births at the Mather Hospital of Long Island, near New York. *Life* magazine published "A Baby's Momentous First Five Minutes," a story comprising one of her most circulated images, where you can see the hands of a mother and her child (see p. 24). In 1968, she documented the use of the Lamaze method of labor pain management in London.

11- Eve Arnold, in Geoffrey Baines, *Eve Arnold, The Unretouched Woman*, BBC documentary film, 1977.

12- Visitors' book of Abigail Heyman exhibition at the Public Theater, New York, 1972, private archives.

Abigail Heyman's autobiographic manifesto

Abigail Heyman was thirty-two when *Growing Up Female* was published in 1974. She had already exhibited her work at the Public Theater in New York two years earlier, eliciting divergent reactions. The visitors' book included laudatory comments praising the technical quality, beauty, interest, narrative scope or humor of her pictures. Other remarks judged them, on the contrary, "too avant-garde," "grotesque," "sentimental," "insulting" or "outmoded."[12] Many visitors noted the feminist dimension of her work, which revealed for instance "how this society has degraded women," their "passivity," and provoked "disgust at the woman-as-sex-object image." Yet, for one visitor, this was not enough: if one should "expose and destroy conditioning," the ultimate goal was to move forward and create "a photo exhibit that makes us feel *good*." Many visitors appreciated the ability of the photographer to share the experience of women. Others felt she only showed a limited part of this experience, offering a negative vision avoiding working women and those who are not white. Her pictures were sometimes seen as too "obvious" or on the contrary, equivocal. How may such contradictions be resolved, to present images open to interpretations without falling into ambiguity, to encourage critical thinking without hammering categorical lessons? How may a sufficiently diverse portrait emerge, both critical and constructive?

The book, published two years later, invented a new strategy, combining this time text and pictures. Abigail Heyman thus raised meaningful questions without enclosing her approach in too strict a framework. She made room for interstices where readers' reactions may flourish, thanks to an ostensibly personal text. Her handwriting emphasized this subjective stance, letting readers identify with her or on the contrary distance themselves.

Her first cover design revealed how the use of an embodied writing, covering partly the image, helped to assert her autobiographic gesture. The title made a clear statement: this journal would be both intimate, a literary genre associated with the domestic and feminine sphere, and political, claiming a feminist vision. It aimed to deconstruct the feminine destinies shaping the existence of little girls and teenagers, the norms and codes structuring American society. The photographer borrowed the title of a feminist documentary film from 1971.[13] Taking as a starting point the personal experience of six women of different ages, this critically acclaimed film was widely circulated among the feminist groups she participated in. At the beginning of her book, she contrasted two pictures illustrating this "growing up female" in an unexpected way. On one side, a little girl looks at her reflection in the bathroom mirror, the sink cluttered with beauty products; on the other side, a self-portrait of the photographer in the same position, as if she were separated from her own image by the piling up of everyday life objects (pp. 12–13). Neither one nor the other smile, leaving a feeling of incongruity, of a missed shot, far from the beaming poses of studio portraits. This confrontation epitomizes the discrepancies shaping her publication, in-between the ordinary and the absurd, the familiar and the bizarre, irony and tenderness.

13- Directed by Julia Reichert and Jim Klein, 53 min.

Eve Arnold, the odyssey of a reporter

In comparison with this handcrafted logbook, Eve Arnold's opus appears like an autobiographic compendium. In the mid-1970s, she was already in her sixties. She had traveled extensively, made a film on veiled women in the Middle East, and photographed renowned personalities, from Malcolm X to Queen Elizabeth II. Based in London since 1963, she wished to explore her archives, revisit her career and publish several monographs. *The Unretouched Woman* was the first of a long series: throughout the 1980s and 1990s, she prepared other

14- Eve Arnold in Baines, *Eve Arnold, The Unretouched Woman*.

publications on subjects such as China, the United States, Great Britain, the 1950s and Marilyn Monroe. Drawing from the negatives accumulated over the years, she asserted her personal vision as a well-established photographer and major witness of the second half of the twentieth century. Starting with women, she chose a rich and varied theme, doing justice to the diversity of her work and, most importantly, a subject where she would distinguish herself.

Eve Arnold never stopped photographing women, and she pictured them with a most particular stance. The title of her publication left no doubt: far from the glitter, predetermined poses and studio staging, she aimed to show "unretouched" women. Even when working with celebrities, she never allowed herself to be trapped in the codes of promotional portraiture. In the studio, she always took time to capture some unexpected shots, creating a dialogue with her model and seeking more sincere and personal pictures. "I grew up with Hollywood movies and I hated the image of women that they projected," she explained. There, photographers set the lights as if it were an advertisement for "a cigarette pack," highlighting "the eyes, the legs and the breasts," yet "never getting a sense of the person. It was just that commodity that was being sold." Actresses were to comply with this smooth and photogenic image, often at the cost of many efforts. In her story on Joan Crawford, she revealed how the star, then in her fifties, spent many hours grooming herself before any public appearance (pp. 65–67). The actress accepted to unveil this hidden part of her life because "she wanted to show just how difficult it was to stay at the top of that heap for thirty years. She was very courageous."[14] Sport, make-up, creams and treatments are not frivolous activities but an actual toil inherent to the glorious image celebrities must transmit.

Eve Arnold did not hesitate to juxtapose portraits of made-up Western women and those of women from other countries, wearing their traditional costumes, thus exposing how codes and customs hold sway over the lives of women in society, everywhere around the world. Such comparisons were typical of the Universalist and humanist spirit that prevailed when she started her career in the 1950s. After the war, photography was perceived as a testimony enabling citizens of the world to better communicate and understand one another, revealing a shared humanity beyond cultural differences.[15] This perspective allowed for the combination of pictures from various locations, encapsulated on the cover with a series of slides accompanied by country names. It would indeed have proved difficult to select just one photograph representative enough of the diversity of the contents. This graphic solution was also an invitation to imagine the making of the project and the selection process, affirming its autobiographic dimension.[16] Indeed, in her first book, Eve Arnold chose to recount her own story.

She had been mulling over the idea of sharing her testimony from the very start of her project. Combining text and images felt necessary: "unless this is a strong personal statement the book could become a mere catalogue of pictures." Influenced by her years as a reporter, she had experienced the importance of written accounts and wished to offer narrative series relying on captions in parallel with isolated pictures, which worked independently. "I know it is fashionable for photographers to feel that their images need no words, and although I agree that a strong photograph needs no words, it can be a plus when a viewer feels himself taken behind the scenes with the photographer." Some readers see reporters are "voyeurs," "social historians" or "great adventurers": "perhaps it is all of this. I myself am not sure, and would prefer not to be pigeonholed. I should like to take the reader along with me to have a look."[17] Her personal writing was also a unique way to intimately connect the two themes of her work, women and photography.[18] Autobiography became the obvious solution: "my photographs are really myself," she concluded.[19]

15- *The Family of Man* exhibition, organized in 1955 by Edward Steichen at the Museum of Modern Art in New York, offered the perfect example of this approach. One of Eve Arnold's photographs was included in the show.

16- Letter from Robert Gottlieb to Eve Arnold, June 4, 1976, Eve Arnold Papers, box 1, 1970s correspondence (1/5).

17- Letter from Eve Arnold to Tony Mathews, February 27, 1974, Eve Arnold Papers, box 2, 1970s correspondence (2/2).

18- Letter from Eve Arnold to Glades, November 20, 1975, Eve Arnold Papers, box 2, 1970s correspondence (2/2).-

19- Letter from Eve Arnold to Lillian Weitzner, January 15, 1975, Eve Arnold Papers, box 2, 1970s correspondence (2/2).

Yet "it is the pictures that must dictate the form,"[20] and she therefore started with the visual editing, independently from the text.[21] In the spring of 1975, she made numerous prints in a makeshift studio set up in her living room.[22] Giving up the idea of using an outside lab, she took care of this job herself, in order to obtain the desired quality and "to make the book as I went along, adding and subtracting and getting ideas as I printed," a "most rewarding if exhausting" method.[23] This "journey back into my work and myself ... was at once painful and so exhilarating."[24] She sometimes went through periods of stagnation, "an Alice in Wonderland situation of moving at twice the speed and staying at the same place."[25] Even though she was liable to "break out in all kinds of cold sweats when [thinking] about writing,"[26] she then tackled this difficult task, looking for the right tone: "I did not want to sound like either a braggart or a timid violet, and had to find a way to look at myself that would not embarrass me."[27]

Eve Arnold could rely on the support of her editor and close friend Robert Gottlieb, president of the New York publishing house Alfred A. Knopf, and obtained a result that made her proud, eliciting enthusiastic responses from her friends. She nonetheless had yet to face a delay in the printing process, ink formulas getting lost along the way. Finally, the printer decided to turn this book into an example of his output that he would show to his clients and therefore focused hard on the project, coming to Eve Arnold's rescue.[28]

Her last ordeal was the making by the BBC of a documentary film exploring her practice, requiring her to comply with unusual working conditions, to say the least. "The BBC has been shooting a half hour film on me. A five-man crew films me around with close-up lenses, lights flaring, a microphone like an outsize penis shoved at me, and me supposed to be doing my intimate photography: I am to be shown unobtrusive and understated, producing little masterpieces."[29] Eve Arnold did not appreciate being framed on the other side of the lens, where she felt "caught

20- Letter from Eve Arnold to Tony Mathews, February 27, 1974, Eve Arnold Papers, box 2, 1970s correspondence (2/2).

21- Letter of 27 November 1975, unknown recipient, Eve Arnold Papers, box 2, 1970s correspondence (2/2).

22- Letter from Eve Arnold to Marcia, March 21, 1975, Eve Arnold Papers, box 2, 1970s correspondence (2/2).

23- Letter from Eve Arnold to Gladys, March 21, 1975, Eve Arnold Papers, box 2, 1970s correspondence (2/2).

24- Letter from Eve Arnold to Humphrey Burton, June 13, 1975, Eve Arnold Papers, box 1, 1970s correspondence (4/5).-

25- Letter from Eve Arnold to Glades, September 7, 1975, Eve Arnold Papers, box 1, 1970s correspondence (3/5).

26- Letter from Eve Arnold to Lee Jones, May 7, 1977, Eve Arnold Papers, box 1, 1970s correspondence (2/5).

27- Letter from Eve Arnold to Glades, November 20, 1975, Eve Arnold Papers, box 2, 1970s correspondence (2/2).–

28- Letter from Eve Arnold to Baney Wan, October 2, 1976, Eve Arnold Papers, box 2, 1970s correspondence (2/2).

29- Letter from Eve Arnold to Gertrude, June 7, 1976, Eve Arnold Papers, box 2, 1970s correspondence (2/2).

between self-consciousness and wanting to direct the film myself."[30]

The documentary nonetheless helped to publicize the book, which was well covered by the press. In 1977, the South African magazine *Fair Lady* published a portfolio drawing from its images. Among them was a photograph of actress Vanessa Redgrave dressing up for a shoot, seen from behind. The magazine was censored because of her nudity, prompting a debate. For Eve Arnold, this decision was all the more "stupid" since her pictures of underfed South African children, which she deemed much more obscene, had not provoked any reaction, even though this was indeed a real problem for the entire country.[31] The controversy, eventually, fueled the interest in her work.

Other images caused an argument: those depicting a lesbian wedding ceremony in London in 1956. As same-sex marriage became legal in the United Kingdom in 2013, this was a symbolic ritual. The pictures show two women who appear to be whipping a man lying on the floor because, according to the caption, he had "insulted" one of them by "falling in love with her." This offense called for a "punishment" which involved having "the girl he loved walk on his belly in stiletto heels."[32] This astounding story evokes sadomasochistic games and assimilates feminine homosexuality with a hatred of men, creating a biased and reductive vision. It provoked the anger of a reader who denounced this "negative and untrue portrayal" of lesbian and gay communities, reinforcing the "stereotypes" they fight against.[33]

Eve Arnold also received positive comments from some readers for the rest of her book. A social worker recounted relying on it to discuss with patients facing psychological difficulties: one of them "upon viewing the book for the first time really began to understand what often befell her as a woman without power."[34] For the photographer, "knowing that one's work has reached people makes it all worthwhile," especially

30- Letter from Eve Arnold to Wendy, May 5, 1976, Eve Arnold Papers, box 2, 1970s correspondence (2/2).

31- Letter from Eve Arnold to John, November 20, 1977, Eve Arnold Papers, box 1, 1970s correspondence (5/5).

32- Caption from the Magnum Photos website.

33- Letter from Shari Carroll to Eve Arnold, August 30, 1979, Eve Arnold Papers, box 2, 1970s correspondence (2/2).

34- Letter from B. Kurtz to Eve Arnold, May 26, 1977, Eve Arnold Papers, box 1, 1970s correspondence (2/5).

when it involves strangers.[35] This experience encouraged her to launch other publications projects. The book published that same year by Susan Meiselas played a similar role of a driving force in her career, commanding respect among Magnum members and enabling her to establish herself in the professional field of photography.

Susan Meiselas's chorus of voices

Susan Meiselas became interested in the world of traveling fairgrounds in 1972, at the age of twenty-four. She discovered this universe during a trip with her partner, filmmaker Richard P. Rogers. She was intrigued by the experiences of strippers, echoing the decade's feminist debates as well as personal questions on her own role as a woman.[36] At the time, she dressed like a tomboy and was fascinated by the strippers' assertiveness on stage. She was also marked by the social class difference separating her from these women from modest backgrounds. The latter acknowledged their exploitation, but envisioned this work as a pathway to complete their own objectives—one of them, Ginger, intended to pursue college studies.[37] Susan Meiselas spent time with the strippers, winning their trust and forging friendships with some of them, photographing their performances and their life backstage. She used about a hundred rolls of film in the year 1972 and continued at a similar pace until 1975.[38] She went as far as to dress like a man to photograph the stage from the public's viewpoint and, on one occasion, she appeared onstage, dressed only with a raincoat, which she opened for a few seconds in front of the audience.[39] She thus experienced for a brief moment the everyday life of strippers, gaining their esteem even more.

The fairgrounds closed during the winter, enabling her to pursue other projects. Between 1972 and 1974, she worked with the Polaroid Foundation and experimented with the use of

35- Letter from Eve Arnold to B. Kurtz, June 26, 1977, Eve Arnold Papers, box 1, 1970s correspondence (2/5).

36- Interview with Susan Meiselas, New York, April 23, 2018.

37- Susan Meiselas, interview with Kristen Lubben, *In History* (see bibliography), p. 15

38- 89 rolls in 1973, 124 in 1974, and 74 in 1975.

39- Sylvia Wolf, "Behind the Ballyhoo," in Susan Meiselas, *Carnival Strippers*, new edition (see bibliography), pp. 146 and 148.

photography for educational purposes, publishing a handbook for teachers on the subject and guiding public schools in New York. She was then an artist-in-residence in South Carolina and taught photography in rural communities, co-creating a series of portraits and an exhibition on the city of Lando. These hybrid projects, in-between documenting, reporting and ethnography, transformed images into tools to exchange and discuss with the people she met, an approach she also used for the world surrounding carnival stripping. Every week, she developed her negatives and showed the strippers her contact sheets to hear their thoughts.[40] At their request, she made square-format portraits with a Hasselblad camera, which they could select to keep or offer to their close relations.[41] She recorded several hundred hours of audiotapes, transcribed them and sent them to the strippers so they could make edits. In one of the tapes, a stripper commented on a series of images: "you've got to put that picture in no matter what, that's terrific, that's great. ... I'm trying to figure out what the expression on my face is."[42]

Her prints were first exhibited on the occasion of a group show near Boston in 1974.[43] A series of exhibitions associating images with sound excerpts or written quotes followed.[44] In 1975, a reviewer noted that this presentation combined "the socio-political concerns of feminism and the voyeuristic fascination with the thing not seen—and [managed] the combination with an over-riding spirit which cherishes human beings." Far-removed from sensationalism, the work revealed "the contradiction between exploitation and glamor, between the greater-than-life exultation of performance and the less-than-life merchandising of flesh."[45]

Susan Meiselas then took on the preparation of her book, carrying out the Herculean task of selecting texts and pictures, always in collaboration with the strippers. She used index cards to organize their testimonies and weave a "parallel narrative" echoing her photographs.[46] She aimed to let the strippers speak

40- *En première ligne* (see bibliography), pp. 22–27.

41- Interview with Susan Meiselas, New York, April 23, 2018.

42- Transcript of an audiotape, "Lena with Caroline (mother) looking at photos," January 15, 1974, Susan Meiselas archives.

43- *Daredevils and Showgirls*, The Brockton Art Center, May 23–July 7, 1974; review by Deac Rossell, "People – for the Record," *The Boston Globe*, June 4, 1974, p. 20. A series of images by Richard P. Rogers showed a man performing an acrobatic motorbike show, and Susan Meiselas presented photographs of the stripper he [the star of the motorbike show] was having an affair with. Pictures by Roswell Angier on striptease shows in Boston and Mark Silber on motorbikes races were also exhibited.

44- Among the first exhibitions: *Carnival Strippers*, CEPA Gallery, June 1975; "Wellesley Conference on Women in the Arts", Wellesley College, October 15–17, 1976; *Susan Meiselas: Carnival Strippers*, AM Sachs Gallery, New York, October 30–November 24, 1976; Washington Project for the Arts (WPA), 1977; Canon Photo Gallery, Geneva, February 1978; Marcuse Pfeifer Gallery, Philadelphia, 1979. Also (dates unknown): Maison de la Photographie de Chalon-sur-Saône; 218 Gallery, Memphis, Tennessee.

45- "'Carnival Strippers': A Very Human Essay," *Buffalo Evening News*, June 4, 1975.

46- Interview with Susan Meiselas, New York, April 23, 2018.

for themselves: "I defend the dignity of the women involved. They had to make tough decisions. It's easy to see them as bad people who have no respect for themselves; but they're genuinely involved in a struggle to change their lives. ... One woman said to me that she did not see the difference between being a stripper and being a housewife."[47] This comparison is reminiscent of some feminist discussions. Activists denounced the merchandising of women-as-objects and of their bodies, from prostitution to advertising, as well as their imprisonment in the sphere of the household and their financial dependence on their husbands.

In the 1970s, the world of fairgrounds, which attracted 85 million visitors per year, also interested sociologists, who interpreted it as a universe with its own language, ruled by specific codes.[48] Striptease shows were all the more fascinating since they were surrounded by an aura of mystery and taboo: photography was forbidden and only men could access the performance. The local press kindled this curiosity; in 1973, for instance, a newspaper sent a female reporter dressed as a man to recount what was going on under the well-guarded tents, playing the card of exclusivity.[49] Journalists also chronicled the controversies surrounding these shows, which were sometimes closed down by local authorities. In 1974, an article described the strippers' everyday life in a positive light, perhaps to defend their activity: "sometimes the strippers are grabbed by over-zealous show-watchers, but they are not bothered. They say they can handle things, and it seems they probably can. They like to perform, and while they admit the men coming to the show are there to see naked women, they also feel if they put on a good show it will be enjoyed more."[50] Even though they had supporters and enthusiasts, carnival striptease shows disappeared at the end of the 1970s due to bans and competition from pornographic videos.[51]

Susan Meiselas's book, published at the start of their decline, offered a frank and rough vision, moving away from romanticized

47- "Carnie' art," *Photography* (December 1976).

48- In 1973, the *Journal of Popular Culture* published a special issue on this topic, quoted in "The Carnie and the Mark," *Time*, May 28, 1973, pp. 86–88.

49- Nan Byam, "Woman Reporter Disguised as Man Sees 'Girlie Show,'" *Rutland Daily Herald*, September 20 ,1973, p. 8.

50- Richard W. Griffith, "Fair Strippers Converse, Naked Truth Is Revealed," *Rutland Daily Herald*, September 6, 1975, p. 9.

51- On the evolution of pornographic imagery, see Deirdre English, "Stripped Bare: Nude Girls and Naked Truths," in Susan Meiselas, *Carnival Strippers*, 2003, pp. 153–159; Rachel Shteir, *Strip-Tease: The Untold History of the Girlie Show* (Oxford: Oxford University Press, 2004).

clichés and seduction. It thus distinguished itself, as some reviewers noted, from another photography book published that same year, by Roswell Angier, who had explored a Boston neighborhood well known for its striptease shows.[52] The "slick"[53] vision of the latter "[degraded] his subjects, plainly and simply."[54] He presented the strippers "as if they were always on stage," posing for his "voyeur" flash, when Susan Meiselas worked with natural light conditions. Her images were more intimate, they had a "rough hewn, tactile quality" and were "grainy, blurry, impressionistic, and, somehow, more closely personal." A journalist wondered: "Is it because Meiselas's female perspective gives her a kind of intuitive empathy that Angier cannot possess?"[55]

This viewpoint did not convince all readers. One of them, surprisingly feeling that he knew more than the photographer on the topic, judged with contempt: "I do not hold her being a woman against her in the sense that it might be thought of as an advantage in working backstage with the often nude women. But the fact that she had entry into areas that a man might have found difficult to explore provided no new or special insights." According to him, "everything appears as we might have imagined: the zoo-like freak show vulgarity of the situation, the loneliness that must often accompany these women and the dullness and languor of their act and their customers."[56] Another reviewer regretted the "infinite sadness" of the topic, as the photographer "focused her research on what was most shabby in the field."[57] One noted the consequences of the "sexual dissatisfaction" striking the United States: "in the face of the degradation affecting her entire being, despair, suicide, drugs, alcohol ... are more often than not the only refuge of the stripper."[58] For the French magazine *Le Nouvel Observateur*, Susan Meiselas portrayed "pathetic strippers."[59] Deprived of the lure of glamor and seduction, her pictures looked sordid to the point of being unbearable. The pornographic magazine *Screw* informed its readers that they would not find in these pages exciting images, even though their "poignant realism" may "arouse a feeling that is both lustful and erotic."[60]

52- *A Kind of Life: Conversations in the Combat Zone* (Danbury: Addison House, 1976).

53- *Art Direction*, date unknown, p. 76.

54- Charles Sawyer, "Photography books in brief," date unknown.

55- *Art Direction*, date unknown, p. 76.

56- *Photo Review. A critical newsletter published by the midtown gallery edited by Larry Siegel*, vol. 1, issue 4 (October 1976): p. 3.

57- "Aux cimaises genevoises. Images d'un univers affligeant" (original quotes in French may be found in the French version of this text), *Tribune de Genève*, February 6, 1978, p. 11.

58- Abel-Marc Xénar, "Le monde sordide du strip-tease forain. Une enquête de Susan Meiselas, photographe anglaise," *Rouge*, issue 315, p. 11.

59- *Le Nouvel Observateur*, April 11, 1977, p. 14.

60- "Chilly Carny Con," *Screw*, January 17, 1977.

61- Maggie Berkvist, "Meiselas : 'Carnival Strippers,'" *Photograph* 1, issue 3, 1977.

62- Review by Yvette E. Benedeck, *Popular Photography*, November 1977.

63- Maggie Berkvist, "Meiselas : 'Carnival Strippers.'"

64- Ann-Sargent Wooster, "1 Out of 83 Women: Prostitution Won't Go Away," *The Soho Weekly News*, June 23,1977.

65- A project by Francis Auvray and actress Ophélie Soutra in 1986; the "Sentimental Bourreau" company with Sylvain Cartigny, Mathieu Bauer, Joachim Lartaiet, Martin Selze, Julien Bureau, Judith Henry, Judith Depaule, Laurence Hartenstein and François Delaive, presented a "carnival stripping" in a "lousy Belleville movie theater." "Suzanne par Issy, Sentimental par là," *Libération*, February 15, 1991.

Yet bleak readings of *Carnival Strippers* failed to win unanimous support. The moral judgment confining the topic within the ruins of despair revealed first and foremost the projections of certain readers. Perusing these pages through the lens of their own biases, they were blind to the uniqueness of the accounts that were transcribed. But for others, this book had the merit of disclosing the reality of "sexploitation."[61] Though the activity of strippers was traditionally not seen as an honest occupation, Susan Meiselas showed that these women were, "after all, much like us, human beings with our virtues and our faults," despised and ignored because they did not follow a respectable path. She presented a diverse and subtle portrait, "a very real mixture of frustration and despair, of gaiety and merriment, of resignation and adamant conviction about their work,"[62] "of bravado and bitterness."[63]

The book indeed resonates with the singular voices of the women she photographed, whose depth largely exceeds the "pathetic" drama retained by some reviewers. This chorus of voices lent itself particularly well to theatrical adaptations. Already in 1977, a selection of pictures was used in an immersive documentary theater play based on *Hello from Bertha*, a play by Tennessee William about a prostitute. A reviewer noted that "none of the documentary material pontificates and often seems confusing because it does not adhere to a party line." Like Susan Meiselas's book, the play involved "no patina of glamour, no pathos" and shed a new light on the everyday life of these women.[64] Two other projects, this time in France, were directly inspired by her transcriptions. The first one, in the mid-1980s, was never carried out, but a young company in Paris created a play in 1991.[65] Some of the strippers had dreamt of becoming actresses, and their stories, paradoxically, ended up being interpreted on the respectable stage of contemporary theater.

After the release of the book, Susan Meiselas and Richard P. Rogers intended to make a movie on carnival stripping, centered on the character of Frenchie Davis, a show manager. They aimed to show "the hardship, the squalor and diminished dreams which underlie the bravado, the gaudiness and glitter."[66] Their project then evolved to address the strippers' "search for independence", but it never saw the light of day.[67] This shift of perspective nonetheless encapsulates Susan Meiselas's committed stance, which gives pride of place to the strippers as active subjects in their own right, capable of speaking out and for themselves.

66- Richard P. Rogers and Susan Clay Meiselas, "The best shot. A documentary film about carnival strippers", Susan Meiselas archives.

67- Letter from Richard P. Rogers to Christian Blackwood, February 4, 1977.

***

Beyond their differences, these three books lay out new perspectives on women, their bodies and their representations, opening up questions that are still very topical today. How do changing norms and stereotypes defining "femininity" travel, evolve and unfold? How may constraints hampering women be denounced and how may new paths be outlined? How may discrimination processes be exposed without falling into fatalism? How may photographers find their place as women without being imprisoned in gendered roles? Eve Arnold, Abigail Heyman and Susan Meiselas all offer food for thought, with eloquence and frankness, as many ways to share the experiences and spread out the words and faces of women.

SUSAN MEISELAS

—

“J’AI DÉFENDU LE DROIT DE CES FEMMES À PARLER EN LEUR PROPRE NOM”

—

Ce témoignage s’appuie sur un entretien
avec Clara Bouveresse à Paris le 11 novembre 2018.

J'ai croisé le chemin des strip-teaseuses de fête foraine sans le vouloir. À l'époque, je voyageais avec mon compagnon, Dick [Richard P.] Rogers, qui était aussi photographe. Nous suivions des petits cirques à travers les États-Unis et nous avons découvert qu'il y avait aussi des fêtes foraines. Lorsque nous sommes retournés en Nouvelle-Angleterre, nous sommes allés dans le Vermont, dans le Maine, des endroits où il y avait des foires agricoles plus petites.

Ce que je découvris à l'arrière de ces foires, à côté de la barbe à papa, des attractions et des jeux, c'était ces spectacles de filles. Je ne savais même pas que les "spectacles de filles" existaient. J'étais hypnotisée.

> Voir une femme sur un podium, ça me faisait penser à une vente aux enchères, c'était frappant, et j'étais fascinée. Je me demandais qui c'était, comment elle se voyait, et comment les autres la voyaient. J'ai commencé à écouter et à regarder, notamment à regarder les hommes qui la regardaient.

J'étais sur les foires, avec les hommes la plupart du temps, mais parfois aussi avec leur femme ou leur petite copine. J'ai rencontré par accident une femme dans des toilettes publiques, que j'ai reconnue comme l'une des strip-teaseuses, et j'ai noué un lien qui m'a permis de me rapprocher. Cette relation m'a amenée à obtenir la permission du gérant du spectacle, et j'ai commencé à passer un peu plus de temps aux alentours. Je suis restée juste assez pour qu'à mon retour le deuxième été, toujours fascinée et avec l'intention de travailler de façon plus systématique, les gérants me reconnaissent et me donnent accès aux vestiaires. Je ne dirais pas que j'ai eu leur confiance immédiatement, je pense que cette confiance se gagne sur un temps beaucoup plus long.

Une partie du travail consistait à comprendre ce que le spectacle de filles était à l'époque à travers plusieurs points de vue, pas seulement celui des femmes mais aussi celui des gérants, des clients, des petites copines et des petits copains. Je saisissais cela en écoutant à la fois des conversations surprises à la volée et des interactions, je m'en souviens encore très bien – y compris les échanges entre les clients et les femmes sur scène.

J'ai été façonnée par les enjeux de la fin des années 1960, j'étais à l'université de 1966 à 1970 pendant les premières années de la réflexion féministe. On peut voir sur cette photographie [p. 41] comment je suis habillée ; je ne me considère pas avec autant d'audace que la façon dont ces femmes se présentaient. Les problèmes des femmes et de leur corps – présent ou pas pour attirer les hommes – étaient des questions centrales pour les féministes à cette époque. J'étais une jeune athlète, j'avais une perception de ma présence physique, mais pas pour attirer les hommes, et j'étais donc fascinée par l'image que ces femmes projetaient. C'étaient des femmes de la classe ouvrière, je savais qu'elles avaient des contraintes économiques que je ne rencontrais pas et que je bénéficiais d'opportunités qu'elles n'avaient pas.

C'était un dialogue très enrichissant pour moi, pour commencer à réfléchir à mon statut de jeune femme, en les regardant et à travers les amitiés que je sentais vraiment tisser, en particulier avec Shortie et Lena – qui étaient probablement les plus approfondies. Il y avait des femmes qui venaient et travaillaient un week-end, mais qui ne continuaient pas le suivant. J'étais toujours en train de reconstruire des relations, certaines ont été entretenues sur plusieurs années, comme on peut le voir dans ma correspondance avec Lena qui était extrêmement intime. Certaines relations étaient plus distantes ; avec certaines femmes je n'avais que des échanges fortuits car les spectacles étaient itinérants.

Les portraits plus frontaux ont été faits avec un appareil photo Hasselblad car les femmes voulaient quelque chose qu'elles pourraient offrir à leur copain ou leur père. Elles choisissaient l'endroit où se tenir, la pose ; elles se présentaient elles-mêmes, elles se mettaient en scène pour moi et pour l'appareil photo.

Je ne les orientais pas, ce n'est pas mon penchant. Je suis quelqu'un qui répond, comme un miroir. J'aime saisir des moments et interagir.

Je ne nie pas non plus que je suis bien présente, bien sûr que je suis là, je les entends. Parfois je leur pose des questions lorsque cela me semble approprié. Je ne m'attends pas à ce qu'elles se sentent obligées d'échanger avec moi. Il y avait des femmes qui ne voulaient pas être photographiées, alors je ne les mettais pas dans le cadre si j'étais dans les vestiaires, qui étaient des espaces très petits. Le fait de rapporter les planches-contacts chaque week-end faisait partie de ma façon de travailler, pour qu'elles voient et qu'elles comprennent ce que j'essayais de démêler, et que moi-même je n'aurais su définir. Je n'avais aucune idée du fait que j'étais en train de faire un livre. J'étais tout simplement absorbée, je me laissais happer par la passion d'être impliquée, d'être engagée, de suivre mon instinct sans avoir de but précis.

Tout ce processus, de la prise de vue à la sélection des images, même la transcription, était intense et j'étais entièrement absorbée à chaque étape pour transformer mon expérience sur plusieurs années et créer une forme narrative. C'était presque comme un sentiment de "premier amour", quand on se donne entièrement.

Vers 1975-1976, je me projetais vraiment dans une carrière de photographe. J'essayais d'obtenir de petites commandes. La plupart des magazines ne voulaient pas publier mes photographies de strip-tease forain, et le livre s'est donc imposé comme une suite logique. Le but principal de l'exposition et du livre était de créer une expérience immersive et un point d'entrée dans le monde de ces femmes au travail. Je ne m'attache pas à toute la fête foraine, je mets en place la scène du spectacle, puis la séquence se déplace vers l'intérieur et se déploie à travers ma propre relation évoluant avec ces femmes, ensuite dans le vestiaire et jusque derrière le rideau, dans les coulisses et l'après-coup, ainsi que la vie en dehors du spectacle. Il y avait une structure physique, le camion se transformait en deux scènes, et les femmes bougeaient avec fluidité toute la nuit d'avant en arrière. J'essayais de donner au lecteur un peu de cette intimité au-delà de la scène, pour voir comment les hommes regardaient les femmes et comment les femmes entraient dans l'espace plus privé de la tente après leur exposition dans l'espace public de la foire.

Il y a un récit parallèle dans le livre avec des voix qui s'entremêlent aux images. Je voulais que le lecteur sente leur présence comme ils se percevaient eux-mêmes – les femmes ou les gérants ou les hommes eux-mêmes. J'ai défendu le droit de ces femmes à parler en leur propre nom plutôt que d'être racontées par d'autres ou pour d'autres. Je sentais que ces femmes tenaient un discours extraordinairement clair au sujet des conditions de leur propre vie et je voulais que cela se ressente et s'entende.

J'ai retranscrit à la main des centaines d'heures d'enregistrement. Je ne sais pas combien exactement. Ma mère m'a aidée. J'avais des carnets et des carnets de retranscriptions manuscrites. Je faisais des fiches cartonnées, et ensuite je collais les extraits sur et autour des photos pour entremêler le récit – c'est un processus que je faisais à même le sol pour obtenir une séquence.

Dans l'introduction, je voulais m'assurer que les lecteurs qui regardaient ne se sentent pas au-dessus ou au-delà des femmes que je représentais.

Aujourd'hui l'heure est toujours aux revendications des droits des femmes qui ont été énoncés il y a plus de quarante ans. Les femmes ont accompli de nombreuses choses sur le terrain, y compris en photographie, comme commissaires d'exposition, photographes, historiennes, etc. Le champ est rempli de nombreux regards et d'esprits brillants. Les femmes ont une notoriété qu'elles n'avaient pas quand j'ai commencé.

Bien sûr il y a aussi plein de femmes qui sont venues avant moi. Je connaissais peut-être Dorothea Lange, éventuellement un peu Margaret Bourke-White. Je ne m'identifiais pas vraiment à Diane Arbus, même si j'avais vu son exposition au Museum of Modern Art ; la majorité de la photographie de rue ne m'attirait pas, elle était fondée sur des rencontres accidentelles et je voulais vraiment une autre sorte de relation avec mes sujets.

Strip-tease forain est le portfolio qui m'a ouvert les portes de Magnum. Eve [Arnold] était membre de longue date à l'époque. Je me souviens d'une des premières choses qu'elle m'a dites : "Prends garde, es-tu en couple, as-tu des enfants ?" Ce dont elle m'avertissait, c'est que la plupart des hommes photographes divorcent souvent, c'est une communauté très instable. Mary Ellen Mark, qui était aussi chez Magnum à l'époque, m'a dit : "Mes enfants sont mes photographies." Je ne suis pas sûre que je pourrais dire cela. Mes enfants ne sont pas mes photographies, mais peut-être puis-je dire que mes relations à travers la photographie sont comme mes filleules – Magnum, mon réseau de jeunes femmes photographes et d'autres photographes émergents de par le monde –, c'est ma famille élargie.

Il y avait aussi plusieurs femmes à Magnum lorsque je suis arrivée, au-delà d'Eve et de Mary Ellen, il y avait également Inge Morath, Abigail Heyman, Jill Freedman, et très vite juste après moi, Martine Franck... L'une des choses que nous avions en commun, c'est un sens de l'aventure, un passeport qui nous permettait à toutes de voyager assez considérablement et parfois de façon très singulière.

Ce que nous partagions, c'est de ne pas vouloir être catégorisées. Nous avons toutes un certain style d'observation qui ne consiste pas à nous effacer, mais à nous intégrer par l'observation. Je suis un peu plus concentrée sur le témoignage comme mode d'observation, mais je pense que ce que nous partageons, c'est l'idée qu'il ne s'agit pas de nous, mais des autres de façon plus large.

Nous nous retrouvons dans des cultures où nous voulons simplement partager cette expérience à travers la photographie et donner une présence à celles et ceux que nous avons appris à connaître. Mon reportage est plus immersif d'une certaine façon. Mais nous travaillons toutes en série, nous trouvons nos propres projets indépendants et nous nous absorbons dans un sujet pour le temps qui nous paraît approprié. Abby [Abigail Heyman] se distingue de cette approche car son travail exprime une voix subjective personnelle, dès le départ, elle se positionne comme une femme, une jeune mère, une compagne, et elle écrit depuis ce point de vue.

SUSAN MEISELAS

—

"I DEFENDED THE WOMEN TO SPEAK ON THEIR OWN BEHALF"

—

This testimony is based on an interview with Clara Bouveresse in Paris on November 11, 2018.

I crossed paths with the carnival strippers but I wasn't looking for them. At the time I was traveling with my partner, Dick [Richard P.] Rogers, who was also a photographer. We were following small circuses across the United States and discovered there were also state fairs. When we headed back to New England in the later part of the summer we were in Vermont, in Maine, in areas where there were smaller agricultural fairs.

What I found in the back lots of a few of those fairs, along side the cotton candy, the rides and the games were these girl shows. I had no idea that 'girl shows' existed. I was mesmerized.

> Seeing a woman on a ticket box, which looked like an auction block to me, was startling, and I was fascinated. I wondered who she was, how she saw herself, and how other people saw her. I started listening and looking, especially looking at men looking at her.

I was in the fairgrounds, along with men mostly, though sometimes with their wives or girlfriends. Accidentally I met a woman in the public bathroom and recognized her as one of the strippers; I then made a connection that brought me closer. That relationship in particular led to getting permission from the manager, and I began to hang around a little bit more. I lingered around just enough so that the second summer when I returned, still fascinated and planning to be more systematic, the managers recognized me and gave me access to the dressing rooms. I wouldn't say I immediately had their trust, I think that trust is earned over a much longer time.

Part of the work is understanding what was the girl show at that time from all perspectives, not just the women's but the managers', the clients', the girlfriends', the boyfriends'. I captured that by listening, both overheard conversations and interactions. I still remember many of them – including those between clients and girls on the stage.

I was shaped by the issues of the late Sixties, being in college from 1966 to 1970 during the early years of feminist thinking. You can see in that photograph [p. 41] how I'm dressed, I'm not imagining myself as boldly as these women presented themselves. The issues of women and their bodies – there or not there to attract men –, were central questions for feminists in that period. I was a young athlete, I had a sense of my physicality, but not to attract men, so I was fascinated by their projected image. They were working class women, I knew they had limitations economically that I didn't have and I had opportunities they didn't have.

That was a very rich dialogue for me to begin to think of myself as a young woman, looking at them and the friendships that I really felt I had, in particular with Shortie and Lena, which were probably the most in-depth. There were women who came and worked for one weekend and didn't go on to the next weekend. I was constantly rebuilding relationships, some that were sustained over many years as you can see in the letters from Lena which were extremely intimate. Some were more distant, some women I had only incidental exchanges with in that the shows were itinerant.

The more straight portraits were made with a Hasselblad camera because the women wanted something to gift their boyfriends and fathers. They chose the site to stand, the pose – they presented themselves, they performed for me and for the camera.

> I didn't direct them, it's not my inclination. I'm a responder, I'm like a mirror. I like to capture moments and interact.

It's not that I'm in denial that I'm there, of course I'm there, I'm hearing them. At times I'm asking them questions when that feels appropriate. I don't expect them to feel obligated to communicate with me. There were women who didn't want to be photographed, so I would frame them out if I was in the dressing rooms, which were often very small spaces. Bringing the contact sheets back each weekend was part of my process, so that they could see and understand what I was trying to make sense of, which I myself didn't know. I had no idea then that I was making a book. I was just absorbed, I was just allowing myself the passion to be involved, to be engaged, to follow my instincts without any purpose.

The whole process from shooting to editing, even the transcribing was intense and I was fully absorbed in every aspect to transform my multi-year experience and create a narrative form. It was almost like a "first love" feeling, when you give yourself over totally.

By 1975-1976 I was really imagining my future life as a photographer. I was trying to get small assignments. Most magazines wouldn't publish Carnival Strippers photographs, so the book became the natural next step. It followed the exhibition form, which was really my first expression of the work. The main intention of the exhibit and book was to create an immersive experience and an entry into the world of these working women. I don't focus on the whole carnival, I set the stage for the show, then the sequence moves into the interior which progresses in my own relationship evolving with women in the dressing rooms and on behind the curtain to the backstage and the aftermath – as well as life after the shows. There was a physical structure, the truck transformed into two stages, and the women moved fluidly all night back and forth.I was trying to give the reader some intimacy beyond the stage, to look at how men were looking at women and then see the women enter the more private space of the tent after their exposure in the public fairground.

> There is a parallel narrative in the book with voices interweaving through the images. I wanted the reader to feel their presence as they perceived themselves – the women or the managers or the men themselves. I defended the women to speak on their own behalf and not be written about or for or by. I felt the women to be extraordinarily articulate about the conditions of their own lives and wanted that to be felt and heard.

I hand-transcribed hundreds of hours of tape, I don't know exactly how many. My mother helped me. I had notebooks and notebooks of handwritten transcriptions. I would make file cards and then I would paste the excerpts in and around the photographs to make the narrative intertwine – it was a process I did on the floor to just get a flow. In the introduction I wanted to make sure that readers who were looking did not feel above and beyond the women I was portraying.

Now continues to be a time to claim the rights for women that were articulated more than forty years ago. Women have achieved many things in the field including women in photography: as curators, photographers, historians, etc. The field is full of many brilliant eyes and minds. Women have prominence they didn't have at the time I began.

Of course there were also many women that came before me. I may have known about Dorothea Lange, perhaps a little bit about Margaret Bourke White. I didn't really identify with Diane Arbus; though I saw her show at the Museum of Modern Art, but most street photography didn't attract me, it was based on accidental encounters and I really wanted a different kind of relationship with subjects.

Carnival Strippers was the portfolio that led me into Magnum. Eve [Arnold] was a senior member then. I remember one of the first things she said to me: “beware, are you in a relationship, do you have children?” What Eve was warning me about was that most of the men photographers divorced often, it’s a very unstable community. Mary Ellen Mark, who was also with Magnum at the time, told me: “my children are my photographs”. I’m not sure I would say that. My children are not my photographs but perhaps I could say that my relationships through photography, are like my godchildren – Magnum, my network of young women photographers and other emerging global photographers – they are my extended family.

There were several women in Magnum when I joined, beyond Eve and Mary Ellen, there was also Inge Morath, Abigail Heyman, Jill Freedman, and soon just after me, Martine Franck... One thing that we had in common was a sense of adventure, a passport that allowed us all to travel pretty extensively, and sometimes very singularly.

> What we shared was not wanting to be categorized. We all have a certain observational style which is not to diminish ourselves, but to assimilate through our observation. I’m a little more focused on witnessing as an observation mode but I think what we share is that feeling that it’s not about us, it’s about others more broadly.

We find ourselves in cultures where we just want to share that experience through photography and give presence to those we have come to know. My reportage is more immersive in a way. But we all work in series, we find our own independent projects and absorb ourselves in something for whatever time feels appropriate. Abby [Abigail Heyman] stands out from that approach because her work expressed a personal subjective voice, right from the beginning, she placed herself as a woman, as a young mother, as a partner, and wrote from that specific place.

Eve Arnold (1912-2012)

—

Eve Cohen naît à Philadelphie, dans un milieu modeste, de parents immigrés juifs ukrainiens. Elle travaille chez un agent immobilier, puis, après son déménagement à New York en 1943, pour une usine de traitement photographique du New Jersey. Elle prend le nom de son mari et devient Eve Arnold, et donne naissance à son fils Francis en 1948. Elle apprend la photographie avec le directeur artistique Alexey Brodovitch et voit son premier reportage, sur les défilés de mode de Harlem, publié dans *Picture Post*. Après avoir rejoint Magnum comme associée en 1951, elle en devient membre à part entière dès 1954. Elle s'installe à Londres en 1963, divorce et commence à travailler pour le *Sunday Times Magazine* ainsi que pour des campagnes publicitaires. En 1971, elle écrit et réalise un film sur les femmes voilées aux Moyen-Orient, *Behind the Veil*. Photographe chevronnée, Eve Arnold a parcouru le monde (notamment la Russie, la Chine et l'Afrique du Sud) et photographié des personnalités de renom, de Marilyn Monroe à Malcolm X en passant par la reine Elisabeth II. À partir de la fin des années 1970, elle présente de nombreuses expositions et publie une douzaine de livres.

—

Eve Cohen was born in Philadelphia, to a low-income family of Jewish immigrants from Ukraine. She worked for a real estate agent and, after she moved to New York in 1943, for a photographic processing factory in New Jersey. She took her husband's name and became Eve Arnold, giving birth to their son Francis in 1948. She learned photography with art director Alexey Brodovitch and published her first story, on fashion shows in Harlem, in *Picture Post*. She joined Magnum as an associate in 1951, and became a full member in 1954. She moved to London in 1963, divorced and started working for the *Sunday Times Magazine* and in advertising. In 1971, she wrote and directed *Behind the Veil*, a film about veiled women in the Middle East. An experienced photographer, she traveled extensively—in particular in Russia, China and South Africa, and portrayed renowned personalities, from Marilyn Monroe to Malcolm X and Queen Elizabeth II. From the end of the 1970s onward, she presented numerous exhibitions and published a dozen books.

—

Bibliographie [Bibliography]

The Unretouched Woman, Alfred A. Knopf, New York, 1976
Flashback! The 50s, Alfred A. Knopf, New York, 1978
In China, Alfred A. Knopf, New York, 1980
In America, Alfred A. Knopf, New York, 1983
Marilyn Monroe. An Appreciation, Alfred A. Knopf, New York, 1987
Private View: Inside Baryshnikov's American Ballet Theatre, Bantam Books, New York, 1988
All in a Day's Work, Bantam Books, New York, 1989
The Great British, Alfred A. Knopf, New York, 1991
Eve Arnold: In Retrospect, Alfred A. Knopf, New York, 1995
Film Journal, Bloomsbury, Londres, 2002
Handbook (with Footnotes), Bloomsbury, New York/Londres, 2004
Marilyn Monroe, Harry Abrams, New York, 2005

Abigail Heyman (1942-2013)

—

Née à Danbury, dans le Connecticut, Abigail Heyman se forme au Sarah Lawrence College avant d'étudier la photographie avec Ken Heyman (malgré la parenté des prénoms, ce n'est pas un membre de sa famille) et Charles Harbutt en 1967. Elle travaille en free-lance pour des titres de presse comme *Life*, *Time* et *The New York Times*. En 1978, son deuxième mariage donne naissance à un fils, Lazar. Entrée à Magnum comme photographe nominée en 1974, elle devient associée en 1980 avant de démissionner en 1981. Avec Charles Harbutt et Joan Liftin, qui travaillent aussi à Magnum et dont elle est très proche, et quelques autres, elle crée une nouvelle agence, Archive Pictures. Elle devient ensuite enseignante à l'International Center of Photography (New York). Engagée dans le mouvement féministe, elle documente la condition des femmes aux États-Unis. Elle publie en 1987 un livre rassemblant ses photographies de mariage, offrant une analyse fine et amusée des rites attachés à cette cérémonie. Elle prépare ensuite un ouvrage collectif présentant les photographies de famille de plusieurs photographes professionnels.

—

Born in Danbury, Connecticut, Abigail Heyman was educated at Sarah Lawrence College before learning photography with Ken Heyman (not a relative) and Charles Harbutt in 1967. She freelanced for publications such as *Life*, *Time* and *The New York Times*. Her son Lazar was born in 1978, after her second marriage. She joined Magnum as a nominee in 1974, became an associate in 1980, and resigned the year after. With her friends Charles Harbutt and Joan Liftin, who also worked at Magnum, and a few others, she created a new agency, Archive Pictures. She then became a teacher at the International Center of Photography in New York. A committed feminist, she documented women's living conditions in the United States. In 1987, she published a book gathering her wedding photographs, offering an acute and playful analysis of rituals attached to the ceremony. She then edited a collective book of family pictures by several professional photographers.

—

Bibliographie [Bibliography]

Growing Up Female: A Personal Photo-Journal, Holt, Rinehart & Winston, New York, 1974
Butcher, Baker, Cabinetmaker: Photographs of Women at Work, Crowell, New York, 1978
Dreams & Schemes: Love and Marriage in Modern Times, Aperture Foundation, New York, 1987
Direction de publication [editor], avec Ethan Hoffman et Alice Rose George, *Flesh & Blood: Photographers' Images of Their Own Families*, Picture Project, New York, 1992

Susan Meiselas (1948-...)

—

Née à Baltimore, Susan Meiselas obtient une licence au Sarah Lawrence College avant d'étudier l'éducation visuelle à Harvard. Entre 1972 et 1974, elle enseigne la photographie dans des écoles, photographie des spectacles itinérants de strip-teaseuses et enregistre leurs témoignages audio dans le Nord-Est des États-Unis. En 1978-1979, ses images de la révolution sandiniste au Nicaragua font le tour du monde. Elle travaille ensuite pendant une décennie comme photojournaliste, coréalise des films et soutient des photographes, principalement en Amérique centrale et latine. Entre 1991 et 1997, elle entreprend le colossal projet *akaKurdistan*, comprenant une exposition, un site Internet participatif et un livre rassemblant le patrimoine photographique et les témoignages du peuple kurde. En 2004, elle expose au Nicaragua ses photographies de la révolution sous forme de panneaux installés sur les lieux où elles ont été prises, retrouve les personnes photographiées et recueille leurs réactions dans un film. Entrée à Magnum comme photographe nominée en 1976, puis associée en 1977, elle en est membre depuis 1980. En 2007, elle contribue à la création de la fondation Magnum, dont elle devient présidente, afin de préserver les archives de l'agence et d'encourager la jeune création documentaire.

—

Born in Baltimore, Susan Meiselas graduated from Sarah Lawrence College before studying visual education at Harvard. Between 1972 and 1974, she taught photography in schools and documented traveling striptease shows in the Northeast of the United States. In 1978-1979, her pictures of the Sandinista revolution in Nicaragua circulated around the world. She then worked for a decade as a photojournalist, codirected films and supported photographers, mainly in Central and Latin America. Between 1991 and 1997, she undertook the colossal project *Kurdistan: In the Shadow of History*, including an exhibition, a participatory website and a book gathering the photographic heritage and testimonies of the Kurdish people. In Nicaragua in 2004, she exhibited her photographs of the revolution on panels installed on the sites where the pictures had been taken; she reconnected with the people she had photographed and collected their reactions in a film. She joined Magnum as a nominee in 1976, became an associate in 1977 and has been a member since 1980. In 2007, she contributed to the creation of the Magnum Foundation and became its president, working to preserve the agency's archives and support young documentary photographers.

—

Bibliographie [Bibliography]

Learn to See: A Sourcebook of Photography Projects by Teachers and Students, The Polaroid Foundation, Cambridge (Massachusetts), 1975
Carnival Strippers, Farrar, Strauss & Giroux, New York, 1976 ; édition française : *Strip-tease forain*, éditions du Chêne, Paris, 1976 ; nouvelle édition, Steidl, Göttingen / Whitney Museum of American Art, New York, 2003
Nicaragua: June 1978-July 1979, Pantheon Books, New York, 1981 ; édition française : *Nicaragua : juin 1978-juillet 1979*, Herscher, Paris, 1981 ; nouvelle édition, Aperture, 2008, 2016
Kurdistan: In the Shadow of History, Random House, New York, 1997, University of Chicago Press, 2008
Pandora's Box, Trebruk, Londres, 2001
Encounters with the Dani: Stories from the Baliem Valley, Steidl, Göttingen / International Center of Photography, New York, 2003
Prince Street Girls, Yellow Magic Books, Paris, 2013
Prince Street Girls, coll. "Higher Pictures Catalogue", TBW Books, Oakland, 2016
A Room of their Own, Multistory, West Bromwich, 2017
On the Frontline, avec Mark Holborn, Aperture Foundation, New York, 2017

Direction d'ouvrages [Editor]

El Salvador: Work of Thirty Photographers, Writers & Readers Publishing Co-operative Society, Londres, 1983
Chile from Within, W. W. Norton, New York, 1991, e-book, Mapp, 2013

Catalogues monographiques [Exhibition catalogues]

Susan Meiselas. In History, Steidl, Göttingen / International Center of Photography, New York, 2008
Susan Meiselas. Médiations, Jeu de Paume, Paris / Fundació Antoni Tàpies, Barcelone / Damiani, Rome, 2018

Films

A Family in History, avec Alfred Guzzetti, 2011
Living at Risk, avec Alfred Guzzetti et Richard P. Rogers, 1985
Voyages, avec M. Karlin, 1985
Pictures from a Revolution, avec Alfred Guzzetti et Richard P. Rogers, 1991
Reframing History, avec Alfred Guzzetti et Pedro Linger Gasiglia, 2004

Remerciements

Je souhaite remercier chaleureusement Susan Meiselas pour son soutien et sa générosité. Je suis également très reconnaissante au fils d'Abigail Heyman, Lazar Bloch, pour sa confiance et pour son aide. Ce livre doit beaucoup à Ryan Buckley, responsable des archives d'Abigail Heyman, et à Alex Nelson, responsable du studio de Susan Meiselas, qui ont permis de rassembler et de présenter de nombreux documents inédits. J'aimerais également remercier les équipes d'Actes Sud, notamment Anne-Sylvie Bameule pour son appui de la première heure et mon éditrice Aude Gros de Beler pour son suivi attentif.

Ce livre a reçu le soutien de l'Université d'Évry–Val-d'Essonne, avec le concours d'Éliane Coustillas-Hercy et de Cécile Coutu. L'exposition présentée aux Rencontres d'Arles a été rendue possible grâce à une bourse de recherche curatoriale soutenue par Jean-François Dubos. J'adresse mes remerciements au directeur du festival, Sam Stourdzé, à Caroline Courrioux pour son aide précieuse et son engagement et à toute l'équipe des Rencontres, en particulier Amanda Antunes, Julia Chiron, Paula Delaplace et Olivier Etcheverry. Je remercie également chez Magnum Photos Clarisse Bourgeois, Andrea Holzherr, Naima Kaddour, Marion Schneider et Sophie Wright.

Enfin, merci infiniment à Louis Sibille, Juliette Bouveresse et Amélie Ferey.

Acknowledgements

I would like to express my deep gratitude to Susan Meiselas for her support and generosity. I am also very grateful to Abigail Heyman's son, Lazar Bloch, for his trust and his help. This book owes a lot to Ryan Buckley, manager of Abigail Heyman's archives, and Alex Nelson, Susan Meiselas' studio manager, who helped gather and present numerous unpublished documents. I would further like to thank the staff of Actes Sud, in particular Anne-Sylvie Bameule for her support from the outset and my editor Aude Gros de Beler for her mindful coordination.

This book received funding from the University of Evry Val-d'Essonne, with the assistance of Eliane Coustillas-Hercy and Cécile Coutu. The exhibition presented at the Rencontres d'Arles festival was made possible thanks to a curatorial research grant under the patronage of Jean-François Dubos. I would like to acknowledge my gratitude to the festival's director, Sam Stourdzé, to Caroline Courrioux for her precious help and commitment, and to the festival's staff, especially Amanda Antunes, Julia Chiron, Paula Delaplace and Olivier Etcheverry. I also thank, at Magnum Photos, Clarisse Bourgeois, Andrea Holzherr, Naima Kaddour, Marion Schneider and Sophie Wright.

Finally, thanks, as ever, to Louis Sibille, Juliette Bouveresse and Amélie Ferey.

Crédits

Eve Arnold : (c) Eve Arnold/Magnum Photos
Abigail Heyman : (c) Abigail Heyman
Susan Meiselas : (c) Susan Meiselas/Magnum Photos
Archives d'Eve Arnold : Eve Arnold Papers, Yale Collection of American Literature, Beinecke Rare Book and Manuscript Library

Credits

Eve Arnold: (c) Eve Arnold/Magnum Photos
Abigail Heyman: (c) Abigail Heyman
Susan Meiselas: (c) Susan Meiselas/Magnum Photos
Eve Arnold archives: Eve Arnold Papers, Yale Collection of American Literature, Beinecke Rare Book and Manuscript Library

Édition préparée sous la direction de
Aude Gros de Beler

Fabrication
Géraldine Lay

Photogravure
Terre Neuve

Conception graphique
Yann Linsart - The Viewer Studio

ISBN : 978-2-330-00979-3
Dépôt légal : juillet 2019

Ouvrage reproduit et achevé d'imprimer en juin 2019 par l'imprimerie EBS (Italie), pour le compte des éditions Actes Sud, Le Méjan, place Nina-Berberova, 13200 Arles.